A HORA OBSCURA
Testemunhos da repressão política

SÉRGIO FERRO

Grignan, 20/03/2001

Amigos:

Eis o que pude encontrar para a capa de "Hora Obscura".

Este quadro meu (Auto Retrato, 1971) foi feito no Tiradentes. Fala da tortura sofrida então havia pouco tempo e que ainda nos ameaçava. Seria difícil inventar agora algo para substituir o que foi testemunho quase direto.

As manchas vermelhas atuais indicam a necessidade de manter a memória viva, contra o esmaecimento do fato (indicado pelo da foto).

Abraços.

Julius Fucik • Henri Alleg • Victor Serge

A HORA OBSCURA
Testemunhos da repressão política

2ª edição
EXPRESSÃO POPULAR
São Paulo – 2022

Copyright © 2001, by Editora Expressão Popular

Revisão: Ana Corbisier, Cecília Luedemann e Dulcineia Pavan
Projeto gráfico, Capa e diagramação: ZAP Design
Impressão e acabamento: Paym

Dados Internacionais de Catalogação-na-Publicação (CIP)

F951h	Fucik, Julius
	    A hora obscura : testemunhos da repressão política /
	Julius Fucik, Henry Alleg, Victor Serge. -- 2. ed. rev. e ampl.
	-- São Paulo : Expressão Popular, 2022.
	    319 p.
	
	    ISBN 978-65-5891-064-0
	
	    1. Política. 2. Repressão. I. Alleg, Henri. II. Serge, Victor.
	I. Título.
	
	                                  CDU 323.1

Catalogação na Publicação: Eliane M. S. Jovanovich CRB 9/1250

1ª edição: dezembro de 2019
2ª edição: junho de 2022

EDITORA EXPRESSÃO POPULAR
Rua Abolição, 197 – Bela Vista
CEP 01319-010 – São Paulo – SP
Tel: (11) 3112-0941 / 3105-9500
livraria@expressaopopular.com.br
www.expressaopopular.com.br
🄵 ed.expressaopopular
🄾 editoraexpressaopopular

SUMÁRIO

APRESENTAÇÃO 7

REPORTAGEM AO PÉ DA FORCA
Julius Fucik

Reportagem ao pé da forca 15

Vinte e quatro horas 17

A agonia 25

Cela 267 33

A "400" 43

Figuras e figurinhas I 61

Estado de sítio – 1942 87

Figuras e figurinhas II 95

Um pouco de história 119

A TORTURA
Henri Alleg

Prefácio para a edição brasileira: Quarenta anos depois...
Ou algumas reflexões à guisa de prefácio 131

1 137

2 141

3 157

4 169

5 179

6 183

7 185

8 189

9 193

10 199

O QUE TODO REVOLUCIONÁRIO DEVE SABER SOBRE A REPRESSÃO
Victor Serge

O que todo revolucionário deve saber sobre a repressão 203

A Okhrana russa 207

O problema da clandestinidade 267

Conselhos aos militantes 277

O problema da repressão revolucionária 287

APRESENTAÇÃO

Cada vez que um justo grita,
um carrasco vem calar.
Cecília Meireles,
Romanceiro da Inconfidência.

Na era da Justiça e da solidariedade, os homens lutarão contra sua própria ignorância, dedicando-se ao conhecimento e à transformação da natureza, na construção da civilização.

No mundo da exploração do homem pelo homem, a luta de classes é consequência imediata e constante, representando o enfrentamento dos explorados com os exploradores, da civilização com a barbárie, do futuro com o passado que teima em não morrer.

Na construção do reino da fraternidade, os trabalhadores carregam consigo sua própria luz, na forma da entrega ao próximo e à vida, da confiança e da decisão, da doação individual e da ação coletiva. Movendo-se na escuridão em busca da claridade das relações humanas igualitárias, talhando a golpes de aço e de amor a abertura no espesso véu capitalista que obsta o desenvolvimento pleno da humanidade, os militantes socialistas são muitas vezes chamados a enfrentar o momento em que sua própria luz bruxuleia diante da selvageria do Estado erigido para a defesa do "direito" de dominar.

Quantas vezes na história da humanidade o triunfo do atraso e da tirania pareceu uma sentença irrecorrível, uma profecia inconjurável, tantas vezes homens se ergueram e ilu-

APRESENTAÇÃO

minaram com suas consciências e seus atos essa hora obscura. Porque se "toda vez que um justo grita um carrasco vem calar", bem queriam os carrascos não existisse para o veneno que disseminam o antídoto que os militantes dedicados teimam em produzir e reproduzir.

Vindo das trevas da ditadura militar, nossa Pátria, na conjuntura da primeira edição de *A hora obscura*, se vê imersa agora no lusco-fusco da ação repressiva de Eldorado dos Carajás, Corumbiara e Curitiba, que ressurge de braços dados com a elegância universitária do Príncipe maquiavélico e se denuncia nos papéis da dita "inteligência" militar de Xambioá e Marabá.

Se na esquina da história, os torturadores e assassinos continuam emboscados, urge reforçar "a intenção de madrugar", e para isso é que servem os textos que, nessa edição, apresentamos ao leitor consciente.

Frutos da experiência concreta dos trabalhadores, colhidas e condensadas por combatentes que não se furtaram a cumprir seu papel nas batalhas pela autodeterminação dos povos e pelo socialismo, as lições de Julius Fucik, Henri Alleg e Victor Serge chegam ao peito como um golpe vigoroso que, se aos pusilânimes pode parecer demolidor, aos combatentes da causa dos trabalhadores resulta como o desfibrilador impacto que excita o músculo e renova o pulsar do coração extenuado.

Aqui se fala da dureza das batalhas ainda a serem travadas, dos sofrimentos que os sicários têm o gosto de infligir e que não são senão correlatos no plano individual da cota de miséria, sofrimento, dor e morte que o capitalismo acomete aos trabalhadores coletivamente. Mas a própria existência desses livros é prova de que os homens que têm ciência da necessidade da transformação fazem-se mais livres ao conquistarem a certeza de sua possibilidade. E essa liberdade vence masmorras. É, por isso, embora um livro sobre dificuldades, um livro dedicado à alegria. Porque, nas palavras de Julius Fucik, "pela alegria vivemos, pela alegria fomos ao combate e pela alegria morremos. Que a tristeza nunca seja associada a nosso nome".

Julius Fucik

Nasceu em 23 de janeiro de 1903, em Praga, de família operária. Estudou filosofia na Universidade de Pilsen e, em 1921, passou a integrar o Partido Comunista, tornando-se redator das publicações partidárias *Rude Pravo* e *Tvorba*.

Viajou várias vezes à União Soviética. A ocupação nazista da Tchecoslováquia, em 1938, levou-o à clandestinidade, passando, em fevereiro de 1941, a fazer parte do Comitê Central do Partido Comunista, encarregado das publicações ilegais.

Em abril de 1942, Julius Fucik foi preso pela Gestapo. Transferido para Berlim no ano seguinte, foi executado em 8 de setembro de 1943.

Reportagem ao pé da forca publicado pela primeira vez em 1945, tendo sido traduzido para 80 idiomas, na introdução à primeira edição Gusta Fucikova, sua esposa, diz:

> No campo de concentração de Ravensbrück, meus companheiros de prisão me contaram que meu marido, Julius Fucik, tinha sido condenado à morte no dia 25 de agosto de 1943 pelo tribunal nazista de Berlim. As notícias sobre seu destino posterior ficaram retidas pelos altos muros do campo de concentração.
>
> Depois da derrota da Alemanha hitlerista em maio de 1945, os prisioneiros que os fascistas não tiveram tempo de torturar até à morte foram libertados, eu entre eles.
>
> Voltei a minha Pátria libertada e busquei sinais de meu marido. Fiz como milhares e milhares de outros que buscaram e ainda buscam seu marido, sua esposa, seus filhos, seus pais

e mães deportadas pelos invasores alemães, alguns deles em suas inomináveis casas de torturas. Soube que Julius Fucik tinha sido executado em Berlim no dia 8 de setembro de 1943, quinze dias depois de sua condenação.

Descobri também que Julius Fucik tinha escrito na prisão de Pankrac. Seu carcereiro, A. Kolinsky, forneceu-lhe os meios para fazê-lo, levando para sua cela o papel e lápis necessários. Foi ele também que retirou escondido da prisão as folhas do manuscrito.

Encontrei-me com esse guarda. Recebi, pouco a pouco, tudo o que Julius Fucik escreveu em sua cela na prisão de Pankrac. As folhas numeradas foram guardadas com pessoas diferentes e em endereços diferentes. Eu as reuni e as apresento aos leitores. É o último trabalho de Julius Fucik.

Henri Alleg

Foi, de 1950 a 1955, diretor do *Alger Républicain*, um órgão de imprensa argelino. Foi detido no dia 12 de julho de 1957 pelos paraquedistas da 10ª D.P., que o mantiveram sequestrado durante um mês em El Biar, nas redondezas de Argel. Foi o primeiro francês torturado pelos "paras". Aos 17 de agosto de 1957, foi levado a um juiz de instrução e declarado culpado de "atentar contra a segurança exterior do Estado e de reorganizar um partido político proibido". É membro do PC francês e contesta a sua atual orientação. Autor de vários títulos: *SOS América, Réquiem pelo Tio Sam, O século do dragão, O grande salto para trás*, entre outros.

Victor Serge

Nasceu em Bruxelas, Bélgica, no dia 30 de dezembro de 1890, filho de um casal de refugiados russos, sendo Viktor L'vovic Kibal'cic seu verdadeiro nome. Sua infância foi passada em ambiente extremamente pobre, o que marcou definitivamente sua vida e fez da profunda aversão a todo tipo de injustiça e de opressão e do desprezo pela hipocrisia dos bem-falantes e solidariedade aos sofredores a característica distintiva de sua militância.

Descrente da educação que o Estado burguês dava aos trabalhadores, seu pai, "universitário pobre", incumbiu-se de sua educação. Com 15 anos de idade, Victor se afasta da família, empregando-se como fotógrafo, desenhista técnico e operário.

Milita na Juventude Socialista do Partido Operário Belga até 1906, quando rompe com a social-democracia para formar o Grupo Revolucionário de Bruxelas, de inspiração anarquista. Muda-se para a França, onde é condenado e, em janeiro de 1917, preso por sua militância política. Refugia-se na Espanha, onde adota o nome de Victor Serge, e participa da preparação da insurreição de 19 de julho em Barcelona. No mesmo ano, viaja para a Rússia, onde a revolução proletária estava na ordem do dia.

De retorno à França, é novamente preso. No começo de 1919, é expulso do país e viaja para Petrogrado, já então tendo abandonado o anarquismo para se fazer marxista.

Embora a visão crítica que tinha em relação às limitações à democracia operária, adere ao Partido Comunista e milita entre os bolcheviques, subordinado diretamente a Zinoviev, presidente da Comissão Executiva da Internacional.

Em 1921, é enviado a Berlim, primeiro, e a Viena, depois onde com Lukács e Gramsci foi redator da *Correspondência Internacional.*

De Viena, acompanha a morte de Lenin e a campanha contra Trotsky. Em 1927, o fracasso da revolução chinesa o lança à oposição a Stalin e é, por isso, preso. Libertado sob o

APRESENTAÇÃO

compromisso de não desenvolver "atividades antissoviéticas" e expulso do partido bolchevique, dedica-se à literatura. Novamente preso, é enviado à Sibéria, onde permanece até 1936, quando é expulso da União Soviética e vai para Bruxelas.

Opositor de Stalin, Serge mantinha-se também discordante de Trotsky, com quem manteve dura polêmica e, afinal, rompeu em 1938, acusando-o de não haver rompido consequentemente com o autoritarismo e de propugnar uma política insensata com a construção da Quarta Internacional.

O início da Segunda Guerra Mundial o encontra em Paris, de onde, pouco antes da entrada dos nazistas na cidade foge para Marselha, primeiro, e para o México, depois.

No México, Victor Serge dedicou-se intensamente à atividade literária, e morreu de ataque cardíaco em 17 de novembro de 1947.

Os editores

REPORTAGEM AO PÉ DA FORCA
Julius Fucik

Escrito na prisão da Gestapo em Pankrac
durante a primavera de 1943.

REPORTAGEM AO PÉ DA FORCA

Estar sentado, imóvel, com o corpo rígido, as mãos agarradas aos joelhos, os olhos cravados até embaciarem na parede amarelada da "prisão nacional" do Palácio Petschek[1] não é, na verdade, a posição mais adequada para refletir. Mas pode-se forçar o pensamento a permanecer sentado e imóvel?

Alguém um dia – talvez nunca saibamos quem nem quando – chamou "sala de cinema" a este quarto do Palácio Petschek. Que ideia genial! Uma sala ampla, seis longos bancos, uns encostados nos outros, ocupados pelos corpos rígidos dos presos, e diante deles uma parede lisa como uma tela de cinema. Todas juntas, as casas produtoras de todo o mundo nunca conseguiram fazer tantos filmes como os que já projetaram nesta parede os olhos dos detidos à espera de um novo interrogatório, da tortura, da morte. Filmes de vidas inteiras ou de menores fragmentos de vida; filmes da mãe, da esposa, dos filhos, do lar destruído, do futuro destroçado; filmes de camaradas corajosos e da traição; filmes do homem a quem entreguei aquele cartão, do sangue que correrá mais uma vez, do forte aperto de mão, do compromisso de honra; filmes cheios de terror e de decisão, de ódio e de amor, de angústia

---

[1] Quartel-general da Gestapo de Praga.

e de esperança. De costas para a vida, cada um contempla aqui a sua própria morte. E nem todos ressuscitam.

Cem vezes fui aqui espectador do meu próprio filme, mil vezes segui seus pormenores. Agora vou tentar explicá-lo. E se o nó corredio da forca me apertar o pescoço antes de terminar, ainda ficarão milhões de homens para o completar com um *happy end.*

VINTE E QUATRO HORAS

Daqui a cinco minutos o relógio marcará dez horas. É uma noite de primavera, bela e tépida, a noite de 24 de abril de 1942.

Apresso-me. Tanto quanto me permite o meu papel de velho que manqueja. Apresso-me a fim de chegar à casa dos Jelinek antes que fechem a porta. Ali me espera meu "colaborador" Mirek. Sei que desta vez não me comunicará nada de importante. Também não tenho nada para lhe dizer. Mas faltar ao encontro combinado poderia semear o pânico. E, sobretudo, gostaria de evitar preocupações infundadas às duas boas almas que nos acolhem.

Recebem-me com uma xícara de chá. Mirek espera-me. E, com ele, o casal Fried. Mais uma imprudência. Alegra-me ver os camaradas, mas não assim, dessa maneira, todos juntos. É o melhor caminho para a prisão e para a morte. Ou respeitam as regras conspiratórias ou deixam de trabalhar, porque assim expõem-se e põem em perigo os outros. Entendido?

– Entendido.

– Que me trouxeram?

– O número de maio do *Rudé Právo*.[1]

---

[1] *Direito Vermelho*, órgão do Partido Comunista da Checoslováquia.

– Muito bem. E você, Mirek, como vai?

– Vai-se andando. Nada de novo. O trabalho corre bem...

– Bom. Vemo-nos depois do Primeiro de Maio. Eu aviso. Até à vista.

– Outra xícara de chá, senhor chefe?

– Não, não, Sra. Jelinek. Já tem aqui gente demais. – Ao menos tome uma xicarazinha. Faça favor...

Do chá, acabado de servir, ergue-se uma nuvenzinha de vapor.

Alguém bate à porta. Agora, de noite? Quem poderá ser?

Os visitantes manifestam a sua impaciência. Pancadas na porta.

– Abram! Polícia!

– Depressa para as janelas. Fujam! Tenho pistolas, cobrirei sua retirada.

Demasiado tarde! Sob as janelas encontram-se os homens da Gestapo, apontando-nos as pistolas. Depois de forçarem a porta e percorrerem o corredor, os agentes da polícia secreta entram aos montes na cozinha e logo a seguir no quarto. Um, dois, três, nove homens. Não me veem porque estou por trás deles, atrás da porta que abriram. Poderia atirar com relativa facilidade, mas as suas nove pistolas estão apontadas para duas mulheres e três homens indefesos. Se disparo, meus companheiros cairão primeiro que eu. E se desse um tiro em mim próprio começaria um tiroteio do qual eles seriam as vítimas. Se não disparo, prendem-nos durante seis meses, talvez um ano, e a revolução os libertará. Mirek e eu somos os únicos sem salvação possível. Vão nos torturar, de mim não levarão nada, mas que fará Mirek? Ele, que combateu na Espanha; ele, que ficou dois anos num campo de concentração na França para de lá regressar clandestinamente a Praga, em plena guerra; não, estou certo de que não trairá. Tenho dois segundos para refletir. Ou talvez três?

Se atiro não salvarei ninguém. Só me livrarei das torturas, mas sacrificarei inutilmente a vida de quatro camaradas. Não é assim? É.

Decidido.

Saio do meu esconderijo.

– Ah! Mais um.

A primeira pancada no rosto. Tão forte que quase perdi os sentidos.

– Mãos ao alto!

Segunda, terceira pancada. Tal como tinha imaginado.

O andar, onde antes reinava uma ordem exemplar, converte-se num montão de móveis despedaçados e de louça quebrada.

Mais murros e pontapés.

Marche!

Introduzem-me num automóvel, sempre com as pistolas apontadas. Durante a viagem começa o interrogatório.

– Quem é?

– Professor Horak.

– Mente!

Encolho os ombros.

– Está quieto ou disparo.

– Dispare.

Em vez de uma bala, um soco.

Passamos perto de um bonde. Dá-me a impressão de estar coberto de flores brancas. Como? Um bonde de casamento a estas horas, em plena noite? Talvez esteja com febre.

O Palácio Petschek. Nunca acreditei que entraria ali vivo. A galope até o quarto piso. Ah! A famosa Secção II-

A1, de investigação anticomunista. Parece-me que até sinto curiosidade.

O comissário, alto e magro que dirigia o pelotão de assalto mete a pistola no bolso e leva-me com ele para o gabinete. Acende-me um cigarro.

– Quem é?

– O professor Horak.

– Mente.

O seu relógio de pulso marca onze horas.

– Revistem-no.

Começam a revistar-me. Tiram-me a roupa.

– Tem identificação.

– Em nome de quem?

– Do professor Horak.

– Verifiquem.

Telefonam.

– Já era de esperar. O nome dele não consta nos registros. A identificação é falsa.

– Quem lhe deu este documento?

– O Comando da Polícia.

Primeira bastonada. Segunda. Terceira. Devo contá-las? Não, rapaz, nunca revelarei essa estatística.

– Seu nome? Fale! Domicílio? Fale! Que contatos tinhas? Fale! Endereços? Fale! Fale! Fale! Se não, vamos matá-lo a pauladas?

Quantas pancadas pode aguentar um homem saudável?

A rádio anuncia meia-noite. Os cafés fecham e os últimos clientes voltam para casa. Diante das portas, os namorados batem levemente com os pés no chão, incapazes de se despedirem.

O comissário alto e magro entra na sala com um sorriso de satisfação.

— Tudo em ordem. Que tal, senhor redator?

Quem lhes terá dito? Os Jelinek? Os Fried? Mas se estes nem sequer sabem o meu nome!

— Como vê, sabemos tudo. Fale! Seja razoável.

Que forma mais estranha de falar! Ser razoável equivale a trair.

Não sou razoável.

— Amarrem-no! Batam nele com força!

É uma hora. Recolhem os últimos bondes. As ruas estão desertas e a rádio despede-se dos seus mais fiéis ouvintes, desejando-lhes boa noite.

— Quem são os membros do Comitê Central? Onde estão os emissores de rádio? Onde estão as tipografias? Fale! Fale! Fale!

Agora já posso contar as pancadas com mais sossego. A única dor que sinto é a de ter mordido os lábios.

— Tirem-lhe os sapatos.

É verdade. As plantas dos pés ainda não perderam a sensibilidade. Sinto-o. Cinco, seis, sete, e agora parece que as pancadas penetram em meu cérebro.

São duas horas. Praga dorme. E talvez, numa cama da cidade, um menino soluce em sonhos e um homem acaricie a sua mulher.

— Fale! Fale!

Passo a língua nas gengivas e tento contar os dentes partidos. Não consigo. Doze, quinze, dezessete? Não. Esse é o número dos comissários que me "interrogam" agora. Alguns estão visivelmente cansados. E a morte tarda a vir.

São, três horas. A madrugada chega dos subúrbios; os vendedores de legumes afluem ao mercado; os varredores aparecem pelas ruas.

Talvez viva ainda o suficiente para ver o amanhecer. Trazem a minha mulher.

– Conhece-o?

Engulo o sangue para que ela não o veja... Mas é inútil, porque brota de todos os poros do meu rosto e das pontas dos meus dedos.

– Não. Não conheço.

Disse sem que seu olhar deixasse transparecer o seu horror. É maravilhosa! Cumpriu a promessa de não confessar nunca que me conhece, mesmo quando já é inútil. Então quem lhes terá dado o meu nome?

Levaram-na. Despeço-me dela com o olhar mais alegre de que sou capaz. Talvez não tenha sido muito alegre. Não sei.

São quatro horas. Amanhece? Não amanhece? As janelas tapadas não me dão resposta. E a morte que continua a não chegar. Devo ir ao seu encontro? Mas como?

Bati em alguém e caí no chão. Dão-me pontapés. Pisam-me. Sim, agora o fim virá rapidamente. O comissário vestido de preto levanta-me pela barba, rindo com satisfação enquanto me mostra as mãos cheias dos pelos arrancados. É realmente cômico. Não sinto qualquer dor.

Cinco, seis, sete, dez horas. Meio-dia. Os operários vão e vêm do trabalho; as crianças vão e vêm da escola, nas lojas vende-se, nas casas faz-se comida. Talvez neste momento minha mãe esteja pensando em mim. Talvez os camaradas saibam da minha prisão e tomem medidas de segurança.

E se eu falasse... Não, não temam, não o farei, acreditem. Depois de tudo isto, o meu fim não pode estar longe. Agora é só um sonho, um pesadelo febril: as pancadas chovem, os guardas refrescam-me com água. E novas pancadas. E outra vez: "Fale! Fale! Fale!", e ainda não consigo morrer. Mãe, pai, por que me fizeram tão forte?

É de tarde. Cinco horas. Todos já estão fatigados. As pancadas agora só caem raras vezes; e só por inércia. Imediatamente, ouço ao longe, muito ao longe, uma voz suave, meiga, terna como uma carícia:

– *Er hat schon genug.*[2]

Mais tarde, sentado, me vejo a uma mesa que aparece e desaparece diante dos meus olhos. Alguém me dá de beber. Alguém me oferece um cigarro que não consigo segurar e alguém tenta calçar-me os sapatos e diz que é impossível. Depois dou-me conta de que me carregam pelas escadas abaixo, até um automóvel. Arrancamos. Durante a viagem apontam-me novamente as pistolas: é para rir. Passamos junto a um bonde enfeitado com flores brancas. Um bonde de casamento. Mas talvez não seja senão um pesadelo ou talvez a febre, ou porventura a agonia ou a própria morte. Sempre pensei que a agonia era uma coisa difícil; mas isto não tem nada de difícil: é algo vago e sem forma, leve como uma pena. Basta um sopro para que tudo termine.

Tudo? Não, ainda não. Porque estou novamente de pé. Estou realmente de pé; sozinho, sem o apoio de ninguém. Diante de mim ergue-se uma parede de um amarelo sujo, salpicada de... de que? Parece sangue... Sim, é sangue. Levanto um dedo e procuro tocá-lo... Consigo... Sim, está fresco. É o meu sangue...

Por trás, alguém bate em minha cabeça e me ordena que levante as mãos e faça genuflexões. Na terceira caio...

---

[2] "Já tem que chega" [em alemão no original].

Um grande SS inclina-se sobre mim e me dá pontapés para que me levante. É inútil. Alguém me leva outra vez e estou de novo sentado. Uma mulher dá-me um remédio e pergunta onde dói. E então tenho a impressão de que toda a dor se concentrou em meu coração.

– Você não tem coração – diz o SS alto.

– Sim, tenho – respondo. E logo me sinto orgulhoso por ter sido suficientemente forte para vir em defesa do meu coração.

Depois, tudo desaparece diante dos meus olhos: a parede, a mulher com o medicamento, o SS alto...

Diante de mim abre-se a porta de uma cela. Um SS gordo arrasta-me para o interior, arranca-me os botões da camisa, estende-me no colchão de palha, apalpa o meu corpo inchado e ordena que me apliquem compressas.

– Olha – diz ao outro, sacudindo a cabeça –, olha o que sabem fazer.

E mais uma vez, ao longe, muito ao longe, ouço uma voz suave e meiga, terna como uma carícia:

– Não aguentará até amanhã.

Dentro de cinco minutos, o relógio marcará dez horas. É uma noite de primavera, bela e tépida, de 25 de abril de 1942.

A AGONIA

> Quando a luz do Sol
> e a claridade das estrelas
> se extinguem para nós,
> *se extinguem para nós...*

Dois homens com as mãos juntas, em atitude de oração, caminham em círculo, em passo lento e pesado, em torno de uma galeria branca, cantando com voz monótona e dissonante uma triste melodia.

> *... é doce para as almas*
> *subir ao céu, subir ao céu...*

Alguém morreu. Quem? Procuro virar a cabeça. Talvez consiga ver o féretro com o defunto e as duas velas que, como dois dedos, se erguem à sua cabeceira.

> *... onde a noite já não existe,*
> *onde é eterna a luz do dia...*

Consegui erguer os olhos. Não vejo ninguém. Aqui não há ninguém: só eles dois e eu. Para quem cantam aqueles salmos?

> *Essa estrela sempre fulgurante*
> *é Jesus, é Jesus...*

É um enterro. Sim, é certamente um enterro. E quem enterram? Quem está aqui? Só eles dois e eu. E eu! Talvez seja o meu próprio funeral. Mas ouçam: isto é um mal-entendido! Eu não estou morto. Eu vivo. Estão vendo que olho e falo. Parem! Não me enterrem ainda!

Quando alguém nos diz adeus
pela última vez, pela última vez...

Não me ouvem. Estão surdos? Ou não falo suficientemente alto?... Ou estou mesmo morto e não podem ouvir a minha voz? Será por acaso o meu corpo, estendido sobre a barriga, espectador do meu próprio enterro? Que engraçado!

... dirige o seu olhar piedoso
para o céu, para o céu...

Recordo-me: alguém me agarrou com dificuldade, me vestiu e me deixou na maca. Passos metálicos soaram na galeria e depois... É tudo. Não sei mais nada. Não recordo mais nada.

onde a claridade eterna
tem morada...

Mas tudo isso é absurdo. Eu vivo. Sinto uma dor longínqua e tenho sede. Os mortos não têm sede. Concentro todas as forças para mover a mão e brota-me da garganta uma voz estranha, esquisita:

— Água!

Finalmente! Os dois homens deixam de andar em círculo. Aproximam-se, inclinam-se e um deles aproxima dos meus lábios um copo de água:

— Também deve comer alguma coisa, rapaz. Há dois dias que não faz mais do que beber e tornar a beber...

— Que está dizendo? Há dois dias? E que dia é hoje?

— Segunda-feira.

Segunda-feira. E prenderam-me na sexta. Sinto a cabeça tão pesada! E como a água refresca! Dormir! Deixem-me dormir! Uma gota de água agita a superfície transparente da fonte. É a nascente de um prado entre montanhas, junto da casa do guarda-florestal, ao pé do monte Roklan. E uma chuva fina e ininterrupta sussurra sobre os pinheiros... Como é doce dormir!...

... E quando volto a acordar já é terça-feira à noite e há um cão diante de mim. Um cão-lobo. Olha-me com os seus olhos bonitos e perspicazes e pergunta:

– Onde você vivia?

Oh, não! Não é o cão. Aquela voz pertence a outro ser. Sim, aqui há mais alguém. Vejo umas botas altas e outro par de botas altas, e umas calças militares; mas mais acima não vejo nada. E quando quero olhar, sinto vertigens. Que importa. Deixem-me dormir...

Quarta...

Os dois homens que cantavam os salmos estão sentados à mesa, comendo em tigelas de barro. Já distingo. Um deles é mais novo que o outro e não parecem monges. Nem a cripta é uma cripta; é uma cela como qualquer outra. As tábuas do assoalho estendem-se diante dos meus olhos até encontrarem uma porta pesada e negra...

Range uma chave na fechadura. Os dois homens saltam e põem-se em posição de sentido. Outros dois homens, com fardas de SS, entram e ordenam que me vistam. Ignorava quanta dor se pode ocultar em cada perna das minhas calças, em cada manga da minha camisa. Colocam-me numa maca e levam-me escadas abaixo. Passos de botas ferradas ressoam ao longo do corredor... Este é o caminho por onde me levaram e me trouxeram sem sentidos... Onde conduz? Em que inferno desemboca?

Na sombria e desagradável repartição de registro da *Polizeigefängnis*[1] depositam-me no chão e uma voz checa, com

---

[1] Prisão da polícia alemã em Pankrak.

fingida bondade, traduz-me uma pergunta lançada com fúria por uma voz alemã.

– Conhece?

Seguro o queixo com a mão. Diante da maca está uma jovem bochechuda. De pé, com a cabeça erguida, olha sem insolência, mas com dignidade, com os olhos um pouco baixos: o suficiente para me ver e me saudar.

– Não a conheço.

Recordo-me de tê-la visto uma vez, só por um instante, durante aquela terrível noite no Palácio Petschek. Esta é a segunda vez e, infelizmente, não voltei a vê-la, como desejaria, para lhe apertar a mão pela dignidade com que se portou. Era a mulher de Arnosta Lorenz. Foi executada no primeiro dia do estado de sítio, em 1942.

– E esta? Certamente que conhece.

Anicka Jirascova! Por Deus, Anicka, como veio parar aqui? Nunca pronunciei seu nome. Não tenho nada a ver contigo. Não a conheço, compreende? Não a conheço.

– Não a conheço.

– Seja razoável, homem.

– Não a conheço.

– É inútil, Julius – diz Anicka, enquanto uma leve pressão dos dedos sobre o lenço da cabeça revela a sua emoção.

– É inútil. Denunciaram-me.

– Quem?

– Cale-se!

Alguém interrompe a sua resposta e a empurra brutalmente quando se inclina sobre mim para me dar a mão.

Anicka!

Não ouço as perguntas seguintes. E como que de longe, sem qualquer dor, como se não fosse mais que um observador, sinto que dois SS me levam de volta para a cela, balançando brutalmente a maca e perguntando-me, entre risos, se não preferiria ser balançado pelo pescoço.

Quinta-feira.

Começo a compreender. Um dos meus companheiros de cela, o mais jovem, chama-se Karel, e chama o mais velho de "pai". Contam-me a sua vida, mas tudo se confunde na minha cabeça. Falam de uma mina e de crianças sentadas em bancos. Ouço um sino. Será um incêndio? Dizem-me que todos os dias vêm ver-me o médico e o enfermeiro dos SS, que o meu estado de saúde não é muito grave e que parece que em breve estarei restabelecido. Esta última frase é dita pelo "pai" com tanta insistência e Karel aprova-o com tanto fervor que, mesmo no estado em que me encontro, compreendo que me dizem uma mentira piedosa. Bons rapazes! E como lamento não poder acreditar neles!

Entardece.

Abre-se a porta da cela e, correndo silenciosamente, na ponta das patas, entra um cão. Detém-se junto da minha cabeça e olha-me de novo atentamente. Outra vez os dois pares de botas altas. Mas agora sei: um deles pertence ao dono do cão, o diretor da prisão de Pankrac, e o outro, ao chefe da seção anticomunista da Gestapo, que presidiu ao meu interrogatório noturno. São seguidos por umas calças de civil. Ergo os olhos: sim, conheço-o. É o comissário alto e magro que dirigia o pelotão de assalto que me prendeu. Senta-se numa cadeira e começa o interrogatório.

– Perdeu a partida! Salve-se. Fale!

Oferece-me um cigarro. Não quero. Não teria forças para fumar.

– Quanto tempo viveu na casa dos Baxa?

Os Baxa! Até isso sabem. Quem lhes terá dito?

— Está vendo: sabemos tudo. Fala!

— Se sabem tudo, para que hei de falar? Não vivi em vão. A minha vida não foi estéril e não vou pô-la a perder no seu termo.

O interrogatório dura uma hora. O comissário não grita. Repete com paciência as perguntas e, não recebendo resposta, faz uma segunda, uma terceira, uma décima.

— Será que ainda não compreende? Está tudo acabado, percebe? Perderam tudo.

— Só eu é que perdi.

— Ainda acredita na vitória da Comuna?

— Claro.

— Ele ainda acredita? Ele ainda acredita na vitória da Rússia? – pergunta o chefe alemão, e o comissário alto traduz.

— Claro. Isto não pode terminar de outra maneira.

Estou cansado. Reuni todas as minhas forças para me proteger das suas perguntas. Mas agora a minha consciência foge rapidamente, tal como o sangue que brota de uma ferida profunda.

Ainda sinto que me seguram a mão. Talvez leiam em minha testa o sinal da morte. É certo que em alguns países era costume o carrasco beijar o condenado antes da execução.

Anoitece.

Dois homens de mãos postas caminham em círculo, cantando com voz monótona e dissonante um triste salmo:

Quando a luz do Sol e a claridade das estrelas
se extinguem para nós, se extinguem...

Oh, amigos, amigos, não continuem! Talvez seja bonita a sua canção, mas hoje é véspera do Primeiro de Maio, a mais bela e a mais alegre festa do homem.

Procuro cantar qualquer coisa mais alegre, mas parece soar tristemente. Karel vira a cabeça, e o "pai" seca as suas lágrimas. Não importa. Continuo a cantar e, pouco a pouco, eles se juntam ao meu canto. Adormeço contente.

Madrugada do Primeiro de Maio.

O relógio da torre da prisão dá três badaladas. É a primeira vez que o ouço nitidamente. Pela primeira vez desde a minha prisão sinto-me consciente. Sinto o ar fresco que penetra pela janela aberta e lava o meu catre. Pedacinhos de palha se espetam no meu peito e no meu ventre. Dói-me com mil dores cada partícula do corpo, e respiro com dificuldade. De repente como se tivesse aberto uma janela, vejo claramente: é o fim. Estou agonizando.

Demorou muito para chegar, morte. Apesar de tudo, esperava conhecê-la mais tarde, daqui a muitos anos. Esperava viver ainda a vida de um homem livre: poder trabalhar muito, amar muito, cantar muito e correr o mundo. Precisamente agora, quando chegava à maturidade e ainda dispunha de muitíssimas forças. Não as tenho. Vão-se esgotando.

Amava a vida, e pela sua beleza marchei para o campo de batalha. Homens: eu os amei e fui feliz quando corresponderam ao meu amor, e sofri quando não me entenderam. Que me perdoem aqueles a quem fiz mal, esqueçam-me aqueles a quem dei alegria. Que a tristeza jamais se una ao meu nome. Este é o meu testamento para vocês, pai, mãe e minhas irmãs; para você, minha Gustina, e para vocês, camaradas; para todos aqueles a quem amei. Chorem um momento, se acreditam que as lágrimas apagarão o triste turbilhão do desgosto, mas não me lamentem. Vivi para a alegria e pela alegria morro. Ofensa e injustiça seria colocarem sobre o meu túmulo um anjo de tristeza.

Primeiro de Maio! A essas horas estávamos nos arredores da cidade, preparando as nossas bandeiras. A essas horas, nas ruas de Moscou, põem-se em marcha os primeiros grupos para participarem do desfile. E agora, precisamente a esta mesma hora, milhões de homens lutam no combate final pela liberdade humana e milhares caem nesse combate. Eu sou um deles. E ser um deles, ser um desses combatentes da batalha final, é algo belo.

Mas a agonia não é bela. Sufoco. Não posso respirar. Ouço o rouco lamento da minha garganta e receio acordar os meus companheiros de cela. Talvez pudesse atenuá-lo com um pouco de água... Mas já bebemos toda a água do jarro. Ali, a uns seis passos de mim, na latrina situada no canto da cela, há água suficiente. Terei forças para chegar?

Arrasto-me silenciosamente sobre o ventre, como se toda a glória da morte consistisse em não despertar ninguém. Consegui chegar e bebo com avidez a água do fundo da privada.

Não sei quanto tempo estive ali, nem quanto tempo demorei para voltar. Começo novamente a perder a consciência. Procuro o pulso. Não sinto nada. O coração sobe-me à garganta e cai de repente. Caio com ele. Caio durante muito tempo. E no trajeto ainda me dou conta da voz de Karel:

– Pai, pai, escuta. O pobrezinho está morrendo. De manhã chegou o médico.

Mas só vim saber tudo isso muito mais tarde.

Veio, auscultou-me e balançou a cabeça. Depois voltou para a enfermaria, rasgou a certidão de óbito que lavrara com o meu nome no dia anterior e disse, num elogio de especialista:

– Que natureza de cavalo!

CELA 267

Sete passos da porta à janela, sete passos da janela à porta. Bem sei!

Quantas vezes percorri esse caminho no piso de pinho da minha cela de Pankrac! E talvez esta seja a mesma onde estive preso por ter visto claramente as consequências que teria para o povo a funesta política da burguesia checa. Agora pregam o meu povo na cruz, por todo o lado passeiam os guardas alemães, e alguns às cegas. Parcas da política tecem novamente o fio da traição. De quantos séculos precisa o homem para, finalmente, abrir os olhos? Por quantos milhares de celas passou a humanidade no seu caminho para a frente? E quantas lhe faltam ainda percorrer? Oh, Menino Jesus de [Jan] Neruda [1834-1891]: o final do caminho da salvação humana ainda está longe! Mas não durma mais, não durma mais.

Sete passos para a frente, sete passos para trás. Numa das paredes, o catre, e na outra uma triste prateleira com tigela de barro. Sim, já sei. Agora aqui, tudo está um pouco mecanizado: o aquecimento é central, o balde foi substituído por uma privada mecânica. Mas são os homens, especialmente os homens, que estão mecanizados. Como autômatos. Aperta-se um botão, isto é, faz-se um ruído com a chave na fechadura da porta ou abre-se o ralo e os presos, seja o que for que estejam fazendo, dão um salto e colocam-se em fila, em posição de sentido. Abre-se a porta e o responsável da cela gritará, de um fôlego:

– Atenção! Cela 267. Três homens. Tudo em ordem.

É realmente aqui a cela 267. É a nossa cela. Mas nesta cela nem tudo funciona com tanta precisão. Só saltam dois presos. Entretanto eu continuo deitado no catre, junto à janela, sobre o ventre. E assim uma semana, catorze dias, um mês, seis semanas. E volto a nascer. Mexo a cabeça, levanto uma mão, apoio-me nos cotovelos e até tentei virar-me de costas... Na realidade, isso se escreve com mais rapidez do que se vive.

Também há mudanças na cela. Em substituição ao três penduraram o número dois. Desapareceu Karel, o mais jovem dos dois homens que me haviam apresentado cantando tristes salmos, ficando somente, na sua ausência, a recordação de um bom coração. De fato, as minhas recordações são confusas e só incluem os dois últimos dias da sua presença entre nós, quando pacientemente contava uma e outra vez as suas anedotas e mais uma vez eu adormecia enquanto ele as contava.

Chama-se Karel Malec, é mecânico e trabalhou no elevador de uma mina de ferro nas proximidades de Hudlice, de onde roubou explosivos para os combatentes clandestinos da resistência. Foi preso há quase dois anos. Agora será julgado, talvez em Berlim, com um grande grupo de presos. Todo mundo sabe como o processo vai terminar! Tem mulher e dois filhos. Ama-os, ama-os muito, mas... "Era o meu dever, sabe? Não podia fazer outra coisa."

Permanece sentado longos momentos próximo de mim e procura fazer-me comer. Não consigo. No sábado – será que já faz oito dias que aqui estou? – recorre a um método violento: anuncia ao enfermeiro da prisão que não comi nada desde que cheguei.

O enfermeiro, sempre solícito, com farda de SS e sem autorização do médico tcheco, não tem sequer o direito de receitar uma aspirina, traz-me pessoalmente uma sopa e observa-me enquanto tomo até a última gota. Karel está muito contente com o êxito da sua intervenção e no dia seguinte ele próprio me obriga a tragar a tigela de sopa do domingo.

Mas daqui não passo. As minhas gengivas destroçadas não podem mastigar, nem mesmo as batatas cozidas do ensopado de domingo, e a minha garganta, apertada, nega-se a dar passagem a qualquer outro pedaço de comida um pouco mais sólida.

– Nem guisado, nem guisado quer – lamenta-se Karel, balançando tristemente a cabeça. E depois, com gulodice, começa a comer a minha ração, cedendo honradamente metade dela ao "pai".

Ah! Vocês, os que não viveram no ano de 1942, na prisão de Pankrac, não podem saber o que é, o que significa um guisado. Regularmente, mesmo nos piores tempos, quando o estômago rugia de fome e nos banhos se viam esqueletos cobertos de pele humana, quando, um camarada roubava a outro, pelo menos com o olhar, os pedaços da sua comida, quando até um asqueroso purê de legumes secos misturados com extrato de tomate nos parecia um delicioso e desejado manjar, mesmo nos piores tempos, duas vezes por semana – as quintas-feiras e domingos – os presos de serviço despejavam nas tigelas uma concha de batatas, regando-as com uma colherada de molho e alguns fiapos de carne. Era maravilhosamente apetitoso. Sim, era mais que apetitoso: era uma recordação material da vida humana, algo da própria vida, algo de normal na cruel anormalidade da prisão da Gestapo, algo de que se falava suave e alegremente. Ah! quem poderá compreender o valor supremo que atinge uma colherada de bom molho, condimentado com o terror e o medo, em situação de enfraquecimento e agonia contínuos.

Passaram-se dois meses, e isso permitiu-me compreender o grande assombro de Karel. Até o guisado eu recusara! E nenhuma outra coisa pode persuadi-lo com mais eficácia da minha morte próxima.

Na noite seguinte, às duas horas, acordaram Karel. Em cinco minutos tinha de estar pronto para o transporte, como se fosse se ausentar só por alguns momentos, como se não tivesse talvez diante de si o caminho que conduz ao fim da sua vida, um caminho que o levaria a um novo cárcere, a um novo campo de concentração, à forca ou sabe-se lá onde. Ajoelhou-se diante do meu catre e, apertando entre as mãos a minha cabeça, beijou-me. Do corredor chegou-nos o grito rouco de um carcereiro com uniforme, provando-nos que os sentimentos não têm lugar na prisão de Pankrac.

Karel saiu correndo. A fechadura soou secamente...

... E ficamos só dois na cela.

Voltaremos a nos ver, rapaz? Quando será a próxima despedida? Dos dois que ficamos, qual sairá primeiro? E para onde? E quem o chamará? Um guarda com farda de SS, ou a morte, que não tem farda?

O que agora escrevo é só o eco dos pensamentos que me acompanharam depois dessa primeira despedida. Passou-se um ano desde então, e os pensamentos que acompanharam o camarada quando da sua partida têm-se repetido frequentemente e com maior ou menor insistência. O número dois, pendurado na porta da cela, mudou para o número três, e outra vez para dois, e de novo para três, dois, três, dois. Novos companheiros de cela chegaram e partiram. Só dois dos que passaram pela cela 267 permaneceram fielmente juntos.

O "pai" e eu.

O "pai..." é o professor Josef Pesek, de 60 anos, dirigente do comitê de professores do ensino primário, detido oitenta e cinco dias antes de mim, porque enquanto elaborava um projeto de reforma das escolas livres checas tramava uma conspiração contra o Reich alemão.

O "pai" é...

Mas como poderei expressar-me? É dificílimo! Dois, uma cela e um ano. Durante esse tempo desapareceram as aspas que condicionavam o nome de "pai"; durante esse tempo, os dois presos de idades diferentes converteram-se verdadeiramente em pai e filho; durante esse tempo recebemos um do outro hábitos, formas de expressão e até a entoação da voz. Descobre agora o que é o meu e o que pertence ao pai, o que ele introduziu na cela e aquilo que foi introduzido por mim. Velou-me durante noites inteiras e afastou a morte, quando ela se aproximava, à base de compressas frias. Limpava sem descanso o pus das minhas feridas e jamais manifestou a menor repugnância pelo cheiro que se espalhava em volta de meu catre. Lavou e remendou minha camisa, transformada durante o primeiro interrogatório em miseráveis farrapos. E quando ela não podia continuar sendo usada, vestiu-me com a sua própria roupa. Trouxe-me um mal-me-quer e uma hastezinha de erva que se arriscou a colher no pátio da prisão de Pankrac, durante a meia hora de ginástica. Seguia-me com seus olhos carinhosos quando me levavam para os interrogatórios e tornava a pôr compressas sobre as novas feridas com que regressava. Quando me levavam para os interrogatórios noturnos, não fechava os olhos até eu voltar e colocava-me no catre, cobrindo-me cuidadosamente com as mantas.

Foram esses os começos da nossa vida em comum, nunca traídos durante os dias que se seguiram, quando pude aguentar-me nas minhas próprias pernas e pagar as minhas dívidas de filho.

Mas tudo isso, rapaz, não pode ser descrito de um fôlego. A cela 267 teve durante aquele ano uma vida intensa. E tudo o que ela viveu também o pai o viveu à sua maneira. E isso tem que ser dito. A história ainda não acabou. (E isso traz uma marca de esperança).

A cela 267 tinha uma vida intensa. Não passava uma hora sem que a porta se abrisse e se recebesse uma visita de inspeção. Era uma vigilância especial que se exercia sobre um grande criminoso comunista, mas também podia ser simples curiosidade. Muito frequentemente morriam presos que não deviam morrer, mas muito raramente aconteceu não morrer aquele de cuja morte todo mundo estava convencido. Até os guardas de outros corredores vinham de vez em quando, puxavam conversa, levantavam silenciosamente os meus cobertores e saboreavam, com requinte de conhecedores, as minhas feridas, para depois, segundo o seu caráter, darem gracejos cínicos ou me tratarem mais amistosamente. Um deles, a quem pusemos o apelido de *Poeira,* aparece mais frequentemente que os outros e pergunta, com grandes sorrisos, se o "diabo vermelho" precisa de alguma coisa. Não, obrigado. Não precisa de nada. Passados alguns dias, o *Poeira* descobre que o "diabo vermelho" precisa de uma coisa: ser barbeado.

E traz um barbeiro.

Além dos da minha cela, é o primeiro preso que venho a conhecer: o camarada Bocek. A amável atenção que o *Poeira* me prodigaliza constitui um verdadeiro suplício. O pai segura-me a cabeça, enquanto o camarada Bocek, ajoelhado, diante do meu catre, procura abrir caminho, com uma *gilete* sem fio, por entre o mato emaranhado da minha barba. Tremem-lhe as mãos, e as lágrimas vêm-lhe aos olhos. Está convencido de que está barbeando um cadáver. Procuro confortá-lo:

– Faz a barba, homem! Não tenha medo! Se resisti ao interrogatório do Palácio Petschek, com certeza vou resistir à sua lâmina de barbear.

Apesar de tudo, faltam-nos as forças e ambos temos de descansar: ele e eu.

Dois dias mais tarde conheço outros dois presos. Os senhores comissários do Palácio Petschek estão impacientes. Vieram buscar-me, e como o *enfermeiro* escreve todos os dias na minha folha de registo a palavra *não pode ser transportado,* dão ordens para me levarem de qualquer maneira. Dois detidos, com fardas da prisão, que fazem serviço nos corredores, param diante da nossa cela com uma maca. O pai veste-me a roupa com dificuldade, os camaradas colocam-me sobre a maca e levam-me.

Um deles é o camarada Skorepa, que mais tarde será o "pai superior" dos nossos companheiros de corredor. O segundo é...[1] inclina-se sobre mim, quando resvalo pela superfície inclinada da maca enquanto descemos a escada, e diz-me:

– Segure-se...

E acrescenta em voz baixa:

–... assim, assim!

Dessa vez não nos detemos no gabinete da entrada. Levam-me para mais longe, por um corredor muito comprido,

---

[1] Ilegível no original.

até a saída. O corredor está cheio de gente porque é quinta-
-feira e os familiares vêm buscar a roupa dos presos. Todos
olham para nós à passagem do nosso triste cortejo. Vejo a
compaixão nos seus olhares e isso não me agrada. Ergo a mão
até junto da cabeça e fecho o punho. Talvez percebam que os
estou saudando; talvez seja um gesto estéril. Mas não posso
fazer outra coisa. Ainda me sinto demasiado fraco.

No pátio da prisão de Pankrac meteram a maca num
caminhão. Dois SS sentaram-se ao lado do motorista, na
cabina. Outros dois, de pé, colocaram-se ao meu lado, com
as mãos apoiadas nos coldres abertos dos seus revólveres. E
partimos. Não, é claro que o caminho não é propriamente
uma maravilha: um buraco, outro buraco, e antes de ter
percorrido duzentos metros perco o conhecimento. Era
uma excursão cômica pelas ruas de Praga: um caminhão
de carga de cinco toneladas, capaz de transportar trinta
presos, gastando gasolina com a transferência de um único
detido. E dois SS à frente e dois SS atrás, com as mãos nos
revólveres, vigiavam com olhares ferozes um cadáver, para
que não escapasse.

A comédia repetiu-se no dia seguinte. Dessa vez aguentei-
-me até o Palácio Petschek. O interrogatório não foi longo.
O comissário Friedrich tocou não muito delicadamente no
meu corpo e regressei mais uma vez inconsciente.

Começaram então a passar dias em que eu não duvidava
de que estava vivo. A dor, irmã íntima da vida, recordava isso
com grande frequência. A própria prisão de Pankrac sabia
que, devido a uma negligência qualquer, eu estava vivo. E
chegaram as primeiras saudações: através das espessas paredes,
que repetiam as pancadas das mensagens, e trazidas pelos
olhos dos faxineiros encarregados da distribuição do rancho.

A minha mulher era a única que nada sabia de mim. Sozinha, numa cela situada três ou quatro depois da minha, no piso inferior, vivia entre a angústia e a esperança, até que a sua vizinha, durante a meia hora de ginástica, lhe sussurrou ao ouvido que tudo acabara para mim, que tinha morrido na cela em consequência das feridas recebidas durante o interrogatório. Depois andou pelo pátio, enquanto o mundo dava voltas em torno de si. Nem sequer sentiu o consolo dos murros que a guarda lhe aplicou no rosto para a obrigar a incorporar-se à fila das presas na vida regular da prisão. Que terão visto os seus olhos grandes e bondosos ao olharem, sem lágrimas, as brancas paredes da cela? No dia seguinte correu outro boato: que aquilo não era verdade, que não morrera das pancadas, mas que, não podendo suportar mais a dor e o sofrimento, me enforcara na cela.

Entretanto eu continuava estendido no catre miserável. Todas as noites e todas as manhãs me deitava de costas para poder cantar à minha Gustina as suas canções preferidas. Como era possível que não as ouvisse, quando punha nelas tanto ardor?

Hoje já sabe, hoje já pode ouvir, embora se encontre mais longe nessa altura. E hoje até os guardas sabem – e já se acostumaram a isso – que a cela 267 canta. E já não gritam do outro lado da porta para imporem silêncio.

A cela 267 canta. Se cantei durante toda a minha vida, não sei por que havia de deixar de cantar agora, precisamente no final, quando a vida é mais intensa. E o pai Pesek? Oh! é um caso excepcional! Canta com o coração. Não tem ouvido, nem memória musical, nem voz, mas tem pelo canto um amor tão belo e tão profundo e encontra nele tanta alegria que quase não me dou conta quando desliza de um tom para outro e insiste teimosamente num dó quando o ouvido reclama um lá. E assim, cantamos, quando a nostalgia quer nos invadir; cantamos quando o dia é alegre; e com o nosso canto acompanhamos o camarada que parte e que talvez nunca mais voltemos a ver; cantando recebemos as boas notícias da frente oriental; cantamos em busca de consolo e cantamos de alegria, tal como os homens sempre cantaram e continuarão cantando enquanto existirem.

Não há vida sem canto, como não há vida sem sol. Por isso precisamos duplamente cantar, já que o sol não chega até aqui. A 267 é uma cela virada para o norte. Só nos meses de verão, e durante alguns instantes, o sol desenha, antes de se esconder, a sombra das grades na parede. Durante esses instantes o pai, de pé e apoiado ao catre, segue com os olhos aquela fugaz visita do sol... E esse é o olhar mais triste que aqui se pode encontrar.

O sol! Com que generosidade brilha esse mago redondo e quantos milagres realiza diante dos olhos dos homens! E, no entanto, tão pouca gente vive ao sol! Mas brilhará, sim! Brilhará e os homens viverão sob os feixes dos seus raios! Como é bom saber disso! Mas você, apesar disso, gostaria de saber uma coisa infinitamente menos importante: brilhará ainda para nós?

A nossa cela está virada para o norte. Só algumas vezes, quando o dia está verdadeiramente belo, podemos ver o pôr-do-sol. Ah, pai, como eu gostaria de ver nascer o sol, ainda que fosse só mais uma vez.

A "400"

A ressurreição é um acontecimento um pouco especial, tão especial que é impossível descrevê-la. O mundo surge como uma maravilha após um dia bem passado, ou depois de termos dormido bem. Mas isto é como se esse dia fosse ainda mais belo, como se tivéssemos dormido melhor que nunca. Parecia que você conhecia bem o cenário da vida. Mas isto é como se o eletricista chefe acendesse simultaneamente todos os projetores, equipados com lentes claras, e de repente colocasse um palco cheio de luz. Julgava que via bem. Mas é como se tivesse posto binóculos diante dos olhos e olhasse ao mesmo tempo através de um microscópio. Uma ressurreição é algo eminentemente primaveril e, tal como a primavera, é reveladora de encantos inesperados até nas paisagens mais conhecidas.

E isso até mesmo quando se sabe que é só por um momento. Mesmo quando o que o rodeia é tão agradável e rico como uma cela da prisão de Pankrac.

Mas um dia, finalmente, vão levá-lo até o mundo. Um dia vão chamá-lo para ser interrogado. Irá sem maca e, ainda que pareça mentira, quase andará com os seus próprios pés. Há um corrimão na escada. E você, na realidade, mais do que caminhar sobre as duas pernas, vai se arrastar sobre quatro patas.

Lá embaixo estarão outros detidos que se encarregarão de você e o levarão até o carro celular. E depois ficará ali sentado com dez, doze pessoas, numa sombria masmorra circulante, novas caras sorrirão e você sorrirá para elas. Um deles murmurará qualquer coisa e não saberá quem é. Apertará a mão de outra e não saberá de quem é. E finalmente, o carro entrará, com uma sacudidinha, no grande pátio do Palácio Petschek. Os camaradas vão fazê-lo descer. Entrará numa sala espaçosa, de paredes nuas. Cinco bancos, uns encostados nos outros. E, sentados neles, os presos, imóveis, com as mãos nos joelhos, o olhar fixo na parede nua em frente... E esta é, rapaz, uma parte do seu novo mundo, chamado "a sala de cinema".

Interlúdio de maio de 1943

Hoje é o Primeiro de Maio de 1943. E encontra-se de serviço um guarda que me permite escrever. Que sorte! Sentir-me mais uma vez, ainda que só por poucos instantes, um jornalista comunista, e escrever a reportagem sobre o desfile do Primeiro de Maio das forças de combate do mundo novo. Não espere ouvir-me falar de bandeiras flamejando ao vento. Não existem. Também não posso contar aqueles atos de heroísmo que são tão agradáveis de ouvir. Hoje é tudo muito mais simples. Nem a impetuosa e vibrante onda de dezenas de milhares de camaradas que em outros anos eu via irromper pelas ruas de Praga; nem o majestoso mar de milhões de outros camaradas que vi inundarem a Praça Vermelha de Moscou. Aqui não se pode ver nem milhões nem centenas. Aqui só se distinguem alguns companheiros e companheiras. Mas se sente que isso não tem a menor importância, porque é uma visão da força submetida nesse momento à dura prova do fogo, e que não se transforma em cinza, mas em aço. É uma visão das trincheiras, durante a batalha. E nas trincheiras veste-se a farda cinzenta de campanha.

Mas tudo isto se compõe de pormenores tão pequenos que você, que não viu, talvez não consiga compreender quando ler. No entanto, procure compreender. Acredite: há nisso uma grande força.

A saudação matinal da cela vizinha, que consiste em dois compassos de Beethoven, soa hoje mais solene, mais eloquente, e a parede transmite-a com tons magníficos.

Vestimo-nos com o melhor que temos. E o mesmo acontece em todas as celas.

Recebemos o café da manhã cerimoniosamente. Diante da porta aberta da cela passam os faxineiros com o pão, o café e a água. O camarada Skorepa dá-nos três pedaços de pão, em vez de dois. É a sua saudação do Primeiro de Maio, a saudação ativa de uma alma cheia de delicadeza. Sob os pedaços de pão um dedo aperta outro. É proibido falar. Eles vigiam até nossos olhares. Mas acaso os mudos não se exprimem claramente com os dedos?

No pátio, por baixo da janela da nossa cela, entram correndo as mulheres para o exercício matinal de meia hora. Subo para cima da mesa e, através das grades, olho para baixo. Pode ser que me vejam. Sim. Viram-me. E erguem o punho para saudar. Repito o gesto. Lá embaixo, no pátio, há hoje uma animação singular, completamente nova; uma animação que mostra uma alegria muito maior que a dos outros dias. A vigilante não percebe nada, ou talvez não queira ver. E também isto faz parte da nossa manifestação do Primeiro de Maio desse ano.

E agora é a nossa meia hora de ginástica. Eu sou o instrutor. É o Primeiro de Maio, rapazes, e não vamos começar como nos outros dias: que importa se isso chamar a atenção dos vigilantes. O primeiro exercício: um, dois; um, dois; as pancadas do martelo. O segundo: ceifar. O martelo e a foice. Com um pouco de imaginação talvez os camaradas compreendam. O martelo e a foice. Olho em redor. Eles sorriem e repetem os exercícios com fervor. Compreenderam-me. É essa, rapazes, a nossa manifestação do Primeiro de Maio. E essa mímica é a nossa promessa do Primeiro de Maio, à qual permaneceremos fiéis, mesmo quando marcharmos para a morte.

De regresso à cela. São nove horas. Nesse momento o relógio do Kremlin dá dez badaladas, e na Praça Vermelha começa o desfile. Pai: juntemo-nos a eles! Lá, nesse momento, cantam *A Internacional;* nesse momento *A Internacional* ressoa no mundo inteiro. Que ressoe também na nossa cela! Cantamos. E, uma após outra, sucedem-se as canções revolucionárias. Mas nós não queremos estar sós, não estamos sós. Estamos juntos àqueles que agora, em liberdade e lutando tal como nós, cantam...

> *Camaradas nas prisões,*
> *nos frios calabouços, vós estais conosco,*
> *vós estais conosco*
> *ainda que não nas nossas fileiras...*

Sim, nós estamos com vocês.

E é assim que nós, na cela 267, imaginamos o solene final do desfile do Primeiro de Maio de 1943. Mas será realmente o final? E essa faxineira do setor feminino que essa tarde passeia pelo pátio assobiando a marcha do Exército Vermelho, assobiando a canção do guerrilheiro, assobiando outras canções soviéticas para infundir ânimo aos homens das celas? E aquele homem com a farda da polícia checa que me trouxe papel e lápis e que nesse momento vigia o corredor para que eu não seja surpreendido por nenhum indesejável? E aquele outro que no fim de contas foi o impulsionador destes escritos e que, ocultando-os cuidadosamente, os leva para fora, para que surjam à luz do dia no momento oportuno? Arriscam a cabeça por este pedaço de papel. Arriscam-na para estabelecerem uma ponte entre o hoje encadeado e o amanhã livre. Eles lutam. Lutam com dedicação e sem medo, cada um no seu posto, cada um no seu campo de batalha e por todos os meios ao seu alcance. E são tão simples, tão anônimos e passam tão despercebidos que nem sequer se pode adivinhar a luta de vida ou de morte que se trava junto dos nossos amigos, e na qual tanto podem cair como vencer.

Dez vezes, vinte vezes, você terá visto marchar os exércitos da revolução nas manifestações do Primeiro de Maio. E era sempre algo solene. Mas só na luta se pode apreciar a verdadeira força desse exército e o seu caráter invencível. A morte é mais simples do que eles tinham imaginado e a face do heroísmo não tem auréola. Mas o combate é ainda mais duro do que se supunha. E para perseverar nele e levá-lo à vitória é necessária uma força incomensurável. Diariamente está em movimento, mas nem sempre se percebe claramente. Se tudo parece tão natural, tão evidente!

Hoje você a encontrará de novo.
Hoje, no desfile do Primeiro de Maio de 1943.

O Primeiro de Maio de 1943 interrompeu por um momento a continuidade desta narrativa. E é bom que isso tenha acontecido. Nos dias de festa recorda-se de outra maneira, e talvez o júbilo que hoje nos domina nos leve a deformar a recordação.

A "sala de cinema" do Palácio Petschek não tem, na verdade, nada de alegre. É a antessala de uma sala de torturas, e aí ouvimos os lamentos e os gritos de terror de outros, sem saber o que nos espera. Vemos partir de junto de nós gente saudável, robusta e cheia de vida, que após três horas de interrogatório regressa mutilada e desfeita. Ouvimos uma voz sonora anunciar a sua saída para o interrogatório, e depois uma voz rouca, estrangulada, pela dor e pela febre, anunciar o seu regresso. E outra coisa pior: vemos também aqueles que saem com um olhar límpido e franco e que, quando voltam, já não conseguem olhar-nos nos olhos. Talvez não tenha sido mais do que um pequeno momento de fraqueza lá em cima, no gabinete do comissário. Um único momento de vacilação, nada mais que um relâmpago de medo ou de desejo de salvar o próprio eu, e hoje ou amanhã chegarão novas vítimas que tornarão a viver aqui todos esses horrores; novas vítimas entregues ao inimigo por quem foi seu companheiro de luta.

O espetáculo das pessoas cuja consciência está comprometida é ainda mais terrível que o espetáculo dos homens fisicamente torturados. E se os seus olhos foram lavados pela morte que passou a seu lado, se os seus sentidos se encontram afinados pela ressurreição, você percebe, sem necessidade de palavras, de quem vacilou, de quem traiu e de quem pensa, precisamente nesse momento, num cantinho da sua alma, que no fim de contas não seria assim tão mau melhorar um pouco a situação, entregando somente o mais insignificante dos seus companheiros de luta. Oh! pobres fracos! Como se a vida comprada com a de um camarada pudesse considerar-se vida!

É possível que não me tenha acontecido pensar nisso durante a minha primeira permanência na "sala de cinema". Mas depois pensei nisso com frequência. E essa ideia voltou certamente a surgir esta manhã, num ambiente um pouco diferente, num local que era a melhor fonte de conhecimento: a sala número 400.

Não permaneci sentado durante muito tempo na "sala de cinema". Uma hora ou hora e meia. Depois, nas minhas costas, soou o meu nome e dois homens sem farda, que falavam tcheco, encarregaram-se de mim. Meteram-me no elevador, que me deixou no quarto andar, e conduziram-me a uma grande sala, em cuja porta estava escrito o número 400.

400

Aí, sob a sua vigilância, estive primeiro sentado, completamente só, numa cadeira isolada atrás, junto à parede. Olhava ao redor com a estranha impressão de quem já viveu antes a mesma cena. Terei estado aqui alguma vez? Não, não estive. E, contudo, conheço-a, conheço esta sala, sonhei com ela, vi-a num febril e cruel pesadelo que, embora tivesse desfigurado, apresentando-a com horríveis caretas, não pôde modificá-la a ponto de me impedir de reconhecê-la. Agora é acolhedora, cheia da luz do dia e de cores claras. Através das suas grandes janelas de grades estreitas pode-se avistar a igreja de Tyn, as verdes colinas de Letna e o castelo de Hradcany. No sonho, a sala era sombria, sem janelas, iluminada pela poeira de uma luz suja e amarelada, sob a qual os homens pareciam sombras. Naquele momento aqui havia mais gente. Agora a sala está vazia e os seus seis bancos alinhados formam uma alegre planície de dentes-de-leão e ranúnculos. No meu sonho, eu a via cheia de homens, sentados nesses bancos, uns ao lado dos outros, e as suas caras estavam pálidas e ensanguentadas. Ali, muito perto da porta, um homem com expressão de dor nos olhos, em pé, vestido com um macacão azul, pedia ansiosamente água, água, e por fim caiu lentamente no chão, como quando cai a cortina...

Sim, era assim; mas agora sei que não foi um sonho. Aquela situação de delírio febril e cruel era a realidade.

Foi durante o meu primeiro interrogatório, na noite em que fui preso. Trouxeram-me para cá três, dez vezes, talvez. Sei lá! Sempre que alguns queriam descansar e começar com outros. Eu estava descalço e, recordo, os azulejos do chão refrescavam agradavelmente as plantas destroçadas dos meus pés.

Naquela ocasião, os bancos estavam ocupados pelos operários da Funkers, produto da caçada noturna da Gestapo. E aquele homem de macacão azul, junto à porta, o camarada Barton, da célula da Fábrica Funkers, era a causa indireta da minha prisão. Digo isso para que ninguém seja culpado pela minha sorte. A minha prisão não foi causada pela traição nem pela covardia de nenhum camarada. Foi só consequência da imprudência e do azar. O camarada Barton procurava conseguir para a sua célula um contato com a direção do Partido. O seu amigo, camarada Jelinek, sem respeitar minimamente as regras conspiratórias, em vez de começar por me consultar sobre esse assunto, para que fosse resolvido sem a sua intervenção pessoal, comprometeu-se a procurar ele próprio esse contato. Fora esse o primeiro erro. O segundo, mais desastroso, constituiu no fato de a confiança do camarada Barton ter sido ganha por um provocador chamado Vorak. O camarada Barton confiou-lhe até o nome de Jelinek. E foi assim que a Gestapo começou a interessar-se pela família Jelinek. Não a procurava por causa da sua tarefa principal, que foi realizada perfeitamente durante dois anos, mas devido a um pequeno favor que a afastou um único passo dos seus deveres de conspiradores. E o fato de os homens do Palácio

Petschek terem decidido prender Jelinek precisamente na noite em que tínhamos encontro marcado, bem como o fato de terem vindo em tão grande número, deveu-se unicamente ao acaso. Aquilo não estava nos planos deles. Os Jelinek deveriam ser presos no dia seguinte. Na realidade, a Gestapo veio quase para divertir-se, como que para "tomar ar" e celebrar o êxito que representava a prisão da célula da Fábrica Funkers. A nossa surpresa com a chegada da polícia não foi maior que a deles por me encontrarem ali. Nem sequer sabiam quem estavam prendendo. E é possível que nunca o tivessem sabido se juntamente comigo...

Mas não pude fazer essas reflexões na "quatrocentos" senão passado bastante tempo. Não me encontrava só; os bancos e as paredes achavam-se ocupados e decorriam horas cheias de surpresas. Surpresas estranhas, que eu não compreendia, e surpresas cruéis, que compreendi demasiadamente bem.

A primeira surpresa não se incluiu em nenhuma dessas duas categorias. Foi uma coisa agradável, mínima, sem importância para ninguém.

A segunda surpresa: na sala entram, a passo de ganso, quatro pessoas, saúdam em tcheco os agentes sem farda e cumprimentam-me também; sentam-se às mesas, põem os seus papéis diante de si e acendem livremente cigarros, com a liberdade dos funcionários. Mas eu os conheço! Conheço pelo menos três deles, e não é possível que estejam a serviço da Gestapo. Ou será que estão? Também eles? Mas é R., antigo secretário do Partido e dos sindicatos, de caráter um pouco selvagem, mas seguro. Não, não é possível. E esta é Anka Vikova, sempre tão sincera e tão bonita, apesar dos seus cabelos completamente brancos: militante firme e tenaz. Não, não é possível. E este é Vasek, pedreiro de uma mina do

Norte e mais tarde secretário regional do Partido. Como não hei de conhecê-lo?! Quantas lutas vivemos juntos lá no Norte! Será possível que o tenham dobrado sob os seus punhos? Não, não é possível. Mas então que vêm eles aqui procurar? O que fazem aqui?

Sem respostas para essas perguntas, já se acumulam outras. Trazem Mirek, o casal Jelinek e o casal Fried. Sim, isso sei: estes, infelizmente, foram presos comigo. Mas por que está aqui também Pavel Kropacek, historiador de arte, que ajudava Mirek no seu trabalho entre os intelectuais e que só Mirek e eu próprio conhecíamos?

E por que está aqui aquele jovem alto, com a cara inchada das pancadas, dando-me a entender que nos conhecemos? De fato, não o conheço. Quem será? Stych? O Dr. Stych? Zdenek? Mas, meu Deus, isso significa o grupo de médicos. E quem poderia conhecê-lo, além de Mirek e eu? E por que é que durante o interrogatório me perguntavam tantas coisas, sobre os intelectuais tchecos? Como conseguiram eles supor um contato entre o meu trabalho e o que se realiza com os intelectuais? Quem poderia estar a par disso, excluindo Mirek e eu?

A resposta não era difícil, mas era grave e cruel: Mirek traiu. Mirek falou.

No primeiro momento podia esperar ainda que, ao menos, não tivesse confessado tudo. Mas depois trouxeram outro grupo de presos e reconheci Vladislav Vancura, o professor Felber e seu filho, Bedrich Vaclavek, desconhecido sob o seu disfarce, Bozena Pulpanova, Jindrich Elbl, o escultor Dvorak, todos os que faziam ou eram chamados a fazer parte do Comitê Nacional Revolucionário de intelectuais tchecos: estão todos aqui. Mirek revelou tudo o que sabia sobre o trabalho entre os intelectuais.

Os meus primeiros dias no Palácio Petschek não foram certamente fáceis. Mas este foi o golpe mais duro que recebi. Esperava a morte, mas não a traição. Mesmo julgando com indulgência, mesmo tomando em consideração todas as circunstâncias e recordando tudo o que Mirek não disse, não pude encontrar outra palavra: traição. Não foi só a vacilação, a fraqueza, nem a queda de um homem torturado até à morte que no seu delírio busca um alívio. Não há nada que possa desculpá-lo. Nesse momento, compreendi como souberam o meu nome logo na primeira noite; nesse instante compreendi porque se encontrava ali Anicka Jiraskova, em cuja casa tive muitos encontros com Mirek. Compreendi porque estavam ali Kropacek e o Dr. Stych.

Ia quase diariamente ao número "quatrocentos" e todos os dias conhecia novos pormenores. Era uma coisa triste e desesperadora. É isso. Antes foi um homem reto, que não procurou fugir às balas quando combatia na Espanha e que também não vergou sob a cruel experiência do campo de concentração na França. Agora empalidece diante do bastão de um agente da Gestapo e comete uma traição para salvar a própria pele. Como deveria ser superficial a sua coragem, para ceder perante algumas pancadas! Tão superficial como as suas convicções. Era forte num grupo, rodeado de camaradas que pensavam como ele. Era forte porque pensava neles. Mas agora, isolado, só, cercado pelas pancadas do inimigo, perdeu completamente a sua força. Perdeu tudo porque começou a pensar em si próprio. Para salvar a pele, sacrificou os camaradas. Dominou-o a covardia e a covardia transformou-o num traidor.

Não pensou que era preferível morrer a descodificar os materiais encontrados em sua casa. E descodificou-os. Deu nomes. Deu a direção de uma casa clandestina. Levou consigo os agentes da Gestapo a um encontro com Stych. Mandou-os à casa de Dvorak e ao encontro com Vaslavek e Kropacek. Entregou Anicka. Entregou até Lida, moça corajosa e resoluta que o amava. Bastaram algumas pancadas para dizer metade de tudo isso. E quando se convenceu de minha morte e pensou que não teria que justificar-se diante de ninguém, entregou todo o resto.

Com o seu comportamento não me provocou qualquer dano. Eu já estava nas garras da Gestapo. Que mais poderia ser acrescentado aos meus males? Ao contrário: era uma coisa concreta, sobre a qual podiam basear todas as suas investigações. Qualquer coisa como o primeiro elo de uma cadeia, cujos elos seguintes estavam nas minhas mãos e cuja ponta eles queriam alcançar. Só graças a isso é que sobrevivi até depois do estado de sítio e, comigo, uma grande parte do nosso grupo. Mas não teria havido nenhum grupo se ele tivesse cumprido o seu dever. Nós dois estaríamos mortos há muito tempo, mas os outros viveriam e trabalhariam.

Um covarde perde algo mais que a sua vida. Ele perdeu. É um desertor do exército glorioso e merece o desprezo do seu pior inimigo. E ainda que vivesse, não viveria, porque se teria excluído da coletividade. Mais tarde tentou corrigir algumas coisas, mas jamais pode ganhar a confiança dos companheiros. Isto é mais terrível na prisão que em qualquer outro lugar.

O preso e a solidão: estas duas palavras parecem insepa-ráveis. Mas se trata de um grande erro. O preso não está só. A prisão é um grande coletivo no qual nem o mais rigoroso isolamento pode separar ninguém, a menos que alguém se exclua a si próprio. A fraternidade dos oprimidos está subme-tida a uma pressão que a concentra, a fortalece e a torna mais sensível. Atravessa as paredes, que vivem, falam e transmitem mensagens. Abarca as celas de um mesmo corredor, unidas por sofrimentos comuns, serviços comuns, faxinas comuns e meia hora em comum ao ar livre, quando até uma palavra ou um gesto bastam para dar uma notícia ou salvar uma vida humana. Liga toda a prisão por meio das saídas e regressos comuns do interrogatório e a assistência comum na "sala de cinema". É uma fraternidade de poucas palavras e de muitos serviços, porque um só aperto de mão ou um cigarro passado escondido abre a gaiola dentro da qual o meteram e o livra da solidão que deveria dobrá-lo. As celas têm mãos: percebe-se como o sustentam para que não caia sob as torturas do interrogatório e delas recebe-se alimento quando outros o empurram para a morte pela fome. As celas têm olhos: observam-no quando caminha para a execução e sabe que tem de ir de cabeça erguida, porque é seu irmão, e não se deve mostrar fraqueza nem sequer por um passo vacilante. É uma fraternidade que sangra, mas é indestrutível. Se não fosse a sua ajuda, não se poderia suportar nem a décima parte daquilo que se suporta. Nem você nem eu.

Nesta narrativa, se conseguir prossegui-la – porque nenhum de nós conhece o dia nem a hora do fim –, verão com frequência o número "quatrocentos" que dá o título a este capítulo. Eu o conheci. Era uma sala, e as primeiras horas que nela passei, as primeiras reflexões que nela fiz, não foram nada alegres. Mas não era só uma sala: era uma comunidade, uma comunidade alegre e combativa.

Nasceu no ano de 1940, quando aumentou a atividade da seção anticomunista da polícia. A "sala de cinema" era uma dependência da prisão nacional: a sala de espera daqueles que iam ser submetidos ao interrogatório, especialmente escolhida para os comunistas, a fim de evitar trazê-los e levá-los desde o porão até o quarto andar e vice-versa para cada interrogatório e ao fim deixá-los permanentemente à disposição dos funcionários da Gestapo encarregados dos interrogatórios. Era para tornar mais fácil o seu trabalho. Ou pelo menos era isso que eles pensavam.

Mas, una dois presos, e sobretudo dois comunistas, e em cinco minutos ter-se-á formado um coletivo que lhe destroçará todos os planos. No ano de 1942, era conhecida como "Central Comunista". Conheceu muitas modificações e pelos seus bancos passaram milhares e milhares de camaradas, homens e mulheres. Mas há uma coisa que nunca mudou: a alma desse coletivo, fiel à luta e seguro da vitória.

A "quatrocentos" era uma trincheira avançada, totalmente cercada pelo inimigo e submetida a fogo cerrado, mas que nunca pensou em render-se. Sobre ela ondulava a bandeira vermelha e no seu seio manifestava-se a solidariedade de todo o povo em luta pela sua libertação.

Embaixo, na "sala de cinema", os SS passavam arrastando as pesadas botas e acompanhando com gritos o mínimo movimento dos seus olhos. Aqui, na "quatrocentos", a vigilância é exercida por inspetores tchecos e agentes do Comando da Polícia, o serviço da Gestapo como intérpretes, seja voluntariamente, seja por ordem dos seus superiores, e que cumpriam o seu dever como mercenários da Gestapo ou como tchecos. Ou como qualquer coisa entre estas duas. Aqui não se era obrigado a permanecer sentado, imóvel, com as mãos nos joelhos e o olhar fixo. Aqui já se podia sentar mais livremente: podia-se olhar em volta; podia-se fazer um sinal com a mão e até fazer mais alguma coisa, conforme os casos. Tudo dependia da espécie de guarda que estava de serviço num dado momento.

A "quatrocentos" era o lugar onde se atingia o mais profundo conhecimento dessa criatura que se chama homem. Ali a proximidade da morte punha todo mundo a nu: aqueles que uma braçadeira vermelha assinalava como comunistas ou como suspeitos de colaborarem com os comunistas e aqueles que deviam vigiá-los e que numa sala vizinha participavam dos interrogatórios. Nesta, durante o interrogatório, cada palavra podia servir como escudo ou como arma. Mas na "quatrocentos" é impossível ocultar-se por trás das palavras. Ali já não conta o que se diz, mas o que existe em você de mais profundo. No mais fundo do seu íntimo não ficou senão o essencial. Tudo o que estava em segundo plano e que enobrecia, debilitava ou embelezava o fundo do seu caráter, tudo isso caiu, foi arrancado pela raiz pelo vendaval que precede a morte. Não resta nada além do sujeito e do predicado: o fiel resiste, o traidor trai, o burguês desespera, o herói combate. Em cada homem há força e fraqueza, audácia e medo, firmeza e vacilação, honestidade e sordidez. Mas aqui não pode ficar senão uma coisa ou outra. Ou isto ou aquilo. E se alguém tentou navegar entre duas águas, foi descoberto mais depressa do que seria um bailarino exibindo-se com uma pena amarela no chapéu e tocando campainhas durante uma cerimônia fúnebre.

Havia pessoas desse tipo entre os presos e também entre os inspetores e agentes tchecos. Durante o interrogatório acendiam uma vela ao bom Deus do Reich e na "quatrocentos" acendiam outra ao diabo bolchevique. Diante do comissário alemão partem-se os dentes para arrancarem, à força de pancada, o nome de nossos contatos e, na "quatrocentos", oferecem-nas amigavelmente pão para matar nossa fome. Durante as buscas saqueiam totalmente nossa casa, para nos oferecerem escondido, na "quatrocentos", meio cigarro retirado dos despojos, a fim de manifestarem os seus bons sentimentos. E havia outros – que não eram mais do que uma variante da mesma espécie – que nunca por sua própria iniciativa fizeram mal a ninguém, mas tampouco ajudaram alguém. Esses não pensavam em mais nada senão na sua própria pele. A sua sensibilidade convertia-os em excelente barômetro político. Mostram-se reservados, muito oficiais? É evidente: os alemães avançam sobre Stalingrado. São amáveis e procuram conversa com os detidos? A situação é favorável: os alemães foram repelidos em Stalingrado. Falam da sua antiga origem checa e de como foram obrigados a entrar para o serviço da Gestapo? Excelente: o Exército Vermelho já avança sobre Rostov. Há ainda outros – da mesma espécie – que enfiam as mãos nos bolsos quando você está quase morrendo afogado e estendem-nas complacentemente quando você já chegou à praia.

Essa espécie de gente sentiu o coletivo da "quatrocentos" e procurou aproximar-se dela, porque apreciava a sua força. Mas nunca fez parte dela. E existia ainda uma outra espécie que não tinha a menor ideia dessa comunidade: a estes eu chamaria de assassinos, embora os assassinos, apesar de tudo, façam parte do gênero humano. A besta de língua checa, com o chicote e a barra de ferro na mão, torturava os presos tchecos de tal forma que muitos comissários alemães acabavam por desviar os olhos do espetáculo. Eles não podiam justificar-se sequer com a hipócrita desculpa da luta pelo seu povo ou pelo Reich: torturavam e assassinavam por prazer; partiam os dentes, perfuravam os tímpanos, vazavam os olhos, despedaçavam a pontapés os órgãos genitais, deixavam descoberto o cérebro dos torturados e batiam-lhes até à morte impelidos pela crueldade, sem outro móvel além da própria crueldade.

Nós os vimos todos os dias; todos os dias éramos obrigados a suportar a sua presença, que enchia a atmosfera de sangue e de rancores de agonia. Só nos mantinha nossa profunda fé, a firme confiança de que nunca poderiam escapar à justiça, ainda que assassinassem todas as testemunhas dos seus crimes.

E ao lado desses, à mesma mesa, aparentemente iguais com a mesma hierarquia, sentavam-se outros homens. Homens com H maiúsculo. Homens que aplicavam o regulamento da prisão em benefício dos detidos; homens que ajudaram a formar o coletivo da "quatrocentos" e que a ela pertenciam com todo o seu coração e com toda a sua audácia. Sua grandeza torna-se ainda maior porque não eram comunistas e, ao contrário, tinham trabalhado antes, a serviço da polícia checa, contra os comunistas. Mas ao vê-los lutar contra o ocupante tomaram consciência da força e compreenderam a importância que, para todo o povo, têm os comunistas e desde esse momento serviram fielmente e ajudaram, até nos bancos da prisão, todos aqueles que se mantiveram firmes. Numerosos combatentes de fora vacilariam se conhecessem os horrores que os esperam se caíssem nas mãos da Gestapo. Mas os daqui têm esses horrores constantemente diante dos olhos, todos os dias e a todas as horas. Em cada dia e cada hora, poderiam esperar ser colocados junto dos presos e sofrer martírios ainda maiores. Apesar de tudo, não vacilaram. Ajudaram a salvar a vida de milhares e aliviaram a sorte daqueles cujas vidas foi impossível salvar. Merecem o título de heróis. Sem a sua ajuda, a "quatrocentos" nunca teria podido chegar a ser o que foi e tal como a conheceram milhares e milhares de comunistas: um lugar claro numa casa sombria, uma trincheira na retaguarda do inimigo, o centro da luta pela liberdade, no próprio interior da fortaleza dos ocupantes.

FIGURAS E FIGURINHAS I

Só peço uma coisa: que os que sobreviverem a essa época não esqueçam. Não esqueçam nem os bons nem os maus. Reúnam pacientemente os testemunhos dos que caíram por si e por vocês. Um dia o hoje pertencerá ao passado e falar-se-á de uma grande época e dos heróis anônimos que fizeram história. Gostaria que todo mundo soubesse que não houve heróis anônimos. Eram pessoas que tinham o seu nome, o seu rosto, os seus desejos e as suas esperanças, e a dor do último deles não foi menor que a do primeiro, cujo nome perdura. Gostaria que todos eles estivessem junto de nós, como membros da nossa família, como nós próprios.

Foram exterminadas gerações inteiras de heróis. Amem ao menos alguns deles, como se fossem um filho ou uma filha, e sintam-se orgulhosos deles como de um grande homem que viveu para o futuro. Cada um dos que serviram fielmente o futuro e caíram para o tornarem mais belo é uma figura esculpida em pedra. E cada um daqueles que, com o pó do passado, quis construir um dique para deter a revolução, não é mais do que uma figurinha de madeira, ainda que tenha os braços carregados de galões dourados. Mas é necessário ver também as figurinhas vivas na sua infância, na sua imbecilidade, na sua crueldade e no seu ridículo, porque é um material que nos servirá para o futuro.

Eu só posso contribuir com o material que corresponde à declaração de uma testemunha. É limitado e sem espaço no tempo, tal como pude vê-lo na minha pequena frente de luta. Mas contém traços de uma verdadeira imagem da vida: os traços dos grandes e dos pequenos, das figuras e das figurinhas.

Os Jelinek

Josef e Marie. Ele, eletricista; ela empregada doméstica. Você deve conhecer a casa deles: móveis modernos, simples e lisos, uma pequena biblioteca, uma estatueta, quadros pelas paredes e tudo limpo, incrivelmente limpo. Dir-se-ia que toda a sua alma estava encerrada ali dentro e que não conheciam mais nada do mundo. No entanto, militavam há muito tempo no Partido Comunista e concebiam a justiça à sua maneira. Ambos trabalharam silenciosamente e de forma abnegada, sem se afastarem das suas atividades no período da ocupação, que lhes colocava grandes exigências e responsabilidades.

Passados três anos, a polícia irrompeu-lhes pela casa. Estavam um ao lado do outro, com as mãos erguidas sobre a cabeça.

19 de maio de 1943

Essa noite os nazis levaram a minha Gustina para a Polônia, para "trabalhar". Para a escravidão, para a morte pelo tifo. Restam-me algumas semanas, talvez dois ou três meses de vida. O processo de acusação já foi para o tribunal. Pode ser que haja mais quatro semanas de investigação complementar contra mim na prisão de Pankrac e depois mais dois, três meses, até o fim. Esta reportagem não será completada. Se durante esses dias tiver possibilidade, procurarei continuá-la. Hoje não posso. Tenho a cabeça e o coração cheios de Gustina, essa mulher nobre, companheira tão querida, fervorosa e abnegada, na minha vida tão insegura e nunca tranquila.

Todas as tardes canto para ela sua canção predileta: "sobre a erva azulada da estepe, cheia de lendas de combates guerrilheiros; sobre a cossaca que, ao lado dos homens, lutava corajosamente para conquistar a liberdade, até que num combate não conseguiu levantar-se de novo."

Ah, meu companheiro de luta. Quanta força encerra essa delicada criatura de traços firmemente esculpidos e grandes olhos de menina, cheios de ternura! A luta e as contínuas separações fizeram de nós amantes eternos, que não só uma, mas cem vezes na vida viveram os momentos ardorosos das primeiras carícias e dos primeiros abraços. E, no entanto, os nossos corações batiam sempre em uníssono e o nosso alento era o mesmo nas horas de felicidade e nas horas de angústia, excitação e tristeza.

Durante anos trabalhamos juntos e ajudamo-nos como só os camaradas sabem fazê-lo. Durante anos ela foi o meu primeiro leitor e crítico; era-me difícil escrever sem sentir sobre mim o seu olhar carinhoso; durante anos participamos, ao lado um do outro, em frequentes lutas, e durante anos vagueamos, de mãos dadas, pelos lugares que amávamos. Conhecemos muitas dificuldades e vivemos muitas e grandes alegrias, porque éramos ricos, ricos como são os nobres. Com a riqueza que existe no interior.

Gustina? Aqui está Gustina:

Foi durante o Estado de sítio, em meados de junho do ano passado. Viu-me pela primeira vez seis semanas depois da nossa detenção, depois daqueles tristes dias em que, sozinha na cela, meditava sobre as notícias que lhe anunciavam a minha morte. Chamaram-na para me convencer:

– Faça-o ser razoável – dizia a Gustina o chefe da seção, durante a acareação. – Diga-lhe que seja razoável. Já que não pensa nele próprio, que pense ao menos em ti. Tem uma hora para refletir. Se passado esse prazo aquela cabeça teimosa não ceder, são fuzilados esta tarde. Os dois.

Ela acariciou-me com o olhar e respondeu com simplicidade:

– Senhor comissário: isso para mim não é uma ameaça. É o meu último desejo. Se o executarem, executem-me também.

Ei-la. Esta é Gustina: amor e firmeza.

Podem tirar-nos a vida, não é verdade, Gustina? Mas nunca a nossa honra e o nosso amor.

Ah, meus amigos! Podem imaginar como viveríamos se nos encontrássemos depois de todos estes sofrimentos? Se nos encontrássemos de novo numa vida livre e bela, na vida da liberdade e da criação? Quando se realizará aquilo por que ansiamos, aquilo que nos custou tantos esforços, aquilo por que vamos agora morrer? Mas, mesmo mortos, viveremos num cantinho da felicidade de vocês, porque por essa felicidade demos a nossa vida. E isso nos dá alegria, ainda que a despedida seja triste.

Não nos permitiram que nos despedíssemos, nem que déssemos um abraço, nem que apertássemos as mãos. Só o coletivo da prisão, que une a Praça Karel com Pankrac, nos dá notícias da sorte de cada um de nós.

Você sabe, Gustina, e eu também sei, que nunca mais nos veremos. Mas mesmo assim, eu a ouço gritar lá de longe: "Até à vista, querido".

Até à vista, Gustina!

O meu testamento

Só tinha a minha biblioteca. E a Gestapo destruiu-a. Escrevi muitos artigos culturais e políticos, reportagens, ensaios e críticas de literatura e de teatro. Muitos deles correspondiam a um único dia e com ele morriam. Deixem-nos em paz. Mas alguns pertencem à vida. Esperava que Gustina pudesse organizá-los. Mas não há muitas esperanças. Por isso peço ao honesto camarada Ladislav Stoll que deles faça uma seleção, de modo a formar cinco livros:

1 – artigos políticos e de polêmica;

2 – compilação de reportagens sobre o nosso país;

3 – compilação de reportagens sobre a URSS;

4 e 5 – artigos e ensaios sobre literatura e teatro.

A maioria desses trabalhos encontram-se em *Tvorba* e no *Rudé Právo*. Outros em *Kmen, Pramen, Proletkult, Doba, Socialista, Avantguarda* etc.

Em casa do editor Girgal (que estimo pela audácia com que, durante a ocupação, publicou o meu estudo sobre Bozena Nemcova) estão os manuscritos do estudo sobre Julius Zeyer; na casa onde viviam os Jelinek, os Vysusil e os Suchanek – hoje quase todos mortos – está escondida uma parte do meu estudo sobre Sabina e as notas sobre Jan Neruda.

Comecei a escrever um romance sobre a nossa geração. Dois capítulos estão em casa de meus pais. O resto foi provavelmente destruído. Vi alguns contos manuscritos no *dossiê* da Gestapo.

Lego ao historiador literário que vai nascer o meu amor por Jan Neruda. É o nosso melhor poeta. Teve uma visão muito superior à nossa, pensando no futuro. Mas ainda não existe nenhuma obra que o compreenda e faça realçar o seu valor. É necessário mostrar o Neruda proletário. Colaram-lhe ao nome o rótulo dos *Idílios de Malá Strana*,[1]

---

[1] Bairro antigo de Praga.

sem se darem conta de que justamente esse bairro idílico de Malá Strana foi sempre considerado por ele um "safado" nascido à beira de Smichov,[2] num meio operário, que para ir ao cemitério de Malá Strana para as suas *Flores de Cemitério* tinha que passar junto à fábrica de Ringhofer. Sem saberem isso nunca compreenderão Neruda, desde as suas *Flores de Cemitério* até o folhetinho sobre o Primeiro de Maio de 1890. Todo mundo – até mesmo um homem tão clarividente como Salda – via na atividade jornalística de Neruda uma certa limitação para sua criação poética. É uma insensatez. Porque foi precisamente por ser jornalista que Neruda pode escrever obras tão magníficas como as suas *Baladas e Romances, Cantos de Sexta-Feira Santa* e a maioria dos seus *Motivos Simples*. O trabalho jornalístico esgota frequentemente um homem e é possível que até o impeça de concentrar-se, mas aproximado do leitor, e ensina-o a criar também na poesia, sobretudo, se trata de um jornalista tão honesto como Neruda. Neruda, sem jornais onde refletir a vida cotidiana, talvez tivesse escrito muitos volumes de poemas, mas nem um único teria podido sobreviver ao seu século como sobreviverão todas as suas obras.

Pode ser que alguém termine o meu estudo sobre Sabina: merece ele.

Aos meus pais, pelo seu amor e pela sua simples nobreza, queria garantir, com o meu trabalho realizado também para eles, um outono cheio de sol. Que não se sintam perturbados porque não continuo com eles. "O operário é mortal; o trabalho é eterno"; e no calor e na luz que os cercarão eu estarei sempre a seu lado.

---

[2] Bairro de Praga, limítrofe do de Malá Strana.

Peço às minhas irmãs Líba e Verka que, com o seu canto, façam esquecer ao meu pai e à minha mãe que há um vazio na nossa família. Engoliram muitas lágrimas quando vinham ver-nos no Palácio Petschek. Mas a alegria vive dentro delas e por isso as amo, por isso nos amamos. Elas são semeadoras de alegria: que nunca deixem de o ser.

Aos camaradas que sobreviverem a esta batalha final e aos que vierem depois de nós, aperto fortemente as mãos. Em meu nome e em nome de Gustina. Cumprimos o nosso dever.

Mais uma vez repito: vivemos para a alegria; pela alegria fomos para o combate e por ela morremos. Que nunca se junte a tristeza ao nosso nome.

19/5/1943

J. F.

22 de maio de 1943

Concluído e assinado. Desde ontem que o meu processo perante o juiz de instrução está terminado. Isso está sendo muito mais rápido do que eu pensava. Parece que estão apressados. Lida Placha e Mirek são os meus companheiros de julgamento. A fraqueza não serviu a Mirek para nada.

Com o juiz de instrução tudo foi correto e frio como gelo. Na Gestapo, ao menos, havia um pouco de vida, qualquer coisa de terrível, mas viva. Ali dentro havia paixão: por um lado a paixão dos combatentes e por outro a paixão dos caçadores, das feras ou dos simples ladrões. Alguns do outro lado até tinham uma espécie de convicção. Mas, aqui, o juiz de instrução só entende de burocracia: grandes insígnias com a cruz gamada proclamam convicções que no fundo estão ausentes. É o escudo por trás do qual se esconde o pobre manga-de-alpaca,[3] decidido a sobreviver a esta época de qualquer maneira. Não é mau nem bom para os acusados. Não sorri nem franze as sobrancelhas. Exerce. Nada de sangue; só uma sopa aguada.

Os autos de acusação estão prontos, assinados, e agora anexam-lhes todos os parágrafos que querem. São referidos seis crimes de alta traição, uma conspiração contra o Reich, a preparação de uma sublevação armada e não sei que outras coisas mais. Uma só dessas acusações teria sido bastante.

Lutei aqui durante treze meses pela vida dos outros e pela minha. Com audácia e com astúcia. Os nazis têm incluído no seu programa a "astúcia nórdica". Creio que também soube usá-la. Venceram-me pela simples razão de que eles também têm um machado nas mãos.

Assim, esta luta terminou. Agora começa o período de espera. Duas, três semanas para elaborar a acusação. Depois a viagem para o Reich, esperar a reunião do tribunal, a condenação e, por último, cem dias de espera até a execução. São estas as perspectivas. Talvez ainda quatro ou cinco meses. Durante esse tempo muitas coisas podem mudar. Durante esse tempo tudo pode mudar. Talvez, é possível. Daqui não posso sabê-lo. Um desenvolvimento mais rápido dos acontecimentos no exterior pode também acelerar o nosso fim. E com isso tudo se equilibra.

É uma corrida entre a esperança e a guerra. Uma corrida entre a morte e outra morte. Qual delas virá primeiro? A morte do fascismo ou a minha? Serei o único a fazer esta pergunta? Não. O mesmo pergunta dezenas de milhares de presos, o mesmo perguntam milhões de soldados, o mesmo perguntam

---

[3] Colarinho branco.

dezenas de milhões de homens e mulheres em toda a Europa e no mundo inteiro. Uns têm mais esperança, e outros menos. Mas é só aparentemente. Os horrores com que o capitalismo em decomposição inundou o mundo constituem ameaças supremas para todos. Centenas de milhares de homens – e que homens! – cairão ainda, antes que os sobreviventes possam dizer: eu sobrevivi ao fascismo.

Agora contamos por meses, e em breve será por dias. Mas serão precisamente esses os mais cruéis. Sempre pensei como seria triste ser o último soldado a ser atingido no coração pela última bala, no último segundo da guerra. Mas alguém terá de ser o último. E se soubesse que podia ser eu, iria agora.

O pouco tempo que ainda vou passar na prisão de Pankrac não me permite dar a esta reportagem a forma que deveria ter. Tenho de ser mais breve. A minha reportagem constituirá o testemunho dos homens e não o de toda uma época. E é isso, creio eu, o mais importante.

Comecei falando dessas figuras com o casal Jelinek, pessoas simples que em tempos normais não pareciam heróis. No momento em que foram presos estavam ao lado um do outro, com as mãos erguidas: ele, pálido; ela, com as marcas da tuberculose na face. Tinha os olhos um pouco assustados ao ver como, em cinco minutos, a Gestapo transformara a ordem exemplar que reinava em sua casa numa desolação. Depois voltou lentamente a cabeça para o marido e perguntou-lhe:

– Josef, e agora, o que vai acontecer?

Ele sempre foi pouco falador. Encontrava as palavras com dificuldade. Falar inquietava-o. Mas nesse momento respondeu tranquilamente e sem nenhum esforço:

– Vamos para a morte, Marie.

Ela não deu um único grito. Não mostrou emoção. Com um belo gesto abaixou as mãos e estendeu-as a Jelinek, diante dos canos ameaçadores das pistolas. Esse gesto fez cair sobre ela e o marido as primeiras pancadas no rosto; ela passou a mão pela cara, olhou com espanto os intrusos e quase comicamente disse:

– Tão bons rapazes – disse, e ergueu a voz – tão bons rapazes... e tão brutos!

Apreciou-os no seu justo valor. Umas horas mais tarde levaram-na do gabinete do comissário encarregado do "interrogatório" quase inconsciente devido às pancadas que sofrera. Mas nem pela violência conseguiram nada dela. Nem naquele momento nem mais tarde.

Não sei o que se passou com eles durante o tempo em que estive estendido na minha cela, impossibilitado de ser interrogado. Mas sei que durante todo esse tempo nada disseram. Esperavam-me. E depois, quantas vezes Josef foi espancado, espancado e novamente espancado! Mas não disse nada antes de eu ter podido lhe dizer ou pelo menos indicar com os olhos, o que podia ou devia dizer a fim de desorientar os investigadores.

Antes, Marie era sensível até as lágrimas. Foi assim que a conheci até o momento da sua prisão. Mas durante toda a sua permanência na Gestapo nunca vi uma lágrima nos seus olhos. Amava a sua casa, mas quando os camaradas de fora lhe disseram, para lhe darem uma alegria, que sabiam quem havia roubado seus móveis que o vigiavam, respondeu:

– Os móveis que vão para o diabo! Não percam tempo com isso. Agora têm que se ocupar de coisas mais importantes: trabalhar em nosso lugar. Primeiro é preciso fazer uma limpeza geral e depois, se sobreviver, eu própria porei em ordem a minha casa.

Um dia levaram-nos. Cada um para seu lado. Em vão procurei saber para onde. Na Gestapo as pessoas desaparecem sem deixar rasto, semeadas por milhares de cemitérios. Ah! que colheita dará essa terrível sementeira!

A sua última mensagem foi:

– Chefe, diga aos lá de fora que ninguém tenha dó de mim e que ninguém se aterrorize com a minha sorte. Fiz o que me ordenava o meu dever de trabalhadora, e como tal morrerei.

Era "só uma empregada doméstica". Não tinha nenhuma cultura clássica e não sabia que no passado já se dissera: *"Peregrino: anuncia aos lacedemônios que aqui jazemos mortos, como nos ordenaram as leis"*.

Os Vysusil

Os Vysusil viviam no mesmo prédio, no apartamento vizinho ao dos Jelinek. Também eles eram Josef e Marie. Uma família de empregados subalternos, um pouco mais velhos que os seus vizinhos. Josef era um rapaz alto, do bairro de Nusle, e aos 17 anos foi mobilizado para a Primeira Guerra Mundial. Semanas mais tarde foi hospitalizado devido a uma fratura num joelho, da qual nunca chegou a restabelecer-se. Conheceram-se no hospital de Brno, onde Marie trabalhava como enfermeira. Há oito anos que ele passara por uma experiência matrimonial infeliz.

Terminada a guerra, casou-se com Josef. E continuou a ser sempre para ele um pouco enfermeira, um pouco mãe. Não vinham de famílias proletárias; também não eram uma família proletária. Assim foi mais complicado, mais difícil, o seu caminho até o Partido: mas encontraram-no. Foi, como em muitos outros casos, pelo exemplo da União Soviética.

Ainda muito antes da ocupação nazi já sabiam o que queriam, e ocultavam em sua casa camaradas alemães.

Nos tempos mais duros, depois do ataque à União Soviética e do primeiro estado de guerra, em 1941, reuniam-se em sua casa os membros do Comitê Central. Ali dormia Honza Zika, Honza Cerny e, mais frequentemente, eu próprio. Ali, na casa deles, escrevia-se o *Rudé Právo;* ali se tomavam decisões e ali encontrei pela primeira vez *Karel:* Cerny.

Eram conscientes, justos e atentos; encontravam a solução correta cada vez que surgia uma situação imprevista, que, na clandestinidade, são mais que o previsto. Ninguém imaginaria que aquele homem alto, empregado subalterno das "estradas de ferro", e aquela "pequena esposa" de Vysusil se encontrassem implicados numa situação ilegal.

Prenderam-no pouco depois de mim. Fiquei horrorizado quando o vi aqui pela primeira vez. Se falasse, as consequências seriam graves. Mas calou-se. Foi preso por causa de uns manifestos que dera a um amigo para ler. E não foi além da questão dos manifestos.

Uns meses depois, quando, devido à indisciplina de Pokorny e Pixova, se soube que Honza Cerny estivera alojado em casa da irmã da Sra. Vysusil, os nazis, durante dois dias consecutivos e à sua maneira, "interrogaram" Josef para lhe arrancarem a pista do último moicano do nosso Comitê Central. No terceiro dia chegou à "quatrocentos" e sentou-se com precaução: uma pessoa senta-se verdadeiramente mal sobre as carnes laceradas. Lancei-lhe um olhar ansioso, interrogando-o e animando-o. Ele respondeu de modo divertido, com a sua linguagem de bairro:

– Quando a cabeça não quer, não falam nem a boca nem o cu.

Eu conhecia bem essa pequena família. Sabia até que ponto se amavam, como se sentiam saudosos quando estavam separados um do outro, ainda que fosse só por um ou dois dias. No entanto, os meses vão passando, e como será triste a vida naquele quarto acolhedor de Nusle, perto de Michle, para uma mulher só, nessa idade em que a solidão é três vezes mais dura de suportar que a morte! Quantos sonhos terá idealizado para ajudar o marido e retomar aquele terno idílio durante o qual se chamavam – um pouco ridiculamente, é certo – "mãezinha" e "paizinho". E reencontrou o único caminho: perseverar no trabalho, trabalhar pelos dois.

Na véspera do ano novo de 1943, sentada sozinha à mesa, diante da fotografia dele e no mesmo lugar onde ele costumava sentar-se, esperava as badaladas da meia noite. E quando elas soaram brindou à sua saúde, ao seu regresso, para que ele pudesse chegar ao dia da liberdade.

Passado um mês foi presa. Muita gente da "quatrocentos" tremeu, porque ela era o contato encarregado das relações com a prisão.

Mas não disse nada.

Não a torturaram com pancada: estava gravemente doente e ter-lhes-ia morrido nas mãos. Torturaram-na de um modo mais terrível: atacando a sua imaginação.

Uns dias antes da sua prisão mandaram o marido trabalhar na Polônia. E então diziam-lhe:

– Olhe: a vida lá é dura, até para gente saudável. E o seu marido está inválido. Não vai resistir. Morrerá num lugar qualquer, e não voltará a vê-lo. E quem você vai encontrar depois, com a sua idade? Seja razoável. Diga-nos tudo o que sabe e trazemo-lo de volta.

O meu Josef! Meu pobre Josef! Vai morrer na Polônia, sabe-se lá onde. E quem sabe como será a sua morte! Já mataram a minha irmã; agora estão matando o meu marido. Vou ficar só, completamente só. Quem poderia eu encontrar depois, com a idade que tenho? Só, abandonada até a morte... e eu podia salvá-lo. Eles o trariam, sim, mas a que preço? Mas então eu já não seria eu, nem ele o meu "paizinho"...

E não soltou uma única palavra.

Desapareceu num daqueles transportes anônimos da Gestapo. Pouco tempo depois recebemos a notícia de que Josef morrera na Polônia.

Lida

Era de tarde, a primeira vez que fui à casa dos Baxa. Só estava lá Jozka com uma moça baixinha, de olhos vivos, que se chamava Lida. Ainda era uma menina, e ficou todo o tempo olhando com curiosidade para a minha barba, contente com a minha presença que fizera entrar na casa uma coisa nova e interessante, com a qual ela poderia se divertir um pouco.

Rapidamente nos tornamos amigos. Com grande surpresa soube que a mocinha já tinha quase 19 anos. Era meia irmã de Jozka e chamavam-na de Placha,[4] ainda que o fosse muito pouco. Fazia teatro de amadores e adorava essa atividade.

Tornei-me seu confidente e com isso me dei conta de que já era um homem mais velho. Pelo menos confiava-me os seus desgostos e os seus sonhos juvenis e recorria a mim como juiz nos casos de litígio que ocorriam com a irmã ou com o companheiro. Porque ela deixava-se arrebatar com frequência pelo seu temperamento, como muitas vezes acontece às mo-

---

[4] Tímida.

ças, e era muito mimada, como é habitual nos filhos muito desejados e nascidos tardiamente.

Acompanhou-me quando saí da casa para passear pela primeira vez em seis meses. Um senhor maduro, mancando, chama menos a atenção acompanhado pela filha do que passeando sozinho. Os olhares vão mais para ela do que para ele. Pela mesma razão, acompanhou-me, também no meu segundo passeio e depois ao primeiro encontro clandestino. E à primeira casa clandestina. E foi assim, como dizem agora os autos de acusação, foi assim que as coisas aconteceram naturalmente: Lida passou a ser o meu contato.

Fazia-o com prazer. Não se preocupava demasiado com o que isso significava, nem com a sua finalidade. Era uma coisa nova e interessante, uma coisa que nem todo mundo faz, e com um certo sabor de aventura. Isso lhe bastava.

Enquanto se tratou de coisas pequenas, eu próprio não quis dizer-lhe mais nada. A ignorância, em caso de prisão, tê-la-ia protegido melhor que a consciência da "culpabilidade".

Mas Lida familiarizou-se com o seu trabalho. Depressa soube que se tratava de alguma coisa para além do passeio até a casa dos Selinek para lhes entregar um recado qualquer. Também tinha que saber do que se tratava. E comecei. Era uma escola, uma escola perfeitamente regular. Lida aprendia com devoção e prazer. À primeira vista continuava a ser a mesma moça alegre, desembaraçada e um pouco travessa, mas no seu íntimo havia mudado: pensava. E crescia.

No cumprimento de uma tarefa travou conhecimento com Mirek. Ele já havia realizado um importante trabalho, do qual sabia falar muito bem. Conseguiu impressioná-la. Sem dúvida não lhe foi possível conhecer o verdadeiro caráter dele, mas nem eu fui capaz de conhecê-lo. O importante foi que, com o seu trabalho, com a sua aparente convicção, Mirek esteve mais perto dela que os outros rapazes.

Tudo isso germinou rapidamente nela, e as raízes enterraram-se profundamente.

Em princípios do ano de 1942, começou a falar, de forma encoberta, da sua adesão ao Partido. Nunca antes a vi tão preocupada. Nunca antes a vi mostrar tanta gravidade. Eu ainda vacilava. Continuava a instruí-la. Punha-a à prova.

Em fevereiro de 1942, o seu ingresso no Partido foi aceito pelo Comitê Central, diretamente. Regressamos à casa numa noite glacial. Ela, sempre tão conversadora, estava calada. Por fim, nos campos perto de casa, parou, e em voz baixa, tão baixa que se podia ouvir o ranger dos cristais de neve, disse-me:

– Sei que hoje é o dia mais importante da minha vida. Desde esse momento não me pertenço. Prometo-lhe nunca faltar ao meu dever. Aconteça o que acontecer.

Muitas coisas aconteceram. E não faltou ao seu dever. Mantinha os contatos mais delicados com a "cúpula". Realizava as tarefas mais perigosas: restabelecer contatos interrompidos e salvar camaradas ameaçados. Se alguma coisa "ardia", lá ia Lida. Fazia-o com seus modos de antes, com a sua alegre despreocupação, sobre a qual o seu sentido da responsabilidade se havia afirmado solidamente.

Foi presa um mês depois de mim. Mirek atraiu a atenção sobre ela com as suas confissões e depois não foi difícil descobrir que ajudara a sua irmã e o seu cunhado a fugir e a passar à clandestinidade.

Sacudindo a cabeça, desempenhou com grande talento o papel de uma moça inconsciente que não tinha a menor ideia de ter realizado algo proibido, que lhe podia acarretar graves consequências.

Sabia muito, mas não disse nada. E, sobretudo, não deixou de trabalhar. O meio havia mudado. Também os métodos de trabalho e, por conseguinte, as tarefas. Mas para ela não se modificou o seu dever de membro do Partido: o dever de não permanecer de braços cruzados, fosse qual fosse o setor da luta. Continuava realizando todas as tarefas com abnegação, rapidez e rigor. Se fosse necessário atuar, numa situação embaraçosa, para salvar alguém de fora, Lida tomava sobre si a "culpa" de outro, como se nada de extraordinário se tratasse. Nomearam-na faxineira na prisão de Pankrac e, graças à sua intervenção, dezenas de pessoas que lhe eram desconhecidas puderam evitar a prisão. Uma mensagem interceptada quase um ano depois pôs fim à sua "carreira".

Agora vai conosco para o tribunal do Reich. É a única do nosso grande grupo que tem esperanças justificadas de alcançar a liberdade. É jovem. Embora nós estejamos presentes, não permitam que se perca. Ainda tem muito para aprender. Ensinem-na. Não permitam que fique parada. E orientem-na. Impeçam-na de se tornar orgulhosa e de se sentir satisfeita com o que realizou. Passou pelas provas mais difíceis. Por provas de fogo. E já mostrou que tem bom temperamento.

O meu comissário

Este não pertence às figuras. É uma figurinha interessante, com um pouco mais de envergadura que as outras.

Quando, há dez anos, no café Flora de Praga, alguém fazia soar as moedas sobre a mesa e gritava: "Garçom, a conta!", aparecia imediatamente ao seu lado um tipo alto, delgado, vestido de preto, que nadava como um peixe por entre as mesas, até apresentar a conta. Tinha movimentos felinos, rápidos e silenciosos e olhos penetrantes, de fera que vê tudo.

Não era preciso expressar-lhe os nossos desejos. Ele próprio ordenava aos empregados: "para a terceira mesa, uma cerveja grande, sem rum"; "para a esquerda, junto à janela, pastéis e o *Lidové noviny*.[5] Era um bom garçom para os clientes e um bom colega para os outros empregados.

Naquela época, eu não o conhecia. Conheci-o muito mais tarde, em casa dos Jelinek, quando, em vez de um lápis, tinha uma pistola na mão e, apontando-a para mim, dizia:

– ... isso é o que mais me interessa.

Para dizer a verdade, interessávamo-nos mutuamente.

Tinha uma inteligência natural e uma vantagem sobre os outros: olfato para "conhecer" as pessoas. Se tivesse pertencido à polícia judiciária teria certamente alcançado grandes êxitos.

Os pequenos ladrões ou assassinos, os desclassificados e marginais não teriam hesitado em abrir-lhe o coração, porque para essa gente não há outra preocupação além da sua própria pele. Mas nas garras da polícia política caem poucos desses tipos do "salve-se quem puder". Aqui a astúcia da polícia não se mede somente com a astúcia do preso. Mede-se com uma força muito maior: com a sua convicção e com a prudência da comunidade de que faz parte. E contra isso não bastam nem a astúcia nem as pancadas.

No "meu comissário" você não encontrará uma convicção própria firme. Nem nele, nem nos outros. E se por acaso encontrar em alguns deles uma convicção, esta é acompanhada pela estupidez, e não pela astúcia nem pelo conhecimento das ideias e dos homens. Se, não obstante, conseguiam alguns êxitos, isso devia-se à longa duração da luta num espaço muito reduzido, sob condições incomparavelmente mais difíceis do

---

[5] Jornal Popular.

que em qualquer outra situação de ilegalidade. Os bolcheviques russos diziam que um bom militante era aquele que se mantinha dois anos na clandestinidade. Além disso, se o chão lhe queimava os pés em Moscou, podia desaparecer e ir para Petrogrado e de Petrogrado para Odessa, perdendo-se assim nas grandes cidades com milhões de habitantes, onde ninguém o conhecia. Mas aqui não se tem senão Praga, Praga, Praga, onde metade das pessoas o conhecem e onde pode concentrar-se toda uma matilha de provocadores. Apesar disso, resistimos durante anos a fio; apesar disso, há camaradas que vivem o quinto ano de clandestinidade sem terem sido descobertos pela Gestapo. Isto é possível porque temos aprendido muito, é certo. Mas também é possível porque o inimigo, embora poderoso e cruel, não sabe senão destruir.

Na Seção II-AL, há três que são conhecidos pela sua reputação de implacáveis inimigos do comunismo. Ostentam a fita negra, branca e vermelha pelo seu valor na guerra contra o inimigo interno. São: Friedrich, Zander e o "meu comissário", Josef Bohm. Do nacional-socialismo de Hitler falam pouco. É tudo quanto sabem. Não lutam por um ideal político. Lutam por si próprios. Cada um à sua maneira.

Zander – um rato cheio de fel – é o que mais sabe acerca de métodos policiais. Mas ainda sabe muito mais sobre operações financeiras. Foi transferido de Praga para Berlim por alguns meses, mas insistiu em regressar. O serviço na capital do Reich significava para ele uma degradação. E uma perda financeira. Qualquer funcionário colonial na África ou em Praga é um senhor muito poderoso e tem mais possibilidades de colocar dinheiro no banco. É aplicado e gosta de interrogar durante a hora das refeições, a fim de exibir o seu zelo. E tem necessidade de mostrá-lo, para que não se veja que fora do seu gabinete o seu zelo é ainda maior. Desgraçado daquele que lhe cai nas mãos, e mais desgraçado ainda se tiver em sua casa uma caderneta da caixa econômica ou outros valores. É preciso matá-lo o mais rapidamente possível, porque as cadernetas de poupança e os valores são a paixão de Zander. (Nesse aspecto é considerado o funcionário mais competente. Nisso se distingue do seu ajudante e intérprete tcheco, Smola, um *pirata-gentleman* que não exige a vida desde que receba dinheiro).

Friedrich: um sujeito alto, magro e moreno, com olhos de safado e sorriso sem-vergonha; chegou à república num dia de 1937, como espião da Gestapo, para ajudar a liquidar os camaradas emigrantes alemães. Porque a sua paixão são os mortos. Não conhece inocentes. Quem passa o umbral da porta do seu gabinete é culpado. Gosta de comunicar às mulheres que os seus maridos morreram nos campos de concentração, ou foram executados. Diverte-se tirando da gaveta da escrivaninha sete pequenas urnas e dizendo aos detidos, enquanto as exibe:

— A estes sete espanquei-os com as minhas próprias mãos até a morte. Você será o oitavo.

(Agora já são oito, porque assassinou Jan Ziska.)

Gosta de remexer em processos antigos e de dizer, com ar de satisfação, quando encontra o de um morto: "Despachado. Despachado." Goza especialmente ao torturar as mulheres.

A sua paixão pelo luxo não é mais que um pequeno motor auxiliar da sua atividade policial: um apartamento bem mobiliado ou uma loja de tecidos aceleram a morte de um preso. E é tudo.

Nergr, o seu ajudante tcheco, é meia cabeça mais baixo. Isso no que se refere à estatura. Mas no mais não há diferença alguma entre ambos.

Bohm, o "meu comissário", não é um apaixonado pelo dinheiro nem pelos mortos, ainda que a sua lista não seja menor que a dos anteriores. É um aventureiro dominado pelo desejo de ser alguém. Trabalhava para a Gestapo há muito tempo. Era garçom no "Salão Napoleônico" e assistia às entrevistas confidenciais de Beran. Bohm completou o que Beran não dissera a Hitler. Mas o que era tudo isso comparado com a caça ao homem quando se sentia senhor da vida e da morte, quando podia decidir a sorte de famílias inteiras!

Para que ficasse satisfeito nem sempre era necessário que as coisas terminassem tão tristemente. Mas se não conseguia destacar-se de outra maneira, podia-se esperar o pior. O que vale a beleza e a vida ao lado da glória de Eróstrato?

Sozinho organizou a mais ampla rede de provocadores. Um caçador com uma grande matilha de cães de caça. E caçava. Muitas vezes só pelo prazer de caçar. Para ele os interrogatórios eram frequentemente um trabalho aborrecido. A detenção: era essa a sua obra-prima. E depois gostava de ver as pessoas à espera da sua decisão. Uma vez prendeu 200 condutores e cobradores de bondes e trolebus. Caçou-os durante o serviço, fazendo parar o tráfego e lançando pânico nos transportes. Como se sentia feliz! Depois soltou 150, satisfeito, porque cento e cinquenta famílias poderiam falar dele como de um bom homem.

Em geral tinha casos dessa ordem de grandeza, mas com pouca importância. Eu, preso por acaso, constituía a exceção.

– Você é o meu caso mais importante – dizia-me frequentemente, com toda a sinceridade. Estava orgulhoso por eu ter sido classificado como um dos casos mais importantes. E talvez isso tenha prolongado a minha vida.

Mentíamos um ao outro, com todas as nossas forças, sem interrupção e com prazer. Eu sabia sempre, ele só algumas vezes. Mas quando a mentira já era evidente, passávamos sobre ela como num acordo tático. Creio que não lhe interessava tanto averiguar a verdade como a possibilidade de alguma sombra vir a ofuscar "o seu grande caso".

Não considerava o cacete e o ferro como os únicos meios para interrogar. Agradava-lhe mais a forma confidencial ou as ameaças, conforme os casos, conforme a apreciação que fazia do "seu" homem. A mim nunca me torturou, exceto talvez na primeira noite. Mas quando lhe interessava, entregava-me aos outros com esse objetivo.

Decididamente, era mais interessante e complicado que os outros. Tinha uma imaginação mais rica e sabia utilizá--la. Fomos juntos a um encontro inventado em Branik.[6] Sentamo-nos numa calçada ao ar livre, vendo as pessoas passarem ao nosso lado.

– Nós o prendemos – dizia-me – e olha: isso fez mudar alguma coisa? As pessoas passeiam como antes, riem, têm as suas preocupações, tal como antes. O mundo continua como se você nunca tivesse existido. Certamente entre eles há mais do que um dos teus leitores. E acredita que por sua causa eles têm mais rugas?

De outra vez, depois de um dia de interrogatório, meteu--me num automóvel e levou-me através de Praga a Hradcany, pela Rua Neruda:

– Sei que ama Praga. Olha-a bem! Será que nunca mais quer voltar para ela? É tão bonita! E vai continuar a sê-lo quando você já não existir...

---

[6] Arredores de Praga.

Desempenhava bem o papel do Tentador. Naquela tarde de verão respirava-se em Praga a proximidade do outono. Tons azuis envolviam a cidade, coberta de pó como as uvas maduras e embriagadora como o vinho. Gostaria de ficar olhando-a até o fim do mundo, mas interrompi-o:

– ... e ainda será mais bela quando vocês já não estiverem aqui.

Bohm riu brevemente. Não com malícia, mas mais com tristeza, e disse:

– É um cínico.

E retomava com crescente frequência a conversa daquela tarde.

– Quando nós já não estivermos aqui. Mas ainda não acredita na nossa vitória?

Perguntava-me porque ele próprio não acreditava. E ouviu-me com atenção quando lhe falei da força invencível da União Soviética. Claro que esse foi um dos meus últimos "interrogatórios".

– Cada vez que vocês matam um comunista tcheco, matam também uma parte da esperança do povo alemão – disse-lhe –, porque só o comunismo pode salvaguardar o futuro.

Fez um gesto com a mão.

– No caso de sermos derrotados não há salvação para nós – e tirou a pistola do bolso –; guardo estas três últimas balas para mim.

...Mas isso não caracteriza só as figuras, mas também a época que vai ficando para trás.

Os suspensórios – interlúdio

Junto à porta da cela situada diante da minha estão pendurados uns suspensórios. Suspensórios de homem, perfeitamente vulgares. Um acessório de que jamais gostei por causa do cacófato. Mas agora, cada vez que alguém abre a porta da nossa cela olho-os com prazer: vejo neles um raio de esperança.

Quando o prendem, batem em você – às vezes até a morte –, mas antes tiram a sua gravata, o cinto e os suspensórios, para que não possa se enforcar, ainda que uma pessoa possa perfeitamente se enforcar com o lençol. Esses perigosos instrumentos de morte ficam depositados no armazém da prisão até o momento em que uma Parca anônima da Gestapo decida enviá-lo para outro lugar: para o trabalho, para o campo de concentração ou para o patíbulo. Então chamam-no e com grande dignidade oficial devolvem-lhe os suspensórios, a gravata e o cinto. Mas não tem o direito de levá-los para a sua cela: tem que pendurá-los do lado de fora, ao lado da porta ou no corrimão do outro lado do corredor, onde permanecem expostos até que vá embora, como sinal visível da próxima viagem involuntária de um dos moradores da cela.

Os suspensórios da cela da frente apareceram no mesmo dia em que soube da sorte que estava reservada a Gustina. O camarada a quem pertencem irá trabalhar no mesmo transporte que ela. O transporte ainda não saiu. Atrasou-se porque parece que o lugar previsto para trabalharem foi destruído pelos bombardeios. (Outra bela perspectiva). Ninguém sabe quando partirá. Talvez essa mesma tarde, ou amanhã, ou daqui a uma semana, ou quinze dias. Os suspensórios do outro lado do corredor continuam pendurados. E eu sei que enquanto os vir, Gustina estará em Praga. É por isso que os olho com alegria e com ternura, como se se tratasse de alguém que estivesse ajudando-a. Ganha um dia, dois dias, três... quem sabe se isso será para o bem, se esse dia poderá salvá-la!

Todos nós vivemos aqui nessa atmosfera. Hoje, há um mês, há um ano, com os olhos continuamente postos no amanhã, no qual se assenta a nossa esperança. Sua sorte está decidida. Depois de amanhã será fuzilado. Ah!, mas o que é que ainda pode acontecer amanhã? Chegar só até amanhã, porque amanhã tudo pode mudar; é tudo tão instável, sim, quem sabe o que pode acontecer amanhã! E os amanhãs passam. Milhares caem. Para milhares não há novos dias. Mas os que permanecem com vida continuam a viver com a esperança fixa: amanhã. Quem sabe o que pode acontecer amanhã.

Daqui surgem as histórias mais fantásticas. Todas as semanas uma data cor-de-rosa anuncia o fim da guerra, e todos a recebem de boca aberta, de ouvido a ouvido. Todas as semanas se murmura na prisão de Pankrac uma novidade sensacional, tão agradável de acreditar! Luta-se contra isso, luta-se contra as falsas esperanças, porque não fortalecem, mas, ao contrário, enfraquecem os caráteres. O otimismo não deve ser alimentado com a mentira, mas com a verdade, com a visão clara da vitória inelutável. Mas no seu íntimo o essencial é levá-lo a considerar esse dia como o dia decisivo e que o dia que ganhou permitirá ultrapassar os limites que separam a vida que não quer abandonar da morte que o ameaça.

Tem tão poucos dias a vida humana! E, no entanto, aqui você deseja que passem depressa, o mais rapidamente possível. O tempo, que passa, o tempo imperceptível que o faz sangrar todo o tempo, aqui é seu amigo. Que estranho!

O amanhã transforma-se em ontem. O depois de amanhã em hoje. Passou mais um dia.

Os suspensórios continuam pendurados ao lado da porta da frente.

ESTADO DE SÍTIO – 1942

27 de maio de 1943

Faz exatamente um ano.

Terminado o interrogatório, levaram-me para baixo, para a "sala de cinema". Era a viagem diária da "quatrocentos"; ao meio-dia, para baixo, para a refeição trazida de Pankrac, e à tarde regresso ao quarto piso. Mas naquele dia não voltamos para cima.

Estamos sentados comendo. Os bancos estão cheios de presos que manejam a colher e mastigam. Parece quase humano. Se todos os que amanhã estarão mortos se transformassem em esqueletos, o tinir das colheres e das tigelas desapareceria repentinamente perante o ranger dos ossos e o seco entrechocar dos maxilares. Mas ninguém suspeitava ainda de nada. Todos se entregavam à refeição para viverem mais algumas semanas, meses, anos.

Poder-se-ia ter afirmado: belo tempo. E depois um forte golpe de vento e novamente o silêncio. Só pelas caras dos guardas se podia adivinhar que alguma coisa se passava. Pouco depois chamam-nos e colocam-nos em fila para nos transportarem para Pankrac ao meio-dia. É extraordinário. Meio dia sem interrogatório, quando já estamos cansados de perguntas que não têm respostas. É como uma dádiva dos deuses. Mas não é.

No corredor encontramos o general Elias. Tem um olhar excitado. Vê-me e sussurra-me, por entre o grupo de vigilantes:

– Estado de sítio.

Os presos não dispõem senão de frações de segundo para as mais importantes comunicações. Não consegue responder à minha silenciosa interrogação. Os vigilantes de Pankrac mostram-se surpreendidos com o nosso regresso prematuro. O que me leva para a cela inspira mais confiança. Ainda não sei quem é. Mas digo-lhe aquilo que ouvi. Abana a cabeça. Não sabe nada. Pode ser que tenha ouvido mal. Sim, é possível. Isso tranquiliza-me.

Nessa mesma tarde volta à cela e diz:

– Você tinha razão. Atentado contra Heydrich. Gravemente ferido. Estado de sítio em Praga.

No dia seguinte formam-nos no corredor, para nos levarem para os interrogatórios. Entre nós está também o camarada Viktor Synek, último membro com vida do Comitê Central do Partido, preso em fevereiro de 1941. O chefe da prisão, vestido com farda de SS, agita-lhe diante dos olhos um papel branco, no qual em grandes letras, se pode ler o seguinte:

Ordem de soltura.

Ri brutalmente.

– Está vendo, judeu; não esperou em vão: ordem para soltá-lo! Zás...

E mostra com o dedo o lugar da garganta por onde a cabeça de Viktor se separará do seu corpo. Otto Synek foi o primeiro executado durante o estado de sítio de 1941. Viktor, seu irmão, é a primeira vítima do Estado de sítio de 1942. Transportam-no para Mauthausen. "Para a caça", como dizem "nobremente".

A viagem de ida e volta de Pankrac para o Palácio Petschek é um calvário diário para milhares e milhares de presos. Os

SS que vigiavam os carros "vingam-se em nome de Heydrich". Antes que o carro celular percorra um quilômetro, já os dez presos perdem sangue pelas bocas feridas e nas cabeças partidas pelas coronhas dos revólveres. A minha eventual presença no carro é uma vantagem para os outros, porque a minha barba cerrada atrai os SS e impele-os a fazerem brincadeiras engenhosas. Agarrarem-se à minha barba como à maçaneta de um carro e sacudi-la violentamente constitui um dos seus prazeres favoritos. Para mim trata-se de uma boa preparação para os interrogatórios, em consonância com a situação geral, que terminam invariavelmente com a frase:

– Se amanhã não for mais razoável, será fuzilado.

Não há nisso nada de horrível. Todas as tardes ouve lá embaixo, no corredor, a lista dos nomes: cinquenta, cem, duzentas pessoas acorrentadas são obrigadas a subir para os caminhões como animais destinados ao matadouro. Levam-nos para Kobylisy, onde são efetuadas as execuções em massa. Qual a sua culpa? Principalmente não terem nenhuma. Foram detidos, não foram submetidos a nenhum processo, não são necessários como testemunhas e, por isso, são bons para a morte. Um poema satírico que um camarada leu a outros nove foi o que os levou à prisão, dois meses antes do atentado. Agora os dez são levados para a execução por "aprovarem o atentado". Há meio ano foi detida uma mulher por suspeita de distribuir manifestos ilegais. Ela nega. Então prendem as irmãs e os irmãos, os maridos das irmãs e as mulheres dos irmãos e executam-nos a todos, porque a consigna desse Estado de sítio é exterminar famílias inteiras. Um carteiro, preso por engano, permanece lá embaixo, encostado à parede, à espera de ser posto em liberdade. Ouve o seu nome e responde à chamada. Metem-no na coluna dos condenados à morte, levam-no, fuzilam-no e no dia seguinte descobrem que se tratava somente de nomes idênticos e que era outro o que deveria ter sido fuzilado. Fuzilam então o outro e fica tudo em ordem. Quem perde tempo em averiguações sobre a identidade das pessoas às quais se vai arrancar a vida? Além disso, não é supérfluo, já que se trata de tirar a vida de uma nação inteira?

Regresso do interrogatório a altas horas da noite. Lá embaixo, junto à parede, está o escritor Vladislav Vancura preparando-se para partir. Sei bem o que isso significa. Também ele sabe. Apertamos as mãos. Vio-o pela última vez no extremo do corredor. Ali está, com a cabeça inclinada e um olhar longínquo, longínquo, que atravessa a sua vida inteira. Meia hora depois pronunciam o seu nome...

Uns dias mais tarde, no mesmo lugar: Milos Krasny, valente soldado da revolução, preso em outubro do ano passado, que nem as torturas nem as masmorras de castigo conseguiram vergar. Meio virado para a parede, explica tranquilamente qualquer coisa a um vigilante que se encontra por trás dele. Vê-me, sorri, mexe a cabeça em sinal de despedida e prossegue:

– Tudo isso não os ajudará de maneira nenhuma. É verdade que ainda vão cair muitos de nós, mas vocês serão os vencidos...

E de outra vez, também ao meio-dia. Estamos aqui embaixo, no Palácio Petschek, à espera da comida. Trazem o general Elias. Tem um jornal debaixo do braço e indica-o com um sorriso: foi por ele que ficou sabendo da sua "ligação" com os autores do atentado.

– Tolices – diz laconicamente, e põe-se a comer.

Continua falando do assunto à tarde, no regresso a Pankrac com os outros. Uma hora depois, tiram-no da cela e levam-no para Kobylisy.

Aumentam os montes de mortos. Não se contam por dezenas nem por centenas, mas por milhares. O sangue sempre fresco excita as narinas das bestas. "Despacham" até altas horas da noite. "Despacham" até aos domingos. Agora todos vestem a farda de SS. É a sua festa, a festa do crime. Mandam para a morte operários, professores, camponeses, escritores, empregados; assassinam homens, mulheres e crianças; exterminam famílias inteiras; aldeias inteiras são arrasadas e queimadas. A morte pelo chumbo passeia por todo o país como se fosse peste e não escolhe o alvo.

E o homem, no meio desse terror?

Vive.

É incrível. Mas vive, come, dorme, ama, trabalha e pensa, até mesmo em milhares de coisas que não têm qualquer relação com a morte. Talvez a sua cabeça suporte uma carga terrível, mas mantêm-na erguida, sem sucumbir sob o peso.

Mais ou menos no meio do período de Estado de sítio o "meu comissário" levou-me a Branik. O belo mês de junho perfumava-se com o aroma das tílias e das tardias flores de acácia. Era um domingo à tarde. A estrada, nos terminais dos bondes, era insuficiente para a precipitada multidão dos que regressavam do passeio. Regressavam ruidosos, alegres, agradavelmente cansados, envolvidos pelo sol, pela água e pelos braços dos seres amados. A morte, somente a morte, que agitava em seu redor, ameaçando-os também, era a única coisa que não se refletia nos seus rostos. Movimentavam-se saltitantes e graciosos como os coelhos. Como os coelhos. Estenda a mão e escolha um deles, aquele que lhe apetecer. Fogem para um canto, mas daí a instantes começam novamente a mover-se, com todas as suas preocupações, as suas alegrias e o seu desejo de viver.

De repente fui transplantado do mundo da prisão, rodeado de muralhas, para esse rio torrencial; a princípio saboreei com amargura a sua doçura beatífica.

Não era justo; não era justo.

Era a vida o que eu via ali; a vida submetida a uma terrível pressão, abatida num e crescendo numa centena. A vida, que é mais forte do que a morte. E isso não é amargo.

E até mesmo nós próprios, nas masmorras, no centro do terror, acaso somos feitos de outra massa?

Algumas vezes fui para os interrogatórios em peruas da polícia nas quais os guardas se portavam com moderação. Através das janelas contemplava as ruas, as vitrines das lojas, os quiosques de flores, a multidão de peões, as mulheres. "Se puder contar nove pares de belas pernas", disse uma vez para os meus botões, "não serei executado hoje." E depois contava, observava, comparava, examinava-lhes cuidadosamente as linhas, reconhecendo, e recusando com um interesse apaixonado, não como se disso dependesse a minha vida, mas como se aquilo não tivesse nada a ver com a vida.

Muitas vezes voltava tarde para a cela. O pai Pesek já estava inquieto, interrogando-se: voltará? Abraçava-me; eu contava-lhe em poucas palavras o que havia de novo, quem mais caíra ontem em Kobylisy. Depois comíamos com um apetite feroz os repugnantes legumes secos, cantávamos canções alegres ou aborrecidas e jogávamos aquele estúpido jogo de dados, que chegou a apaixonarmos. Era precisamente durante as horas da tarde que, a cada momento, podia abrir-se a porta da cela e chegar a mensagem da morte, destinada a um de nós.

– Você ou você, para baixo! Traga tudo. Depressa.

Dessa vez não nos chamaram. Sobrevivemos a esses tempos de terror. Recordamos hoje aqueles dias com espanto, em relação aos nossos próprios sentimentos. Como é estranho o homem, que pode suportar até o insuportável!

Mas não é possível que aqueles momentos não tenham deixado dentro de nós feridas profundas. Talvez estejam ocultos no fundo do nosso cérebro, como rolos de filme e comecem a desenrolar-se, a desenrolar-se até a loucura, um dia, na vida real, se chegarmos a vivê-la. E talvez também os vejamos como um grande cemitério, um jardim verde no qual foram semeadas sementes muito preciosas.

Sementes preciosíssimas, que germinarão.

FIGURAS E FIGURINHAS II

Pankrac

A prisão tem duas vidas. Uma encerrada nas celas, rigorosamente isolada do mundo exterior, mas ligada a ele pelos laços mais íntimos, sobretudo se se trata de presos políticos. A outra está fora das celas, nos longos corredores, na triste penumbra: vida totalmente encerrada em si mesma, fardada, mais isolada que os presos nas celas. Gente entre a qual há muitas figurinhas e poucas figuras. É dessa que quero falar.

Tem a sua zoologia. E também a sua história. Se não as tivesse não poderia tê-la conhecido tão profundamente. Conheceria somente o cenário que está voltado para nós; só a sua fachada, aparentemente firme e sólida, que pesa como ferro sobre a população das celas. Foi assim ainda há um ano; foi assim há seis meses. Agora essa fachada está cheia de fendas, através das quais vemos os rostos: pobres, agradáveis, preocupados, ridículos, variados, mas sempre rostos de criaturas humanas. A penosa situação do regime pressiona cada membro desse mundo cinzento e traz à luz tudo o que nele ainda restava de humano. Algumas vezes muito pouco. Outras um pouco mais. Essa quantidade distingue-os entre si, e assim se formam os tipos. Evidentemente que você também vai encontrar entre eles alguns homens íntegros. Mas esses não esperaram. Não precisaram se sentir em perigo para ajudarem os outros e salvarem-se do perigo.

A prisão é uma instituição sem alegria. Mas esse mundo do lado de fora das celas é mais triste que o das celas. Nas celas reina a amizade. E que amizade! É daquelas que só se forjam na frente de batalha, nos grandes perigos, quando sua vida pode estar hoje nas minhas mãos e a minha amanhã nas suas. Esse tipo de amizade não existe entre os vigilantes alemães. E não pode existir. Estão rodeados por uma atmosfera de delação; um denuncia e persegue o outro, cada um deles está em guarda perante outro embora oficialmente se chamem "companheiros". Os melhores deles, os que não podem ou não querem estar sem amigos, procuram-nos novamente nas celas.

Durante muito tempo desconhecemos os seus nomes. Não tinha grande importância. Entre nós os chamávamos com os apelidos que lhes tínhamos dado e que lhes tinham sido postos pelos nossos antecessores. Esses apelidos são um patrimônio da cela. Certos vigilantes tinham tantos apelidos quantas celas. Eram tipos intermédios: nem carne nem peixe. Aqui deram um dia um pouco mais de comida no almoço, ali ao lado esbofetearam um homem. O seu contato com os presos não ia além de segundos, mas tinham ficado gravados para sempre na memória da cela e cada um deles deixara uma ideia particular, um apelido especial. De tempos em tempos, todavia, as celas punham-se de acordo entre si para escolherem o apelido. Nos casos cujo caráter se achava bem definido. Num ou noutro aspecto. Para bem ou para mal.

Olhe para esses tipos! Olhe para essas figurinhas!

Não foram reunidos ao acaso. São uma parte do exército político do nazismo. Os homens escolhidos. Os apoios do regime. Os sustentáculos da sua sociedade...

"O samaritano"

Um gordo, mais para o alto, com uma vozinha de tenor: Rheuss, "reservista SS", porteiro de uma escola em Colônia. Tal como todos os porteiros de escolas na Alemanha, seguiu um curso de primeiros socorros e de vez em quando substituía o enfermeiro da prisão. Foi o primeiro com quem entrei em contato em Pankrac. Arrastou-me até a cela, deitou-me no catre e tratou as minhas feridas, aplicando-me os primeiros curativos. Talvez tenha contribuído para me salvar a vida! Não sei o que se revelou naquele momento – o homem ou o curso de samaritano? Mas tenho a certeza de que o nazi se manifestava nele quando partia os dentes dos presos judeus e os obrigava a engolir colheradas de sal ou de areia como panaceia universal contra todas as doenças.

"Poeira"

Fabian, um homem bonachão e falador, cocheiro na fábrica de cerveja de Budejovice. Chega à cela com um largo sorriso e distribui a comida sem nunca fazer mal a ninguém. Você nunca acreditaria que passa horas inteiras atrás da porta, à escuta do que se dizia nas celas, para depois ir correndo comunicar aos seus superiores qualquer pequena e ridícula novidade.

Koklar

Também operário numa cervejaria de Budejovice. Há aqui muitos desses operários alemães dos Sudetas. "Não importa o que faz ou pensa um operário individualmente", escreveu Marx, "mas sim o que os operários, como classe, devem fazer para cumprirem a sua missão histórica." Estes aqui nada sabem acerca do papel da sua classe. Arrancados a ela, colocados contra ela, pendem ideologicamente no ar e virá talvez o dia em que penderão no verdadeiro sentido da expressão.

Passou-se para os nazis para ter uma vida mais fácil. Mas ficou demonstrado que isso era mais complicado do que imaginava. Desde então perdeu o sorriso. Apostou tudo na vitória do nazismo. E ficou provado que apostara nas patas de um cavalo morto. Desde então perdeu também o domínio dos seus nervos. Durante a noite andava pelos corredores da prisão e, sem se dar conta, deixava os vestígios das suas ideias desesperadas no pó das janelas.

— Está tudo fodido — escrevia poeticamente, pensando no suicídio.

Durante o dia persegue os presos e os vigilantes, gritando com a sua voz estridente e agressiva para não sentir medo.

Rossler

Alto, magro, com uma voz rude. Um dos poucos aqui que sabem rir com sinceridade. Operário têxtil de Jablonec. Vem à cela e discute. Durante horas inteiras.

— Como cheguei eu a isto? Durante dez anos nunca trabalhei regularmente uma única vez. Com vinte coroas por semana para uma família inteira, sabem como é essa vida? E então vêm ver-me e dizem-me: vamos lhe dar trabalho; vem conosco. Vou e me dão. A mim e a todos os outros. Podemos comer. Podemos ter um teto. Podemos viver. O socialismo? Bem, não é socialismo. Eu acreditei que isso era diferente. Mas é melhor que antes.

— Não? A guerra? Eu não queria a guerra. Não queria que outros morressem. Só queria viver eu próprio.

— Ajudo-o, querendo ou não? Então o que devo fazer agora? Fiz aqui mal a alguém? Se vou-me embora, é capaz de vir outro pior. Ajudo alguém se for embora? Quando a guerra terminar, volto para a fábrica...

– Quem acha que vai ganhar a guerra? Nós não? Vocês? E depois, que vai ser de nós?

– O fim? Que pena! Não era isso que eu imaginava...

E sai da cela a passo largo e displicente.

Meia hora depois regressa com uma pergunta: Como é a União Soviética?

"O neutro"

Uma manhã estávamos à espera lá embaixo, no corredor principal de Pankrac, para sermos levados para os interrogatórios do Palácio Petschek. Era assim todos os dias: de pé com a testa encostada à parede para não vermos o que se passava às nossas costas. Mas naquela manhã soou atrás de nós uma voz que para mim era nova.

– Não quero ver nada. Não quero ouvir nada. Vocês ainda não me conhecem, mas depressa vão me conhecer.

Eu ri. Naquela escola de domadores, a citação do pobre cretino que era o tenente Dub de Chveik,[1] estava realmente no ambiente adequado. E até então nunca ninguém tivera a coragem de pronunciar em voz alta aquele gracejo. Mas um toque do meu vizinho advertiu-me para que não risse, que talvez estivesse enganado e não fosse um gracejo. E não era.

O sujeito que assim falara atrás de nós era uma pequena criatura com farda de SS, que visivelmente não tinha a menor ideia sobre Chveik. E se falava como o tenente Dub era porque intelectualmente estava à mesma altura que ele. Respondia pelo nome de Withan e, tal como Vitan, fora sargento-chefe

---

[1] Personagem do romance satírico checo *O valente soldado Chveik*, de J. Hashek.

do exército tcheco. Tinha razão: acabamos por conhecê-lo na perfeição, e entre nós nunca falamos dele senão no gênero neutro. Era "o neutro".

Porque, para falar a verdade, nossa imaginação esgotara-se ao tentar encontrar um apelido adequado para essa rica mistura de cretinice, imbecilidade, jactância e maldade que era um dos principais sustentáculos do regime em Pankrac.

"O neutro" não chegava nem aos joelhos do porco, como diz um ditado popular tcheco sobre essa espécie de pequenos arrivistas vaidosos para feri-los no seu ponto mais sensível. Quanta insuficiência intelectual é necessária para que o homem sofra com a sua pequenez física! E Withan sofre por causa dela e vinga-se em tudo o que é maior que ele, física ou intelectualmente. Isto é, em tudo.

A sua vingança não é baseada em pancada. Para isso falta-lhe a audácia. Vinga-se com a denúncia. Quantos presos pagaram com a saúde as denúncias de Withan e quantos outros as pagaram com a vida! Porque não é a mesma coisa sair – se é que se sai com uma indicação ou outra de Pankrac para o campo de concentração.

É infinitamente ridículo. Caminha com dignidade, completamente só, ao longo do corredor, e sonha com a sua grande importância. Sempre que encontra um homem, sente a necessidade de subir em cima de qualquer coisa. Se o interroga, senta-se no corrimão, mantendo-se durante uma hora naquela incômoda posição porque assim está acima da sua cabeça. Se está vigiando alguém que está sendo barbeado, sobe numa escadinha ou passeia sobre um banco, pronunciando as suas frases sutis:

– Não quero ver nada. Não quero ouvir nada. Vocês ainda não me conhecem...

Durante a meia hora de exercício passeia pelo menos sobre o canteiro de relva, o que o eleva dez centímetros sobre tudo o que o rodeia. Entra na cela com a majestade de um rei, para logo subir numa cadeira e aí, de cima, fazer o seu controle.

É infinitamente ridículo, mas – como todos os imbecis que ocupam postos nos quais exercem poder sobre a vida das pessoas – é também infinitamente perigoso. No fundo da sua imbecilidade, oculta-se uma capacidade rara: a de converter uma pulga num elefante. Não conhece nada além da sua tarefa de cão de guarda, e por isso o mínimo desvio da ordem estabelecida surge para ele como uma coisa grandiosa, digna da importância da sua missão. Inventa e fabrica delitos e crimes contra o regulamento da prisão a fim de poder dormir tranquilamente, acreditando que é alguém. E a quem é que interessa aqui averiguar se existe alguma ponta de verdade nas suas denúncias?

Smetonz

Um ar marcial com cara de cretino e olhos sem expressão. Caricatura viva dos guardas nazis de Grosz. Ordenhava vacas na fronteira lituana e é estranho que aquele belo gado não tenha deixado nele qualquer vestígio da sua nobreza. Para os seus superiores personifica as virtudes alemãs: é cortante, duro, incorruptível. (Um dos poucos que nunca pedem parte da nossa comida aos faxineiros.) Mas… Um sábio alemão – não sei qual – calculou a inteligência das criaturas de acordo com o número de "palavras" que são capazes de formar. Parece-me que verificou que a criatura de menor inteligência é o gato, que só sabe formar 128 "palavras". Ah!, que gênio é o gato ao lado de Smetonz, de cuja boca em Pankrac nunca se ouviu sair mais de quatro palavras:

– Pass bloss auf, Mensch![2]

Duas, três vezes por semana transmitia o serviço. Duas, três vezes por semana esforçava-se com desespero e, afinal de contas, estava sempre tudo mal. Vi-o quando o diretor da prisão o censurava porque as janelas não estavam abertas. Durante um instante a montanha de carne balançou-se, dubitativa, sobre as suas curtas pernas; a cabeça, estupidamente inclinada, humilhou-se ainda mais; as junções dos lábios caíram devido ao enorme esforço realizado para repetir justamente aquilo que os seus ouvidos tinham acabado de ouvir... E de repente toda aquela matéria começou a uivar como uma sirene, provocando o alarme em todos os corredores. Ninguém sabia do que se tratava. As janelas continuavam fechadas, mas o sangue brotava dos narizes dos prisioneiros mais próximos de Smetonz. Encontrara a solução!

A solução de sempre. Bater, bater em tudo o que apanha e está por perto. E bater talvez até a morte. É a única coisa que concebe. Uma vez, ao entrar numa cela comum, agrediu um dos presos. O preso, um homem doente, caiu ao chão, vítima de uma crise. E todos os outros presos foram obrigados a fazer genuflexões, seguindo o ritmo dos espasmos, até que o doente ficou completamente esgotado. E Smetonz, com as mãos na cintura e um sorriso de imbecil, olhava, satisfeito, como se tivesse encontrado uma solução perfeita para situação tão complicada.

Um sujeito primitivo que de tudo aquilo que lhe haviam ensinado só retivera uma única coisa: podia bater.

Mas até nessa criatura algo se quebrou. Isso aconteceu há mais ou menos um mês. Estavam os dois sentados: ele e K., na sala de entrada da prisão. K. explicava-lhe a situação. Passou

---

[2] "Cuidado, homem!" [Em alemão no original].

muito, muitíssimo tempo, antes de Smetonz poder compreender, ainda que vagamente. Levantou-se, abriu a porta e olhou prudentemente para o corredor: silêncio absoluto, noite, a prisão dormia. Fechou a porta, pôs a corrente de segurança e deixou-se cair lentamente numa cadeira.

– Então você acredita...?

Tomou a cabeça entre as mãos. Uma carga terrível caiu sobre o pequeno coração de um corpo tão desmedido. Ficou longo tempo assim, esmagado. Depois ergueu a cabeça e disse com desespero:

– Tem razão. Já não podemos ganhar...

Há um mês que a prisão de Pankrac não voltou a ouvir o grito de guerra de Smetonz. E os novos presos desconhecem o que é a sua mão.

O diretor da prisão

Mais para baixo e sempre elegante, tanto sem farda como fardado de oficial SS. Satisfeito consigo próprio, amigo do luxo, dos cães, da caça e de mulheres. Mas esse é um aspecto que não nos interessa.

Vejamos o outro, aquele que é conhecido em Pankrac: brutal, grosseiro, inculto, típico inescrupuloso nazi, disposto a sacrificar todo mundo para manter a sua posição. Chama-se Soppa – se é que o seu nome interessa – e é oriundo da Polônia. Terminou a sua aprendizagem de ferreiro, mas essa honrosa profissão passou por ele sem quaisquer consequências. Há muito tempo que está para o serviço de Hitler. Intrometido e adulador, avançou até seu posto atual. Defende-o por todos os meios. É cruel e impiedoso com todo mundo, sejam presos ou funcionários, crianças ou velhos. Entre os servidores do nazismo em Pankrac não existem relações de amizade. Mas em nenhum deles isso chega ao extremo do caso de Soppa, que carece de qualquer vislumbre de amizade. O único, que ele aprecia um pouco e com quem fala mais amiúde é o enfermeiro da prisão, o *Polizeimeister* Weismer.

Mas parece que essa sombra de amizade não é recíproca. Não conhece ninguém senão ele próprio. Conquistou o seu lugar de diretor para si mesmo e será fiel ao regime nazi até o último momento. É talvez o único que não pensa, de uma ou de outra forma, em salvar-se. Sabe que para ele não existe salvação. A queda do nazismo é a sua própria queda, o fim da sua vida suntuosa, o fim do seu andar luxuoso, o fim da sua elegância. (É tão pouco escrupuloso, que usa as roupas dos tchecos executados).

É o fim. Sim.

O enfermeiro da prisão

O Polizeimeister Weisner é uma figurinha especial no meio de Pankrac. Às vezes dá a impressão de não pertencer a Pankrac, mas em outros dias não se pode imaginar Pankrac sem ele. Quando não está na enfermaria, movimenta-se pelos corredores com o seu passo miúdo, balançando-se, falando sozinho e observando, observando continuamente. Como um estranho que tivesse vindo só por pouco tempo e quisesse levar consigo o maior número de impressões. Sabe meter a chave na fechadura e abrir rapidamente, sem ruído, como o "vigilante" mais experiente. Possui uma ironia seca, que lhe permite dizer coisas de duplo sentido, mas sempre sem se comprometer. Não se pode agarrá-lo pelas suas palavras. Aproxima-se das pessoas, mas não permite que ninguém se aproxime dele. Não faz intrigas, não denuncia, embora veja muita coisa. Entra na cela cheia de fumaça. Aspira profundamente:

– Aham! – faz soar a língua – ... é terminantemente proibido... – outro estalo com a língua – fumar nas celas.

Mas não denuncia. Tem a cara sempre enrugada, como um infeliz torturado por um grande sofrimento. É visível que não quer ter nada em comum com o regime que serve, cujas vítimas trata todos os dias. Não acredita nesse regime. Não acredita na sua duração definitiva nem nunca antes acreditou. Por essa razão não trouxe sua família de Breslau para Praga, embora poucos funcionários do Reich deixassem escapar uma ocasião como essa, de devorar os recursos de um país ocupado. Mas também não é capaz de ter nada em comum com o povo que luta contra o regime. Não se ligou ao povo.

Tratava-me de uma forma diligente e honesta. Faz o mesmo na maioria dos casos. Sabe insistir com obstinação na proibição de transportar, para novos interrogatórios, os presos demasiado enfraquecidos pelas torturas. Talvez o faça para tranquilizar a sua consciência. Mas outras vezes não presta ajuda em casos em que esta é urgentemente necessária. Talvez porque o medo o impeça.

É o protótipo do tipo mesquinho. Está isolado entre o medo do regime que o manipula agora e o medo daquilo que virá depois. Procura como e por onde sair dessa situação. Mas não encontra maneira. Não é uma ratazana, não. Não passa de um ratinho apanhado na ratoeira.

Sem esperança.

"O preguiçoso"

Não é uma figurinha. Mas também não chega a ser uma figura completa. É um tipo intermediário. Falta-lhe uma clara convicção para se tomar uma figura.

Na realidade, há dois com esse caráter: pessoas simples, sensíveis, a princípio passivas, impressionadas pelo terror em que estão metidos e do qual procuram sair; sem iniciativas e por isso sempre em busca de um apoio, chegando a bom termo mais por instinto que pela reflexão. Ajudam-nos porque esperam a ajuda. E é justo que lhes seja dada. Agora e no futuro.

Esses dois – os únicos entre os funcionários alemães de Pankrac – também tinham estado na frente de batalha:

– Hanauer, operário alfaiate de Znojmo, regressou, depois de uma curta permanência na frente oriental, com alguns ferimentos intencionais provocados pelo frio. "A guerra não é para os homens", filosofava, um pouco à maneira de Chveik. "Não tenho nada que fazer lá;"

– o outro, Hofer, um alegre sapateiro de Bata, fez a campanha da França e abandonou o serviço militar apesar de uma promessa de promoção *"Ech, scheisse!"*,[3] disse, fazendo um gesto depreciativo com a mão, tal como faz diariamente sempre que lhe fazem alguma coisa que lhe desagrada.

Parecem-se um com o outro pelo seu destino e estado de espírito. Mas Hofer é mais corajoso, mais expressivo, mais completo. *O Preguiçoso* era o apelido que quase todas as celas tinham concordado em aplicar-lhe.

O dia em que ele está de serviço é um dia de sossego nas celas. Fazemos o que queremos. E gritamos, piscamos um olho para que se saiba que o fazemos só porque um superior está lá embaixo e precisamos convencê-lo de que o regulamento é energicamente cumprido. Quanto ao resto, os seus esforços são vãos: já não convence ninguém e não passa um dia sem que seja castigado.

---

[3] "Ora, merda".

— *Ech, scheisse!* — diz ele, fazendo um gesto com a mão. E continua o seu jogo. Mais do que um vigilante, é um jovem aprendiz de sapateiro de caráter bem disposto. Pode-se surpreendê-lo jogando alegre e apaixonadamente com os presos jovens da cela, para ver quem atira moedas mais perto da parede. Em outras ocasiões tira os presos da cela e leva-os para o corredor para fazer "uma busca". Isso costuma demorar muito tempo. E se formos muito curiosos e olharmos para dentro da cela, vamos vê-lo sentado à mesa, com a cabeça entre as mãos, dormindo. Dormindo com uma calma voluptuosa. Assim pode ocultar-se de seus superiores. Porque os presos no corredor vigiam e anunciam quando se aproxima qualquer perigo. Tem necessidade de dormir durante o serviço porque as noites, em vez de dormir, ele as passa com uma jovem que ama acima de tudo.

A derrota ou a vitória do fascismo? *Ech, scheisse!* Será que vai ser possível continuar este circo?

Não se considera parte dele. Só por isso já seria interessante. Mas ainda há mais: não quer pertencer-lhe. E não lhe pertence. Precisamos transmitir uma mensagem escrita para outro setor da prisão? *O Preguiçoso* trata disso. Precisamos mandar um recado para fora? *O Preguiçoso* manda-o. Precisamos encontrar alguém porque se lhe falarmos podemos convencê-lo e assim salvar outras pessoas? *O Preguiçoso* nos leva à cela e vigia com a alegria de um rapazote que fez uma bela travessura. Muitas vezes é preciso recomendar-lhe que seja prudente. No meio do perigo, mal o percebe. Não tem consciência do alcance de todo o bem que faz. Isso dá-lhe ânimo para fazer ainda mais. Mas impede-o de crescer.

Ainda não é uma figura. Mas está no período de transição para isso.

"Kolin"

Uma tarde, durante o Estado de sítio. O vigilante fardado de SS que me levava para a cela fingiu que queria revistar os bolsos.

– O que acontece contigo? – perguntou-me em voz baixa.

– Não sei. Disseram-me que amanhã vou ser fuzilado.

– E isso impressionou-o?

– Já estava contando.

Durante algum tempo apalpou mecanicamente as bandas do meu casaco.

– É possível que o façam. Se não for amanhã, mais tarde. Ou talvez não. Mas nos tempos que correm... é bom estar preparado...

E ficou outra vez calado.

– ...Mas, se por acaso... se quiser mandar um recado para alguém... ou se quiser escrever... Não para agora, compreende? Mas para o futuro: como é que chegou aqui, se alguém o traiu, que comportamento tinha este ou aquele... Para que tudo aquilo que você sabe não acabe contigo...

Se quero escrever? Era como se tivesse adivinhado o meu mais ardente desejo.

Passado um instante trouxe-me papel e lápis. Escondi-os cuidadosamente para que não pudessem ser encontrados em nenhuma busca.

E nunca lhes toquei.

Era bom demais, não podia confiar. Bom demais: encontrar aqui, nessa casa sombria, umas semanas depois de seres preso, um amigo que, com a mesma farda daqueles que só te tratam com gritos e pancada, te dá a mão para que não morras sem deixares rasto, para que possas deixar uma mensagem aos homens do futuro, para que possas falar, ao menos um instante, com os que sobreviverem e alcançarem a libertação! E precisamente agora! Nos corredores chamam pelos nomes os que vão ser executados, o sangue embriaga os brutos, os gritos bestiais e o pavor oprimem a garganta daqueles que não podem gritar. Precisamente agora, numa altura dessas... Não, não é possível. Não pode ser verdade. É certamente uma armadilha. Que força um homem tem de ter para lhe estender espontaneamente a mão em semelhantes circunstâncias! E que audácia!

Passou-se quase um mês. O Estado de sítio foi levantado, os gritos são mais fracos e os momentos cruéis passaram a recordações. E foi novamente uma tarde, ao regressar do interrogatório, que o mesmo vigilante apareceu diante da minha cela.

– Parece que escapou. Que tal? – e olhou-me com olhos perscrutadores. – Estava tudo em ordem?

Compreendi bem a sua pergunta. Impressionou-me profundamente. E convenceu-me, mais do que qualquer outra coisa, da sua honestidade. Só um homem que tem o direito interior de o fazer poderia perguntar daquela maneira. Desde então depositei nele a minha confiança. Era um dos nossos.

À primeira vista, uma pessoa enigmática. Costumava andar sozinho pelos corredores, calmo, reservado, atento, observador. Nunca o ouvimos gritar. Nunca o vimos bater.

Os camaradas da cela vizinha pediam-lhe:

– Esbofeteie-me, por favor, quando o Smetonz estiver olhando. É preciso que ele o veja em ação ao menos uma vez.

Recusando com a cabeça, dizia:

– Não é preciso.

Nunca o ouvimos falar outra língua que não fosse o tcheco. Tudo nele o assinalava como um homem diferente dos outros. Dificilmente conseguiríamos definir por quê. Até eles o percebiam, mas nunca conseguiram apanhá-lo.

Está em todo o lado onde precisamos dele. Leva a calma aos lugares onde reina a confusão; dá coragem aos que baixam a cabeça; embaraça os fios que põem em perigo outras pessoas lá fora. Não se detém em pormenores. Trabalha sistematicamente e em grande escala.

E não só agora. Desde o princípio. Entrou ao serviço do nazismo com essa tarefa.

Adolf Kolinsky, vigilante tcheco nascido na Morávia, homem tcheco de velha família tcheca. Declarou-se alemão para poder vigiar os presos tchecos em Hradec Kralove e mais tarde em Pankrac. Que indignação entre aqueles que o conheciam! Mas quatro anos depois, ao fazer a chamada, o diretor alemão da prisão, agitando com violência os punhos diante dos olhos dele, ameaçava-o, um pouco tarde demais:

– Vou tirar-lhe do corpo esse "tchequismo"!

É claro que se engana. Não se trata só do "tchequismo". Teria de tirar-lhe do corpo o homem. O homem que, consciente e voluntariamente, foi para o lugar exato onde poderia combater e ajudar aquele que combate. O perigo permanente só o endureceu.

"O nosso"

Se na manhã de 11 de fevereiro de 1943 nos tivessem trazido chocolate para o café da manhã em vez daquela beberagem horrível que nos davam como café, não teríamos prestado qualquer atenção a tal milagre. Naquela manhã passou fugazmente diante da nossa porta o uniforme de um policial tcheco.

Vimo-lo só por um momento. Passos, umas calças negras enfiadas em botas altas, uma mão que sai de uma manga azul-escura. A mão abriu a fechadura, empurrou a porta e desapareceu. Foi tão rápido que quinze minutos depois estávamos tentados a não acreditar.

Um policial tcheco em Pankrac! Que conclusões de longo alcance poderíamos tirar daí!

Passadas duas horas já as tirávamos. A porta da cela abriu-se de novo, um boné da polícia tcheca entrou e, perante o nosso assombro, a boca alegre anunciou:

– "Hora do recreio."

Não podia mais haver engano. Entre as fardas de um cinzento-esverdeado dos vigilantes SS apareceram pelos corredores algumas manchas escuras que nos pareciam luminosas: eram os policiais tchecos.

Que significa isto? Como serão eles? Sejam eles como forem, o fato de estarem presentes por si só muito claro: como se encaminha rapidamente para o fim o regime que até no que tem de mais sensível, no único apoio com que conta, no aparelho de repressão, se vê obrigado a utilizar homens do povo que pretende oprimir! Que terrível falta de material humano deve ter quando debilita a sua derradeira esperança a fim de ganhar alguns indivíduos! Quanto tempo pretenderá ainda aguentar-se?

Certamente são homens especialmente selecionados. Talvez sejam piores que os vigilantes alemães, já desmoralizados pela rotina e pela falta de fé na vitória. Mas essa realidade, a realidade da sua presença aqui, é o sinal infalível do fim.

Foi assim que nós pensamos.

Mas era ainda mais do que pensamos nos primeiros momentos. Porque o regime já não podia escolher, não tinha por onde selecionar.

A 11 de fevereiro vimos pela primeira vez fardas tchecas. Na manhã seguinte começamos a conhecer os homens.

O primeiro chegou, olhou para a cela, deteve-se indeciso na soleira da porta e depois com a mesma energia caprichosa com que um cabrito se atira ao ar erguendo as quatro patas ao mesmo tempo – disse, com uma súbita audácia:

– Bem, então como vamos?

Respondemos com um sorriso. Ele também sorriu e adotou novamente uma expressão indecisa:

– Não fiquem zangados conosco. Podem ter certeza de que preferíamos continuar passeando pelas ruas em vez de vir aqui vigiá-los. Mas fomos obrigados. E pode ser... pode ser que isto sirva para qualquer coisa boa...

Alegrou-se quando lhe dissemos o que pensávamos daquilo e como interpretávamos a presença deles. E assim nos tornamos amigos desde o primeiro instante. Vitek era um rapaz simples, de coração de ouro, e naquela manhã foi o primeiro a aparecer à porta da nossa cela.

O outro, Tuma, é um velho carcereiro tcheco típico. Um pouco grosseiro, amigo de gritar, mas no fundo bom, como aqueles a quem chamávamos "avós" nas prisões da república. Não percebia o que havia de excepcional na sua situação. Ao contrário, depressa se sentiu aqui como em sua própria casa: utilizando sempre piadas idiotas e mantendo muito bem uma ordem que era o primeiro a perturbar. Aqui introduzia pão na cela, ali um cigarro, noutra iniciava uma conversa divertida sobre qualquer assunto (exceto política). Fazia tudo isso com naturalidade. Era o seu conceito pessoal do papel do vigilante. Não o ocultava. A primeira chamada de atenção recebida pelo seu comportamento tornou-o mais prudente, mas não o modificou. Continuou a ser o vigilante avô. Não nos atreveríamos a pedir-lhe qualquer coisa importante. Mas respira-se bem quando ele está de serviço.

O terceiro rondava em volta da cela com um ar sombrio, taciturno, sem se interessar por nada. E não reagiu perante as nossas prudentes tentativas de contato.

– Com esse não tivemos muita sorte. É o mais difícil deles – disse o "pai", depois de tê-lo observado durante uma semana.

– Ou o mais inteligente – disse eu, mais por espírito de contradição. Porque duas opiniões sobre coisas insignificantes são o sal da vida na cela.

Passados 14 dias, tive a impressão de que o taciturno piscava o olho para mim com mais vivacidade. Devolvi-lhe o discreto piscar de olhos, que na prisão tem muitos significados. E, mais uma vez, nada. Pensei que tinha me enganado.

Um mês depois tudo se tornara claro. Foi uma coisa tão súbita como quando a borboleta sai da crisálida. A lagarta crisálida abriu-se e surgiu um ser vivo: mas não era uma borboleta. Era um homem.

– Você constrói pequenos monumentos – costuma dizer-me o "pai", a respeito de algumas dessas descrições de caráter.

Sim, gostaria que não fossem esquecidos os camaradas que aqui e fora daqui combateram corajosa e fielmente e que caíram. Mas desejo também que não sejam esquecidos aqueles que ainda vivem e nos ajudaram, com não menor fidelidade e coragem, nas mais difíceis condições. Que da sombra dos corredores de Pankrac venham à luz personalidades tais como Kolinsky e esse policial tcheco. Não para sua glória, mas para que sirvam de exemplo aos outros. Porque o dever humano não termina com essa luta, e ser homem exigirá, também no futuro, um coração heroico, até que os homens sejam completamente homens.

No fundo, é uma história muito breve a do policial Jaroslav Hora. A história de um homem pleno.

A pequena cidade de Radnice. Um recanto perdido do país. Região bela, pobre e triste. O pai é vidreiro. A vida dura: cansaço quando há trabalho, miséria quando chega o desemprego, que ali reina como em sua própria casa. Isso ou a pessoa faz cair de joelhos ou erguer a cabeça e sonhar com um mundo melhor, incutindo-lhe fé e levando-o à luta por ela. O pai escolheu o segundo caminho. Tornou-se comunista.

O jovem Jaroslav pedala entre outros ciclistas na manifestação do Primeiro de Maio. Leva as rodas enfeitadas com fitas vermelhas. Depois guarda-as e leva-as no mais profundo de si mesmo, talvez sem que disso se dê conta, durante a sua aprendizagem de torneiro na Fábrica Skoda, onde começa a trabalhar.

A crise, a falta de trabalho, a guerra, a perspectiva de um emprego, o serviço de polícia. Não sei o que terá acontecido naquela altura às fitas vermelhas que levava consigo, lá bem no fundo: talvez estivessem enroladas, meio esquecidas, mas não perdidas.

Um dia mandam-no prestar serviço em Pankrac. Não vem para cá voluntariamente, como Kolinsky, com uma missão previamente determinada por ele próprio. Mas adquire consciência dessa missão quando contempla a cela pela primeira vez. As fitas desenrolam-se.

Examina o seu campo de ação. Avalia as suas forças. Seu rosto torna-se sombrio quando reflete intensamente sobre como e por onde começar. Não é um político profissional. É um simples filho do povo. Mas conta com a experiência do pai, possui um fundo firme, sobre o qual se apoiam as suas decisões. E está se decidindo. Da crisália taciturna está saindo um homem.

E é um homem interiormente belo, limpo e puro como poucos. Sensível, tímido, e ao mesmo tempo viril. Arrisca tudo o que é preciso arriscar: coisas pequenas e coisas grandes. E faz: as coisas pequenas e as coisas grandes. Trabalha sem presunção, silenciosamente, com prudência, mas sem medo. Para ele tudo está claro. Existe nele o imperativo categórico. Isso tem de ser feito assim. Então, mais palavras para que?

E, propriamente falando, não há mais nada para dizer. A história de uma pessoa que já tem a seu favor várias vidas humanas salvas. Essa gente vive e trabalha lá fora porque um homem de Pankrac cumpriu o seu dever humano. Eles ignoram-no, e ele não os conhece. Também não conhecem Kolinsky. Gostaria que os conhecessem, pelo menos depois. Esses dois encontraram aqui rapidamente o caminho que os levou um ao outro. E isso multiplicou suas perspectivas.

Recordem-nos como exemplo. Como o exemplo de homens que têm a cabeça no lugar e, antes de mais nada, coração.

O pai Skorepa

Quando por acaso virem os três juntos, verão a imagem viva da fraternidade: a farda cinzento-esverdeada do guarda SS Kolinsky, a farda escura do policial tcheco Hora e a clara, mas desagradável, farda de serviço do preso, pai Skorepa. Mas só muito poucas vezes os verão juntos. Muito poucas. Precisamente porque os três eram um.

Os regulamentos da cadeia permitem utilizar para os trabalhos de limpeza dos corredores e para trazer a comida "unicamente presos de confiança, disciplinados e rigorosamente isolados dos outros". Isso segundo a letra do regulamento. Letra morta, completamente morta. Porque tais homens de serviço não existem nem nunca existiram. E, sobretudo, nunca nas prisões da Gestapo. Aqui, ao contrário, os responsáveis dos corredores são antenas, postos avançados do coletivo das celas para viverem mais perto do mundo livre e comunicarem com a vida fora da prisão. Quantos deles pagaram com a vida a descoberta em suas roupas de uma mensagem clandestina! E, contudo, a lei do coletivo da prisão exige insistentemente dos seus substitutos que continuem esse perigoso trabalho. Avante: com coragem ou com medo, têm de realizá-lo. Mas com medo podem vir a destruir muita coisa, podem até por tudo a perder, tal como acontece em qualquer trabalho ilegal.

E este é um trabalho clandestino da maior importância: realiza-se entre as garras dos que se esforçam por impedi-lo, sob o olhar dos guardas, nos lugares designados por eles, durante os segundos escolhidos por eles e nas condições criadaa por eles. Tudo o que se aprendeu lá fora aqui é pouco. E por isso o trabalho clandestino na prisão exige ainda mais de nós.

Lá fora há mestres do trabalho ilegal. E há mestres deste trabalho entre os responsáveis dos corredores. O pai Skorepa é um mestre nesse tipo de atividade. Modesto, humilde, tranquilo à primeira vista, mas vivo como um peixe. Os guardas o elogiam. Olhem para ele: como é trabalhador, como é seguro, como cumpre o seu dever sem se deixar arrastar para coisas proibidas! Tomem-no como exemplo! diziam eles aos outros responsáveis de corredor.

Sim, sigam o seu exemplo, responsáveis dos corredores. É o verdadeiro modelo de responsável imaginado pelo preso. A mais firme e sensível das antenas do coletivo da prisão. Conhece os ocupantes das celas, conhece cada novo preso desde o momento da sua chegada. Sabe por que razão está aqui, quem são os seus companheiros de processo e qual o seu comportamento. Estuda o caso e procura penetrar-lhe os segredos. Isso é muito importante para poder dar um conselho ou transmitir bem uma mensagem.

Conhece o inimigo. Observa cuidadosamente cada vigilante. Estuda os seus costumes, o seu lado forte e o seu lado fraco: em que aspectos é preciso estar de sobreaviso com ele e em que questões pode ser aproveitado; como acalmá-lo, como enganá-lo. O pai Skorepa forneceu-me muitos dos traços característicos que utilizei. Conhecia todos. Podia descrever na perfeição cada um deles. Isso é muito importante para poder ter liberdade de movimentos nos corredores e para poder realizar um trabalho seguro e eficaz.

Acima de tudo, conhece o seu dever. É um comunista que sabe que não existe nenhum lugar onde possa deixar de ser comunista, onde possa ficar de braços cruzados e abandonar-se à inatividade. Eu diria até que aqui, perante os maiores perigos e sob as mais duras pressões, ele encontrou o seu verdadeiro lugar. Aqui ele cresceu.

É ágil. Cada dia e cada hora criam uma situação nova, que exige novos métodos. Encontra-os com sagacidade e rapidez. Dispõe de frações de minutos: bate à porta da cela, escuta a mensagem previamente preparada e transmite de maneira clara e concisa em outro ponto do corredor, antes de o novo guarda de serviço subir até o primeiro andar. É prudente e tem grande presença de espírito. Passaram-lhe pelas mãos centenas de mensagens escritas. Nenhuma delas foi apanhada nem nunca despertou qualquer suspeita.

Sabe quais são as maiores dificuldades de cada um. Sabe onde é preciso levantar o moral, dar uma informação rigorosa sobre a situação lá fora, onde o seu olhar paternal pode dar força a um homem acossado pelo desespero. Sabe onde é que um pedaço de pão ou uma tigela de sopa suplementar podem fazer esquecer a "fome criminosa". Sabe, conhece, graças à sua fina intuição e à sua sólida experiência, e atua em conformidade.

É um combatente forte e intrépido. É um homem puro. É o pai Skorepa.

Gostaria que ao lerem isto vissem nele não só a sua pessoa, mas também o tipo perfeito e belo de "trabalhador doméstico" que soube converter o trabalho imposto pelos opressores num trabalho em benefício dos oprimidos. O pai Skorepa é um, mas como ele há muitos outros, cada um com as suas características humanas próprias, embora nem por isso menores. Em Pankrac e no Palácio Petschek. Gostaria de registar as suas figuras, mas infelizmente não me restam senão algumas horas, muito poucas para "uma canção que conta brevemente tudo o que foi vivido durante longo tempo".

Pelo menos darei alguns nomes, alguns exemplos que não devem ser esquecidos, embora isso esteja longe de ser tudo: O Dr. Milos Nedved, homem nobre e generoso, que pagou com a vida em Auschwitz a sua ajuda diária aos camaradas presos; Arnost Lorenz, um homem cuja esposa foi executada por não querer entregar os seus companheiros e que um ano depois caminhou sozinho para a execução a fim de salvar os seus camaradas, os faxineiros da "quatrocentos" e todo o seu coletivo; Vasek, magnífico e cheio de um humor inalterável; Anka Vikova, ensimesmada, sempre disposta ao sacrifício, executada durante o Estado de sítio; o enérgico...;[4] o "bibliotecário" Springer, alegre e manhoso, procurando sempre novos métodos; e o jovem e afetuoso Bilek...

Só exemplos, só exemplos. Figuras maiores ou menores. Mas sempre figuras. Nunca figurinhas.

---

[4] Em branco, no original.

UM POUCO DE HISTÓRIA

9 de junho de 1943

Diante da minha cela está pendurado um cinto. O meu cinto. O sinal da partida. À noite levar-me-ão para o Reich, para o tribunal etc. O tempo esfomeado arranca os últimos pedaços da minha vida. Quatrocentos e onze dias em Pankrac, que passaram com uma rapidez incrível. Quantos me restarão ainda? Onde? E como?

Com certeza não vou ter possibilidade de escrever. Fica aqui, portanto, o meu último testemunho. Um pouco da história, do qual sou, sem dúvida, a última testemunha viva.

Em fevereiro de 1941 foram presos os membros do Comitê Central do Partido Comunista da Tchecoslováquia e os do comitê de reserva preparado para aqueles tempos tão difíceis. Ainda não está suficientemente claro como foi possível dar tão duro golpe no Partido. Talvez os comissários da Gestapo digam alguma coisa no futuro, quando forem interrogados. Foi em vão que me esforcei, inclusive como *trabalhador doméstico* no Palácio Petschek, por descobrir a solução desse enigma. Por um lado, houve sem dúvida infiltração, mas também muita imprudência. Dois anos de êxito no trabalho ilegal tinham enfraquecido um pouco a vigilância dos camaradas. A organização ilegal ampliava-se. Novos camaradas eram incorporados ao trabalho, e alguns deles deveriam ter sido afastados até outra ocasião. O aparelho do Partido ampliava-se e complicava-se a ponto de não ser possível controlá-lo. O golpe contra o centro do Partido estava visivelmente preparado há muito tempo e foi dado no momento em que se encontrava pronto o ataque contra a URSS.

A princípio não conhecia a amplitude das detenções. Esperava pelo meu contato normal, sem conseguir. Um mês depois era já claro que já se passara qualquer coisa de importante e que não devia esperar nada. Então eu próprio procurei o contato, tal como os outros o procuraram também.

O primeiro que encontrei foi Honza Vyskocil, responsável pela região da Boêmia Central. Tinha iniciativa e já preparara o material necessário para editar o *Rudé Právo,* a fim de que o Partido não ficasse privado do seu órgão central. Escrevi então o artigo de fundo, mas decidimos publicar os materiais (que eu não conhecia) num boletim do Primeiro de Maio e não como *Rudé Právo,* visto que este jornal já aparecera numa edição provisória.

Passaram-se alguns meses de trabalho desorganizado. O Partido tinha sofrido um golpe duro, mas não um golpe mortal. Centenas de novos camaradas realizavam as tarefas, ocupando o lugar dos dirigentes caídos. Os novos camaradas chegavam cheios de decisão e não permitiam que os alicerces da organização se afundassem ou caíssem na passividade. Só não se conseguiu se reconstruir o Comitê Central, e o trabalho desorganizado representava um grande perigo: o perigo de no momento mais importante, o do esperado ataque contra a URSS, não termos uma linha de conduta comum.

No *Rudé Právo,* editado sem orientação central, e cujas páginas eu tinha diante dos olhos, reconheci uma mão política experiente. No nosso boletim do Primeiro de Maio, que infelizmente não saíra muito bem, os outros viram, por seu lado, que nele se fazia ouvir uma voz com a qual se podia contar. E procuramo-nos uns aos outros.

Mas eram buscas num bosque fechado. Ouvíamos uma voz, íamos atrás dela e no momento em que estávamos quase alcançando-a ela fazia-se ouvir exatamente do lado oposto. A cruel perda ensinou todo o Partido a ser mais prudente, mais vigilante. Dois membros do aparelho central do Partido que quisessem encontrar-se tinham que estabelecer a maior clareza através de uma massa de obstáculos de sondagem e reconhecimento que se opunham mutuamente e imobilizavam os outros que estavam encarregados de estabelecer o contato. E tornava-se ainda mais complicado na medida em que eu ignorava quem estava do outro lado e o outro desconhecia quem procurava.

Por fim encontramos um denominador comum. Era um jovem magnífico: o Dr. Milos Nedved foi o nosso primeiro contato. Houve nisto também uma certa dose de acaso. Em meados de junho de 1941 adoeci e mandei Lida à casa de Nedved para que ele viesse tratar-me. Foi imediatamente à casa dos Baxa. E lá acordamos. Ele também estava encarregado de procurar "o tal outro", mas não tinha a menor ideia de que fosse eu. Estava, ao contrário – como todos do outro lado –, convencido de que eu fora preso e provavelmente assassinado.

A 22 de junho de 1941, Hitler iniciou a sua agressão contra a União Soviética. Nessa mesma tarde, com Honza Vyskocil, publicamos um pequeno manifesto explicando o significado que tinha para nós esse acontecimento. A 30 de junho tive um encontro com aquele que procurara há tanto tempo. Ele veio a uma casa indicada por mim porque já sabia quem ia encontrar. Nesse momento eu ainda não sabia. Era uma noite de verão. As acácias perfumavam o ar através da janela aberta. Momento favorável para um encontro de amantes. Fechamos a janela, acendemos a luz e abraçamo-nos. Era Honza Zika.

Isso quer dizer que em fevereiro de 1941 o Comitê Central não tinha sido preso na sua totalidade. Salvou-se um único dos seus membros, Zika. Eu conhecia-o e estimava-o havia muito tempo. Mas, de fato, não o conheci senão a partir do tempo em que trabalhamos juntos. Sempre gordinho, sorridente, um pouco bonachão. E firme, inimigo de concessões, militante intrépido e decidido no trabalho do Partido. Não sabia nem queria saber de outra coisa que não fosse o seu dever. Para cumpri-lo renunciava a tudo. Amava as pessoas e as pessoas amavam-no. Mas nunca comprava esse afeto, fechando os olhos às fraquezas. Pusemo-nos de acordo em poucos minutos. E alguns dias depois vim a conhecer também o terceiro membro da nova direção. Era Honza Cerny, que desde o mês de maio estava em contato com Zika. Bem proporcionado, elegante, muito simpático no trato, antigo combatente na Espanha, de onde regressara durante a guerra, atravessando a Alemanha nazi, com os pulmões trespassados por uma bala de espingarda, um pouco militar, com uma rica experiência da clandestinidade e sempre cheio de iniciativa.

Meses de luta encarniçada ligaram-nos numa magnífica camaradagem. Completávamo-nos, com as nossas personalidades e os nossos conhecimentos. Zika: organizador, objetivo, extremamente rigoroso, não se deixando desviar por belas palavras, pesando cada informação, esmiuçando-a até o fundo, analisando cada proposta sob todos os aspectos e controlando, bondosamente, mas com firmeza, a execução de cada decisão. Cerny: responsável pelas sabotagens e pelos preparativos para a luta armada, refletia sempre em termos militares, homem de iniciativa e de envergadura, com garra, infatigável e hábil na busca de novas formas de luta e de novos companheiros. E eu: um jornalista, *agitprop*,[1] que contava com o meu faro, com muita imaginação e também com um grande sentido crítico para equilibrá-la.

A distribuição das funções era mais no plano da responsabilidade do que do trabalho. Cada um era obrigado a ocupar-se independentemente de tudo e em qualquer lugar onde fosse necessário. O trabalho não era fácil. As feridas causadas ao Partido em fevereiro estavam ainda abertas e nunca cicatrizaram completamente. Todos os contatos tinham sido rompidos. Em alguns locais tinham caído setores inteiros; em outros tínhamos bons quadros, mas não conseguíamos encontrar o caminho para chegarmos até eles. Organizações inteiras, empresas inteiras, estiveram isoladas durante meses, antes que o contato pudesse ser restabelecido. E nós tínhamos pelo menos de assegurar que o órgão central chegasse às suas mãos, a fim de que seguissem as suas diretrizes. Não tínhamos casas nem podíamos utilizar as casas anteriores, porque podiam estar ainda ameaçadas. A princípio faltava-nos dinheiro, era difícil arranjar comida, tínhamos de começar muitas coisas a partir do zero...

E tudo isso numa época em que o Partido não tinha tempo para construir e para preparar. Era o momento do ataque contra a URSS, e o Partido tinha o dever de intervir diretamente na luta, organizando a frente interna contra os ocupantes, mobilizando a guerrilha contra eles, realizando tudo isso não só com as suas próprias forças, mas com a participação de todo o povo. Durante os anos de preparação, de

---

[1] Agitação e propaganda.

1939 a 1941, o Partido vivia numa profunda clandestinidade tanto em relação à polícia alemã como em relação ao povo. Agora, ensanguentado, tinha de aperfeiçoar e intensificar a luta ilegal contra os ocupantes, mas ao mesmo tempo tinha de sair da clandestinidade perante o povo. Tinha de estabelecer contatos com as massas sem partido, dirigir-se a todo o povo, entender-se com cada um dos que estavam dispostos a combater pela liberdade e atrair a esse caminho, com a sua intervenção direta, todos os que ainda vacilavam.

Nos princípios de setembro de 1941 pudemos dizer pela primeira vez, embora não tivéssemos conseguido restabelecer a organização tão gravemente atingida – estávamos ainda longe disso – que já tínhamos de novo organizado um núcleo firme, capaz de realizar por si só importantes tarefas. A intervenção do Partido começou a ser sentida imediatamente. Multiplicavam-se as sabotagens e as greves nas fábricas. Em fins de setembro mandaram Heydrieh contra nós.

O primeiro Estado de sítio não conseguiu destruir a resistência ativa, que se intensificava. No entanto, bloqueou e desfechou novos golpes no Partido. A região de Praga e a organização da juventude foram especialmente castigadas. Caíram novos militantes de um grande valor para o Partido: Jan Krejci, Stancel, Milos Krasny e muitos outros.

Depois de cada golpe podíamos comprovar que o Partido é indestrutível. Caía um militante, e se outro não podia substituí-lo, dois ou três cobriam o seu lugar. Entramos no novo ano com uma organização bem preparada, que não abarcava tudo – nem sequer tinha a amplitude de fevereiro de 1941 – mas que, apesar disso, era capaz de cumprir as tarefas do Partido nas lutas decisivas. Distribuímos o trabalho entre todos. Mas o mérito do que se conseguiu coube especialmente a Honza Zika.

Da nossa atividade na imprensa encontrar-se-ão suficientes documentos nos porões, nos esconderijos e nos arquivos secretos dos camaradas. Por isso não é necessário falar dela. A nossa imprensa era amplamente difundida não só nos meios ligados ao Partido, mas também fora dele. Fazíamos grandes tiragens, com diversas formas "técnicas" e clandestinas. As publicações eram totalmente independentes umas das outras e eram executadas em máquinas impressoras. A saída era regular e rápida, de acordo com a situação. Por exemplo, os leitores tiveram nas mãos na tarde de 24 de fevereiro o texto da ordem dada pelo camarada Stalin ao exército em 23 de fevereiro de 1942.

Os tipógrafos trabalharam com perfeição. Também os médicos obtiveram resultados excelentes, assim como o grupo Fuchs-Lorenz, que publicava o seu boletim informativo O *Mundo contra Hitler*. Tudo o mais era eu próprio que fazia, com o objetivo de liberar outros quadros. O meu substituto estava preparado para o caso de eu cair. Tomou conta das tarefas após a minha detenção e ainda hoje continua a trabalhar. Construímos o aparelho do Partido da maneira mais simples possível, com o objetivo de encarregar de cada tarefa o menor número possível de pessoas. Suprimimos as longas cadeias de ligação, que, como ficou demonstrado em fevereiro de 1941, não protegiam, antes ameaçavam a organização do Partido. Existia mais perigo individual para cada um de nós, mas o Partido estava mais seguro. Nunca mais poderia repetir-se um golpe como o de fevereiro.

Foi por essa razão que o Comitê Central, completo com um novo membro, pode prosseguir com toda a tranquilidade o seu trabalho quando fui preso. Nem o meu colaborador mais próximo soube nada antes do tempo sobre o meu futuro substituto.

Honza Zika foi preso na noite de 27 de maio de 1942. Foi novamente um azar. Na noite seguinte ao atentado contra Heydrich, quando todo o aparelho dos ocupantes se pusera em atividade, realizando escaramuças por Praga inteira, os nazis entraram numa casa de Stresovice, onde Zika se escondia. Sua documentação estava em ordem e certamente teria passado despercebido. Mas não quis pôr em perigo a boa família em cuja casa se alojava e tentou fugir pela janela do segundo andar. Caiu, mortalmente ferido na coluna vertebral, e foi transferido para o hospital da prisão. Não sabiam quem tinham nas mãos. Só dezoito dias depois, comparando fotografias, o identificaram, e foi transportado moribundo para o Palácio Petschek, para ser interrogado. Vimo-nos pela última vez quando me chamaram para a acareação. Apertamos as mãos. Sorriu-me com o seu sorriso largo e amistoso e disse-me:

– Saúde, Julius.

Foi tudo o que o ouviram dizer. Não disse nem mais uma palavra. Depois de algumas pancadas no rosto ficou inconsciente. Passadas algumas horas estava morto.

Soube da sua prisão em 29 de maio. As nossas antenas trabalhavam bem. Graças a elas combinei com ele a minha linha de comportamento posterior, a qual no seu conjunto foi igualmente aprovada por Honza Cerny. E foi essa a nossa última decisão.

Honza Cerny foi preso no verão de 1942, já não devido ao acaso, mas sim a uma grave indisciplina de Jan Pokorny, que estava em contato com ele. O comportamento de Pokorny não correspondeu ao de um dirigente. Após umas horas de interrogatório – um pouco duro, é verdade, mas seria de esperar outra coisa? – deixou-se tomar pelo pânico e deu o endereço da casa onde tivera um encontro com Honza Cerny.

Daí começaram a seguir o rasto de Honza. Alguns dias depois caiu também nas mãos da Gestapo.

Fomos acareados assim que o trouxeram para cá:

– Conhece-o?

– Não, não conheço.

As respostas coincidiam. Honza negou-se redondamente a fazer declarações. A sua antiga ferida poupou-lhe longas torturas. Desmaiou logo. Antes de os nazis se decidirem a interrogá-lo de novo, recebeu pormenorizadas informações e atuou em função delas.

Não lhe arrancaram nada. Mantiveram-no longo tempo na prisão. Esperaram muito, julgando que algum novo testemunho o faria falar. Enganaram-se.

A prisão não o modificou absolutamente nada. Ardente, alegre, corajoso, abria aos outros as perspectivas da vida quando diante de si só tinha a perspectiva da morte.

Repentinamente, no final de abril de 1943, levaram-no de Pankrac. Não sei para onde. Aqui um desaparecimento súbito é sempre mau agouro. Posso estar enganado, mas não creio que nos voltemos a ver.

Sempre contamos com a morte. Já sabíamos: cair nas mãos da Gestapo quer dizer o fim. E aqui fizemos o que fizemos de acordo com essa convicção.

Também a minha obra se aproxima do fim. Não posso descrevê-lo. Não o conheço. Já não é uma obra. É a vida.

E na vida não há espectadores.

A cortina sobe.

Homens: amei-vos. Estais vigilantes!

9/6/1943
Julius Fucik

A TORTURA
Henri Alleg

PREFÁCIO PARA A EDIÇÃO BRASILEIRA: QUARENTA ANOS DEPOIS... OU ALGUMAS REFLEXÕES À GUISA DE PREFÁCIO

Estas linhas foram escritas há mais de quarenta anos, ainda na época da guerra de libertação da Argélia. Uma guerra que, de 1957 a 1962, custou aos argelinos centenas de milhares de mortos. Segundo a cifra oficial de Alger, perto de um milhão, dos nove milhões de habitantes muçulmanos que, então, habitavam o país. O exército francês, por sua vez, perdeu cerca de 25 mil soldados, jovens recrutas lançados num combate que, em sua maioria, só aceitavam forçados e constrangidos. Mas a enorme desproporção entre os dois números constitui em si mesma uma indicação clara do caráter dessa guerra.

Uma guerra colonial de extermínio e de terror com o objetivo de quebrar a insurreição de um povo que se levantara para reconquistar sua terra roubada e apropriada pela força por grandes colonos latifundiários, para se libertar do colonialismo, reencontrar sua independência e o direito de viver na dignidade e na liberdade.

Uma guerra assim não conhece nenhuma regra, nenhuma lei. Seu objetivo é pôr de joelhos ou destruir aqueles que ousam se levantar contra a dominação dos senhores. Para quebrar sua resistência, todos os meios podem ser utilizados, como, de fato, o foram: bombardeios com *napalm* em que morriam, nas chamas de seus povoados, homens, mulheres e crianças, execuções sumárias, aos milhares, de camponeses, operários, fuzilados, decapitados, jogados ao mar do alto de helicópteros.

E, para os militantes e patriotas presos, o uso sistemático da tortura, para arrancar declarações que os fizessem trair seus camaradas e sua causa, com a morte no fim da provação. De fato, do Vietnã à Argélia, do Chile de Pinochet à Indonésia de Suharto, da África do Sul do *apartheid* a todas as ditaduras sofridas pelo povo do Brasil e tantos outros na América Latina e em outros lugares do mundo, a história, no fundo, é a mesma: os carrascos se parecem e se unem no ódio e na selvageria para com os homens e os povos que recusam o jugo da miséria e da opressão. Mas eles têm também uma outra característica em comum que é a aptidão para negar a realidade de seus crimes, para esconder suas mentiras sob uma retórica hipócrita que apresenta as vítimas como culpados e pretende fazer dos criminosos que eles são os defensores dos direitos do homem e do progresso.

Assim foi, de novembro de 1954 a julho de 1962, durante os mais de sete anos que durou a guerra da Argélia: enquanto lá, no teatro da guerra, os generais franceses multiplicavam os massacres, as extorsões, as atrocidades e os crimes de guerra, em Paris, os responsáveis políticos proclamavam que buscavam uma política de pacificação, que defendiam a "civilização" contra a barbárie, e que as acusações contra o exército francês não passavam de mentiras e calúnias, forjadas por comunistas e nacionalistas.

Foi nessas circunstâncias que escrevi este texto, mais tarde traduzido e publicado clandestinamente no Brasil no tempo da ditadura e hoje, pela primeira vez, legalmente. Naquela época eu estava preso numa cela da prisão de Barberousse, em Alger, onde fora encerrado depois de ter sido preso, e posteriormente "posto sob a custódia" dos paraquedistas do General Massu, encarregado da "manutenção da ordem" em Alger. Sob seu comando, milhares de argelinos e argelinas, assim como militantes anticolonialistas franceses iriam, como eu, conhecer o suplício da água, do fogo, da eletricidade. Entre eles, um amigo muito próximo em cuja casa eu fora preso, Maurice Audin, assistente na Faculdade de Matemática da Universidade de Alger, torturado antes de ser assassinado por seus torturadores que alegaram depois que ele fugira. Nesse local sinistro, situado na periferia de Alger, pude ver, durante um mês, como funcionava um centro de torturas, um entre centenas, espalhados por todo o país em guerra. Eu ouvira, durante noites inteiras, os prisioneiros e prisioneiras gritarem sob os golpes e as descargas elétricas e sabia que, se sobrevivesse, não poderia jamais esquecer essas horas intermináveis de angústia e de terror; mas tampouco esqueceria a heroica resistência desses patriotas argelinos que, apesar de todas as humilhações e de todos os suplícios, se recusavam a trair seus companheiros de luta e permaneciam até a morte fiéis a si próprios, a seu compromisso político e à causa de seu povo.

Testemunhar o que sofri e o que continuava a ser a sorte de milhares de outros, o que eu presenciara, fazia parte da luta e podia ajudar a tornar pública, para a opinião francesa e internacional, a insuportável verdade, abafada por generais criminosos e seus protetores, os governantes franceses da época. E foi por isso que, assim que saí das garras dos torturadores, obriguei-me a escrever este relato, tarefa perigosa e difícil nas condições muito duras da prisão em que eu estava detido, onde reinava uma disciplina feroz e onde era absolutamente proibido corresponder-se com o exterior, exceto para

A TORTURA

dar algumas notícias estritamente controladas e censuradas pela administração penitenciária.

Graças à cumplicidade de outros presos políticos, escrevi, pois, o relato que vocês vão ler, no segredo de minha cela. E foi clandestinamente também que, página por página, ele saiu da prisão de Alger. O texto completo, tendo chegado enfim a Paris, foi publicado com o título de *"A questão"*, em fevereiro de 1958. Imediatamente, o governo proibiu a venda e a circulação e ordenou seu confisco em todas as livrarias.

Apesar dessa decisão, que provocou o veemente protesto das organizações políticas anticolonialistas, trabalhadores, intelectuais (entre eles Prêmios Nobel de literatura e escritores conhecidos internacionalmente, como Jean-Paul Sartre), o livro, publicado em muitas edições ilegais, conseguiu ser amplamente divulgado. Traduzido em quase trinta idiomas, foi, afinal, lido por centenas de milhares de pessoas. Ninguém mais podia ignorar o que se escondia por trás da dita "pacificação", posta em prática na Argélia. Ao mesmo tempo, descobria-se o verdadeiro rosto daqueles que ousavam se apresentar como "defensores da civilização" e dos direitos do Homem. Esta denúncia pública dos torturadores e dos assassinos colonialistas trouxe assim uma contribuição eficaz à manifestação da verdade e à mobilização dos franceses que se opunham à guerra travada contra o povo argelino.

O tempo passou. Depois de indizíveis sofrimentos, a Argélia conquistou sua independência, o que significa um passo imenso, ainda que, hoje, esse país passe por novas e terríveis provações. No entanto, este livro não pertence inteiramente ao passado. Continua sendo editado e lido. Não só na França, mas em outros lugares do mundo e, mais frequentemente, onde, como no Brasil, as lutas contra a miséria, a injustiça social, a opressão econômica e a política "globalizada" se dão mais cruelmente. Nos lugares em que os irmãos, em uma mesma luta e em uma mesma esperança, já tiveram que enfrentar, e enfrentam ainda, as formas mais bestiais e mais extremas de repressão.

Perguntei-me muitas vezes por que este testemunho sobre lutas antigas pode permanecer atual e fazer sentido ainda hoje para jovens militantes. Talvez porque, simplesmente – e é o que eu desejaria – ele demonstra que, fiel a suas convicções e solidário com seus companheiros de lutas e sofrimentos, o Homem ainda pode lutar, resistir aos carrascos e vencê-los.

Henri Alleg.
Paris, março de 2001.

1[1]

Nesta imensa prisão superlotada, em que cada cela abriga um sofrimento, falar de si mesmo é quase uma indecência. No andar térreo acha-se a "divisão" dos condenados à morte. Há oitenta homens ali, os tornozelos acorrentados, esperando o indulto ou o próprio fim. E por meio de sua força todos nós vivemos. Durante a noite não há um só detento que não dê mil voltas em seu catre ante a ideia de que o amanhecer pode ser sinistro; não há um só que se entregue ao sono sem desejar com todas as suas forças que nada aconteça. Porém, nada impede que dessa "divisão" se elevem todos os dias os cantos proibidos, os cantos magníficos que brotam infalivelmente do coração dos povos em luta pela liberdade.

As torturas? Há muito tempo essa palavra se tornou familiar a todos nós. Aqui são poucos os que se salvaram delas. Aos "novos", quando é possível falar com eles, as perguntas são sempre as mesmas:

---

[1] Os protagonistas desta história são aqui designados pelas suas iniciais. Incumbe unicamente à Justiça desmascarar e apurar as responsabilidades individuais.

– Detido há quanto tempo? Torturado? "Paras"[2] ou policiais?

Meu caso, embora pareça excepcional pela repercussão que teve, não é absolutamente o único. O que disse na minha petição, o que direi aqui, serve de exemplo para mostrar qual é a prática corrente nesta guerra atroz e sangrenta. Há mais de três meses que me prenderam. Durante esse tempo sofri tantas dores e tantas humilhações que já não me atreveria a tornar a falar desses dias e dessas noites de suplícios se não soubesse que isso pode ser útil, que propagar a verdade é também uma maneira de ajudar a cessar as hostilidades e a estabelecer a paz. Noites inteiras, durante um mês, ouvi o urrar dos homens que eram torturados e seus gritos ressoarão para sempre na minha memória. Vi prisioneiros atirados de um andar ao outro a cacetadas. Atordoados pela tortura e pelos golpes, só sabiam murmurar em árabe as primeiras palavras de uma antiga prece.

Mas, desde então, soube de outras coisas. Inteirei-me do "desaparecimento de meu amigo Maurice Audin, detido 24 horas antes de mim e torturado pelo mesmo grupo que logo me "tomou em suas mãos". Desaparecido como o "xeique" Tebessi, presidente da Associação dos Ulemás,[3] como o doutor Cherif Zahar e muitos outros. Em Lodi encontrei meu amigo de Milly, empregado no hospital psiquiátrico de Blida, torturado também pelos "paras", mas submetido a uma nova técnica. Foi amarrado, nu, sobre uma cadeira metálica por onde passava uma corrente elétrica. Ainda tem marcas pro-

---

[2] "Paras", paraquedistas que constituíam as tropas especiais da França na Argélia.

[3] Associação que agrupa os doutores da lei do Alcorão, livro santo dos muçulmanos.

fundas de queimaduras nas pernas. Nos corredores da prisão, reconheci entre os "novos" Mohamed Sefta, da Mahakma de Argel (a Justiça muçulmana).

– Quarenta e três dias com os "paras". Desculpe-me, ainda me é difícil falar. Queimaram-me a língua...

E mostrou-me sua língua lacerada. Vi ainda outros. Um jovem comerciante de Casbah, Bualem Bahmed, numa perua da prisão que nos levava para o tribunal militar, mostrou-me cicatrizes que tinha na barriga das pernas.

– Os "paras", com uma faca. Por ter alojado um membro da F. L. N.[4]

Do outro lado do muro, na ala reservada às mulheres, há moças sobre as quais nunca ninguém falou: Djamila Bouhired, Elyette Loup, Nasima Hablal, Melika Khene, Lucie Coscas, Colette Gregoire e muitas outras. Despidas, golpeadas e insultadas por torturadores sádicos, também elas passaram pela água e pela eletricidade. Aqui todos conhecem o martírio de Annick Castel. Violentada por um paraquedista e achando que estava grávida, só pensou em morrer.

Tudo isso, eu sei, eu vi, eu ouvi. Mas, quem contará o resto? Ao ler minha história é preciso pensar nos "desaparecidos" e nos que, confiantes em sua causa, esperam a morte sem temor; nos que conheceram os verdugos e não tremeram diante deles, nos que, diante do ódio e da tortura, respondem com a convicção da paz próxima e da amizade entre os nossos dois povos. É preciso pensar em todos, porque a minha história poderia ser a de cada um deles.

---

[4] Frente de Libertação Nacional. Reunia os combatentes argelinos contra a dominação francesa.

2

Eram quatro horas da tarde quando o tenente dos para-quedistas, Cha..., acompanhado de um de seus homens e de um policial, chegou à casa de Audin para ocupar-se de mim. Na véspera daquela quarta-feira, 12 de junho, meu amigo Maurice Audin, assistente na Faculdade de Ciências de Argel, tinha sido detido em seu apartamento e a polícia deixara ali um inspetor. Foi ele quem me abriu a porta quando caí na armadilha. Eu tentara, sem êxito, escapar, mas o inspetor, com um revólver na mão, alcançara-me no primeiro andar e tornamos a subir até o apartamento. Muito nervoso, enquanto me vigiava com o rabo dos olhos, o inspetor telefonara para o centro dos "paras" para pedir reforço urgente.

No momento em que o tenente entrou na sala, soube o que me esperava. Atravessado por uma imensa boina, seu pequeno rosto bem barbeado, triangular e anguloso como o de um *fennec*,[1] sorria com os lábios apertados.

– Excelente captura, disse separando as sílabas. É Henri Alleg, o ex-diretor do *Alger Républicain*.

E, imediatamente, dirigiu-se a mim:

– Quem o aloja?

---

[1] Pequena raposa do deserto do Saara.

– Não vou dizer!

Sorriu novamente balançando a cabeça. Em seguida, muito seguro de si, acrescentou:

– Vamos preparar-lhe mais tarde um pequeno "interrogatório" que será suficiente. Você responderá, eu lhe garanto. Ponha-lhe as algemas.

Seguro pelo "para", desci os três andares até a rua. O automóvel do tenente esperava-nos do outro lado da calçada. Era um Simca Aronde. Fizeram-me sentar atrás. O "para" estava a meu lado e o cano de sua metralhadora portátil roçava minhas costelas.

– Tenho aqui um bom remédio para você, se quiser bancar o esperto.

Tomamos a direção da cidade. Depois de uma breve parada diante de uma residência de verão (com toda certeza, algum posto de comando dos "paras"), na qual só Cha... entrou, continuamos subindo para Chateauneuf, pela avenida Clemenceau. Finalmente, o automóvel deteve-se depois da praça de El Biar, diante de um alto edifício em construção.

Atravessei um pátio cheio de "jipes" e de caminhões militares e cheguei em frente à entrada do edifício inacabado. Subi. Cha... ia adiante de mim e o "para", atrás. As varetas de ferro do cimento armado emergiam da alvenaria por todos os lados. A escada não possuía corrimão. Dos tetos cinzentos pendiam os fios de uma instalação elétrica improvisada.

De um andar ao outro havia uma agitação incessante de "paras" que subiam e desciam, empurrando à sua frente os muçulmanos prisioneiros, esfarrapados, com barba de vários dias. Tudo transcorria num imenso rumor de botas, gargalhadas, entremeadas de grosserias e insultos. Encontrava-me no "centro de seleção do subsetor da Buzareah". Iria logo inteirar-me da maneira como se realizava essa "seleção".

Sempre seguindo Cha..., entrei numa ampla sala do terceiro ou quarto andar, a sala de estar do futuro apartamento. Algumas mesas desmontáveis; na parede, fotografias amareladas de suspeitos procurados; um telefone de campanha. Era esse todo o mobiliário. Perto da janela, um tenente. Soube mais tarde que se chamava Ir... Um enorme corpo de urso, uns olhos entreabertos de menino ainda meio adormecido, numa cabeça demasiado pequena para o corpo e para a voz aflautada que saía dela; uma voz um pouco melosa e ciciante de sacristão vicioso.

— Vamos dar-lhe uma oportunidade, disse Cha... olhando-me. Aqui estão papel e lápis. Você vai nos dizer onde mora, quem o alojou desde que passou para a clandestinidade, quais são as pessoas que encontrou, quais têm sido suas atividades...

O tom continuava sendo cortês. Tinham-me tirado as algemas. Repeti para os dois tenentes o que tinha dito a Cha... durante o trajeto no automóvel.

— Passei para a clandestinidade para evitar ser detido, pois sabia que tinham ordenado a minha prisão. Ocupava-me e continuo ocupando-me dos interesses do meu jornal. A esse respeito, entrevistei em Paris os senhores Guy Mollet e Gerard Jacquet. Não tenho nada a acrescentar. Não escreverei nada e não contem comigo para denunciar os que tiveram a coragem de me alojar.

Sempre sorridentes e seguros de si, os dois tenentes consultavam-se com o olhar.

— Creio que é inútil perder tempo, disse Cha...

Ir... concordou. No fundo eu também concordava com isso. Se tinha que ser torturado, mais tarde ou mais cedo, que importância tinha? Era preferível enfrentar o mais difícil o quanto antes.

Cha... estava falando ao telefone.

– Preparem uma equipe. Trata-se de um peixe graúdo. E digam a Lo... que suba.

Dentro em pouco, Lo... entrou na sala. Com uns 25 anos, pequeno, de tez bronzeada, nariz recurvado, cabelos bem penteados e fronte estreita. Aproximou-se de mim e disse sorrindo:

– É este o cliente? Venha comigo.

Eu ia na frente. No andar de baixo, entrei numa pequena sala à esquerda do corredor: a cozinha do futuro apartamento. Uma pia, um fogareiro de louça, debaixo de uma cúpula cujos vidros não estavam ainda colocados. Só estava instalada a estrutura metálica. No fundo uma porta-janela recoberta por pedaços de papelão que escureciam o quarto.

– Dispa-se, disse Lo..., e como eu não obedecia: – Se não quer, tirarão sua roupa à força.

Enquanto eu me despia, paraquedistas iam e vinham à minha volta e pelo corredor, desejosos de conhecer o "cliente" de Lo... Um deles, louro, com sotaque parisiense, enfiou a cabeça pelo espaço, sem vidros, da porta.

– Olha! É um francês! Preferiu os "ratos"[2] contra nós? Vai cuidar dele, não Lo...?

Lo... estava instalando no chão uma tábua negra que cheirava a mofo, suja e pegajosa dos vômitos de "clientes" anteriores.

– Vamos, deite-se!

---

[2] "Ratos" é um termo pejorativo que certos franceses aplicam para referir-se aos árabes.

Deitei-me sobre a tábua. Lo..., ajudado por um outro, amarrou-me os pulsos e os tornozelos com correias de couro presas na madeira. Via Lo... em cima de mim, com as pernas abertas, um pé de cada lado da tábua na altura do meu peito e as mãos apoiadas nos quadris, na atitude do conquistador. Olhava-me fixamente nos olhos, tentando, como seus chefes, intimidar-me.

– Ouça-me, disse com sotaque de Orania.[3] O tenente deixa--o refletir um pouco, e depois você vai falar. Quando agarramos um europeu, cuidamos "dele" melhor que dos "troncos".[4] Todo mundo fala. Terá que nos dizer tudo, e não somente uma parcela da verdade, absolutamente tudo! Enquanto isso, à minha volta, os "boinas azuis"[5] zombavam de mim:

– Que estará fazendo esse aí, recostado. Estará descansando?

Outro, mais grosseiro, deu sua opinião:

– Não se devia perder tempo com estes rufiões. Eu os liquidaria logo.

Por baixo da porta-janela entrava uma corrente de ar gelado. Despido sobre a tábua úmida, eu já começava a tiritar. Então, Lo... inclinou-se sorridente:

– Está com medo? Quer falar?

– Não, não tenho medo. Estou com frio.

– Está se fazendo de valente? Já vai passar essa vontade. Dentro de quinze minutos você vai falar de boa vontade.

Fiquei ali, no meio dos "paras" que zombavam e me insultavam, sem responder, esforçando-me por manter-me o

---

[3] Região que se estende ao redor de Orã, no oeste argelino.

[4] Os "troncos", outro dos termos pejorativos usados por certos franceses em relação aos argelinos.

[5] Os paraquedistas usam boinas de cores variadas, segundo as unidades de que fazem parte.

mais calmo possível. Finalmente vi entrar na sala Cha..., e um capitão. Alto, magro, com os lábios apertados, uma cicatriz na face, elegante e mudo. Era o capitão De...

— Então? Pensou bem?

Era Cha... que me interrogava.

— Não mudei de ideia.

— Bem, você quis. — E dirigindo-se aos outros: É melhor ir para a sala ao lado. Há luz, e ficará melhor para trabalhar.

Pegando a tábua sobre a qual me achava amarrado, quatro "paras" me transportaram assim para a sala contígua, em frente à cozinha, e depositaram-me no chão de cimento. Os oficiais instalaram-se à minha volta, sentados sobre uns fardos que seus homens tinham trazido.

— Ah! disse Cha... sempre muito confiante no resultado de seus métodos. — Preciso de papel e de um pedaço de papelão ou de alguma coisa dura para apoiar o papel.

Alguém lhe passou uma tabuinha que ele deixou no chão a seu lado. Depois, pegando das mãos de Lo... um magneto, levantou-o à altura de meus olhos e disse, mostrando-me o aparelho já cem vezes descrito pelos torturados:

— Conheces isto, não é mesmo? Já ouviste falar dele? Já escreveste até artigos no teu jornal?

— Você se engana ao usar tais métodos. Vai ver. Se tem alguma acusação contra mim, entregue-me à justiça. Dispõe de 24 horas para isso. E não há razão para tratar-me por tu.

Houve gargalhadas ao meu redor. Eu sabia perfeitamente que esses protestos não serviam para nada e que nessas circunstâncias era ridículo invocar a lei diante desses brutos, mas queria demonstrar-lhes que não tinham me impressionado.

— Vamos, disse Cha...

Um "para" sentou-se sobre o meu peito. Muito moreno, com o lábio superior levantado em forma de triângulo sob o nariz, um largo sorriso de criança que está prestes a fazer uma brincadeira pesada... Identificá-lo-ia mais tarde na sala do juiz durante uma acareação. Era o sargento Ja...

Outro "para" (oriundo sem dúvida de Oraniã, pelo seu sotaque) encontrava-se à minha esquerda, outro aos meus pés e dois oficiais em volta. Havia ainda outros na sala, que tinham se aproximado para não perder o espetáculo.

Sem deixar de sorrir, Ja... agitou primeiro diante de meus olhos as pinças onde terminavam os eletrodos. Pinças pequenas de aço brilhante, largas e denteadas. Pinças "crocodilo", chamam-nas os operários das linhas telefônicas. Ja... colocou uma no lóbulo de minha orelha direita e outra num dos dedos da mão do mesmo lado.

De repente, revolvi-me nas minhas amarras e uivei com toda a minha voz. Cha... acabava de introduzir-me no corpo a primeira descarga elétrica. Junto da minha orelha tinha surgido longa faísca e senti no peito que o coração me vinha à boca. Retorcia-me uivando e me enrijecia até machucar-me, enquanto se sucediam sem trégua as descargas controladas por Cha... com o magneto nas mãos. Ao mesmo tempo Cha... repetia uma única pergunta, destacando as sílabas:

– Onde te escondeste?

Entre duas descargas virei-me para dizer-lhe:

– Você está enganado e se arrependerá.

Furioso, Cha... deu uma volta completa no reostato do seu magneto:

– Cada vez que me deres conselhos mandar-te-ei uma descarga!

Enquanto eu continuava gritando, Cha... disse a Ja...:

– Meu Deus! Como grita! Amordaça-o.

Apoderando-se de minha camisa, Ja... enfiou-a na minha boca e recomeçou o suplício. Eu mordia a camisa com todas as minhas forças e isso me aliviava.

De repente senti algo parecido com a selvagem mordida de uma fera que me arrancasse a carne aos pedaços. Sempre sorridente em cima de mim, Ja... tinha ligado a pinça em meu sexo. Os tremores que me sacudiam eram tão fortes que as correias de um tornozelo se soltaram. Fizeram uma pausa para ajustá-las antes de continuar.

Pouco tempo depois o tenente substituiu Ja... Tinha pego uma pinça pelo cabo e passava-a por todo o meu peito. Sacudiam meu corpo estremecimentos nervosos cada vez mais violentos. A sessão continuava. Tinham-me salpicado de água para aumentar ainda mais a intensidade da corrente, de tal modo que entre as descargas eu continuava tremendo, mas de frio. À minha volta, sentados sobre os fardos, Cha... e seus amigos esvaziavam garrafas de cerveja. Cravei os dentes na mordaça para libertar-me da cãibra que me retorcia todo o corpo. Foi em vão.

Finalmente pararam.

– Vamos, desamarrem-no.

Tinha terminado a primeira "sessão".

Levantei-me vacilando e vesti a calça e o paletó. Ir... achava-se diante de mim. Minha gravata estava sobre a mesa. Apoderou-se dela, amarrou-a como uma corda em volta do meu pescoço e em meio às gargalhadas arrastou-me, como se arrastasse um cachorro atrás dele, até o compartimento contíguo.

– Então? perguntou. Não basta? Não vamos deixar-te em paz. Ajoelha-te.

Com suas enormes mãos começou a esbofetear-me com toda a força. Caí de joelhos, não tinha energia para manter-

-me de pé. Oscilava ora para a esquerda, ora para a direita. Os golpes de Ir... restabeleciam o equilíbrio, quando não me jogavam contra o chão de cimento.

– Como é? Vais falar? Estás bem arranjado, ouves-me? És um morto a prazo fixo!

– Tragam Audin, disse Cha... Está no outro edifício.

Ir... continuava golpeando-me, enquanto o outro, sentado sobre uma mesa, apreciava o espetáculo. Fazia tempo que meus óculos tinham voado. Minha miopia aumentava ainda mais a impressão de irrealidade e pesadelo que sentia e contra o que me esforçava por lutar ante o temor de que minha vontade se quebrasse.

– Vamos, Audin, diga-lhe o que o espera. Evita-lhe os horrores da noite passada.

Era Cha... quem falava. Ir... levantou minha cabeça. Em cima de mim vi o rosto pálido e fosco de meu amigo Audin, que me contemplava enquanto eu oscilava sobre meus joelhos.

– Vamos, diga-lhe, disse Cha...

– É difícil Henri, disse Audin.

Levaram-no de novo. Bruscamente Ir... tornou a levantar-me. Estava fora de si. A sessão durava demais.

– Escuta aqui, seu sujo. Estás no fim. Vais falar? Ouves-me? Vais falar? Mantinha seu rosto muito perto do meu; quase me tocava e gritava: – Vais falar? Todo mundo tem que falar aqui. Fizemos a guerra da Indochina e aprendemos a conhecer vocês. Esta é a Gestapo. Sabes o que é a Gestapo. E depois, irônico: – Escreveste artigos sobre as torturas, hein, seu sujo? Pois então. Agora a 10ª D. P.[6] está exercendo-as em ti.

---

[6] 10ª Divisão de Paraquedistas.

A TORTURA

Atrás de mim ouvi o grupo de torturadores rir. Ir... feria-me o rosto com bofetadas e o ventre com joelhadas.

– O que fazemos aqui faremos também na França. Ao teu Duclos e ao teu Mitterand[7] faremos o que te fazemos, e arrebentaremos também com a tua puta República.[8] Vais falar, eu te digo.

Sobre a mesa havia um pedaço de papelão duro. Apanhou-o e usou-o para golpear-me. Cada golpe me estonteava mais, porém ao mesmo tempo fortalecia minha decisão de não ceder a essas bestas que se vangloriavam de ser os êmulos da Gestapo.

– Bem, disse Cha... tu quiseste. Vamos entregar-te às feras.

Essas "feras" eram os mesmos que eu já conhecia, mas que deveriam desenvolver mais amplamente os seus talentos.

Ir... arrastou-me até a primeira sala onde se encontravam a tábua e o magneto. Tive tempo de ver um muçulmano nu que faziam levantar-se a pontapés e correr para o corredor. Enquanto Ir... e Cha... e os outros se ocupavam de mim, o resto do grupo prosseguira o seu "trabalho" com a tábua e o magneto. Tinham "interrogado" um suspeito para não perder tempo.

Lo... amarrou-me sobre a tábua. Começava uma nova sessão de tortura elétrica.

– Desta vez vamos aplicar-te o "gordo", disse.

Nas mãos do meu torturador vi um aparelho maior e até na dor senti uma diferença de qualidade. Em lugar das mor-

---

[7] Jacques Duclos era o líder comunista e François Mitterand dirige a fração esquerdista da União Democrática e Socialista da Resistência. Foi ministro do gabinete de Mendès France e depois presidente da República.

[8] Como se vê, trata-se da inconfidência sobre o golpe que os militares preparavam na Argélia contra a 4ª República e que o general De Gaulle concretizou com seu "Referendum" de 28 de setembro de 1958.

deduras agudas e rápidas que pareciam dilacerar meu corpo, era agora uma dor mais ampla que penetrava profundamente em todos meus músculos e os retorcia durante mais tempo. Crispado nas minhas amarras, apertava o maxilar sobre a mordaça e mantinha os olhos fechados. Fizeram uma pausa, mas eu continuei tremendo nervosamente.

– Sabes nadar? – perguntou Lo... inclinado para mim. – Vamos ensinar-te. Vamos à torneira!

Levantaram a tábua sobre a qual eu continuava amarrado e me transportaram assim para a cozinha. Ali apoiaram contra a pia a extremidade da madeira onde estava a minha cabeça. Dois ou três "paras" mantinham a outra ponta. Na cozinha havia somente a luz que vinha do corredor. Na penumbra, distingui Ir..., Cha... e o capitão De... que parecia ter tomado a direção das operações. Na torneira niquelada, que brilhava acima do meu rosto, Lo... prendeu o cano de borracha. Envolveu-me a cabeça num trapo, enquanto De... lhe dizia.

– Ponha-lhe uma cunha na boca.

Através do pano, Lo... apertava-me o nariz enquanto tentava enfiar um pedaço de madeira entre meus lábios para que eu não pudesse fechar a boca ou evitar a água.

Quando tudo ficou pronto, disse-me:

– Quando quiseres falar só precisas mexer os dedos.

E abriu a torneira. O trapo empapou-se rapidamente. A água escorria-me por toda parte, na boca, no nariz e sobretudo no rosto. Mas, por algum tempo, pude continuar aspirando uns pequenos sorvos de ar. Ao contrair a garganta eu tentava absorver o menos possível a água e resistir à asfixia ao reter o mais possível o ar em meus pulmões. No entanto, não pude resistir mais do que alguns minutos. Tinha a impressão de afogar-me e uma terrível angústia apoderou-se de mim: a angústia da própria morte. Independente de mim todos os músculos de meu corpo retesavam-se inutilmente para tirar--me da aflição e também os dedos de minhas mãos agitavam--se espasmodicamente.

— Pronto! Vai falar, disse uma voz.

A água deixou de correr e tiraram-me o trapo. Eu respirei. Na penumbra vi os tenentes e o capitão, com cigarros na boca, que me golpeavam violentamente o ventre para fazer-me devolver a água sorvida. Embriagado pelo ar que respirava, mal sentia os golpes.

— Então?

Fiquei quieto.

Enganou-nos. Voltem a pôr-lhe a cabeça embaixo da torneira.

Dessa vez cerrei os punhos até cravar as unhas nas palmas das mãos. Estava decidido a não tornar a mover os dedos. Era melhor morrer asfixiado de uma vez. Temia voltar a viver esse momento terrível em que me sentira submergir na inconsciência, enquanto ao mesmo tempo me esforçava com todas as minhas energias para não morrer. Não tornei a mexer os dedos, mas por três vezes ainda experimentei essa angústia insuportável. *In extremis* deixavam-me tomar ar enquanto me faziam devolver a água.

Finalmente perdi os sentidos.

Quando voltei a abrir os olhos, precisei de alguns minutos para tomar de novo contato com a realidade. Encontrava-me estendido, desamarrado e nu, no meio dos "paras". Vi Cha... inclinado sobre mim.

— Pronto, já voltou a si, disse aos outros. E dirigindo-se a mim: — Quase que ficas desta vez. Mas não penses que vais poder desmaiar sempre. Para!

Fizeram-me levantar. Vacilando, agarrei-me no uniforme de um dos meus verdugos, pois sentia-me prestes a cair a qualquer momento. Com bofetadas e pontapés atiravam-me como uma bola de um para outro. Esbocei um gesto de defesa.

— Ainda reage... o animal, disse alguém.

— E agora, que faremos? perguntou um outro. Ouvi, entre gargalhadas:

— Vamos chamuscá-lo.

— Interessante... Nunca vi isso.

Era Cha... com o tom de voz de alguém que vai fazer uma nova experiência.

Empurraram-me para a cozinha e lá me fizeram debruçar sobre o fogãozinho e a pia. Lo... envolveu meus tornozelos com um trapo úmido antes de amarrá-los juntos, fortemente, com uma corda. Depois, todos ao mesmo tempo me levantaram, para dependurar-me de cabeça para baixo, na base de ferro da cúpula, sobre a pia. Só meus dedos tocavam o chão. Divertiram-se um instante, balançando-me de um lado para o outro como um saco de areia. Vi Lo... que acendia lentamente uma tocha de papel na altura de meus olhos. Aproximou-se e de repente senti a chama sobre o sexo e as pernas, cujos pelos queimaram-se com um chiado. Ergui-me com um movimento tão violento que fui de encontro a Lo... Tornou a "chamuscar-me" ainda muitas vezes antes de começar finalmente a queimar-me a ponta de um dos mamilos.[9]

Mas eu já não reagia satisfatoriamente. Os oficiais afastaram-se. Ficaram comigo somente Lo... e um outro "para". De vez em quando tornavam a golpear-me ou esmagavam

---

[9] Este "inteligente" método de tortura, pelo qual os nazistas tinham predileção, foi documentado no famoso filme italiano *Roma, cidade aberta*.

com suas botas as extremidades dos meus dedos, como se quisessem fazer-me recordar sua presença. Com os olhos abertos, eu fazia esforços desesperados para vigiá-los e tentar prevenir-me contra seus golpes. Nos momentos de trégua tentava pensar noutra coisa para esquecer meus tornozelos feridos pela corda.

Finalmente, vindas do corredor vi duas botas aproximarem-se do meu rosto. Reconheci o rosto, invertido, de Cha... que estava de cócoras. Olhava-me fixamente.

– Como é? Vais falar? Não mudaste de ideia? Olhei-o sem responder.

– Desamarrem-no.

Lo... soltou a corda que me prendia à barra de ferro, enquanto o outro "para" me pegava pelos braços. Caí de bruços sobre o chão de cimento.

– Levanta-te.

Não podia fazê-lo sozinho. Amparado de ambos os lados sentia as plantas dos meus pés tão inchadas que me davam a impressão de cada um dos meus passos afundar-se numa nuvem. Tornei a vestir o paletó e a calça e rolei vertiginosamente por uma escada. Ali outro "para" tornou a levantar-me e apoiou minhas costas contra a parede, sustentando-me com as duas mãos. Eu tremia de frio e também por causa do esgotamento nervoso. Meus dentes batiam. O companheiro de Lo..., o mesmo que "cuidara" de mim na cozinha, tinha chegado ao patamar da escada.

– Ande! ordenou.

Empurrou-me para a frente e com um pontapé atirou-me ao chão.

– Não vês que ele está "grogue", disse o outro com sotaque francês. Deixa-o em paz.

Eram as primeiras palavras humanas que ouvia desde a minha chegada.

Fraquejavam minhas pernas, e para não cair me apoiava com as palmas das mãos e com a testa na parede do corredor. Meu torturador fez-me pôr as mãos atrás das costas e amarrou meus pulsos com uma cordinha fina. Depois, atirou-me numa cela.

De joelhos andei até um colchão de palha que se encontrava perto da parede. Tentei deitar-me de bruços, mas o colchão fora costurado em todos os lugares com arame farpado. Ouvi uma gargalhada atrás da porta:

– Coloquei-o no colchão de arame farpado.

Era sempre o mesmo. Alguém respondeu-lhe:

– De qualquer maneira ganhou uma noite, para dar tempo aos seus amigos de fugirem.

A cordinha entrava-me na carne, doíam minhas mãos e a posição em que estavam presos meus braços machucava meus ombros. Esfreguei a ponta dos meus dedos contra o cimento áspero para fazê-los sangrar e assim aliviar um pouco a pressão das minhas mãos inchadas, mas não consegui. Por uma claraboia no alto da parede via que a noite clareava. Ouvi cantar um galo e calculei que os "paras" e os oficiais, cansados dessa noite, não voltariam antes das nove, pelo menos.

Portanto, precisava utilizar da melhor maneira possível todo esse tempo, para recuperar as forças antes do próximo "interrogatório". Ora sobre um ombro, ora sobre o outro, tentava relaxar-me, mas meu corpo negava-se a se acalmar. Tremia constantemente e não pude encontrar um instante de repouso. Bati com o pé várias vezes na porta. Finalmente apareceu alguém.

– O que há?

Eu queria urinar.

– Mije em cima, respondeu-me o "para", sem abrir a porta.

3

Já era dia quando um "para", o mesmo que julgara excessiva a brutalidade do seu companheiro, apareceu e disse-me:

– Vamos, estamos nos mudando.

Ajudou-me a levantar e amparou-me enquanto subíamos a escada.

Chegamos num imenso terraço. O sol já brilhava com intensidade; mais além do edifício se descortinava todo o bairro de El Biar. Pelas descrições que tinha lido do lugar percebi de repente que me encontrava no prédio dos "paras" onde morrera Ali Boumendjel, advogado da Corte de Apelações de Argel. Era exatamente desse terraço que seus torturadores pretendiam fazer crer que ele se atirara para "suicidar-se".

Por outra escada passamos para o segundo corpo do edifício. Em seguida, meu carcereiro encerrou-me num pequeno quarto escuro. Era uma cela, quase um armário, onde jamais entrava a luz do dia. Uma estreita claraboia no alto da parede, que dava para uma chaminé de ventilação, deixava entrar alguns raios de luz. Avancei arrastando-me como podia até um canto, para apoiar as costas contra a parede e aliviar meus ombros retorcidos pelas cãibras.

Pouco depois, o tráfego pelos corredores tornou-se mais intenso. A casa começava a recobrar vida e eu resolvi preparar-

-me para o regresso dos meus verdugos. Mas Ir... apareceu sozinho. Agarrou-me pelos ombros para me ajudar a levantar, e levou-me para a sala de descanso.

– Aqui o tem, comandante, disse.

Diante de mim, achava-se um major dos "paras", com uniforme camuflado e boina azul. Era alto, encurvado e extremamente magro. Num tom suave e irônico, perguntou-me:

– Você é jornalista? Então deve compreender que queremos estar informados. Terá que nos informar.

Só queria conhecer-me. Devolveram-me ao meu *armário*. Não ficaria ali muito tempo sozinho, pois, momentos mais tarde, Ir... reapareceu. Dessa vez Cha... acompanhava-o com um outro que trazia um magneto. Olharam-me da soleira da porta.

– Não queres falar ainda? Já sabes que iremos até o fim.

Eu estava apoiado contra a parede, em frente à porta. Entraram, acenderam a luz e instalaram-se num semicírculo à minha volta.

– Preciso de uma mordaça, disse Cha...

Enfiou a mão numa das roupas que se encontravam ali e tirou uma toalha suja.

– Não te preocupes, disse Ir..., ele pode gritar. Estamos no terceiro subsolo.

– De qualquer maneira, protestou Cha... é desagradável...

Desabotoaram-me as calças, baixaram-me as cuecas e prenderam os eletrodos em ambos os lados da virilha. Alternavam-se para dar voltas no cabo do magneto. Era um "gordo", como o último do dia anterior. Eu gritava só no princípio da descarga e a cada aumento da corrente. Meus movimentos eram muito menos violentos que durante as primeiras sessões. Sem dúvida já o esperavam, pois não tinham achado necessário amarrar-me sobre a tábua. Enquanto continuava o suplício, ouvia-se um alto-falante vociferando canções em voga. Provavelmente a música provinha de algum restaurante ou cassino muito próximo e não deixava ouvir meus gritos. Era esse lugar que Ir... denominava "terceiro subsolo". A sessão de tortura prolongava-se e eu ia me esgotando. Ora caía para a direita, ora para a esquerda.

Um dos dois tenentes desligava então uma pinça e beliscava meu rosto até que eu me endireitasse.

– Puxa, disse Cha..., ele gosta disso.

Devem ter-se consultado e decidiram que era necessário deixar-me recobrar as forças.

– Deixe os cabos ligados nele, disse Ir..., já voltaremos.

E me abandonaram com as pinças ligadas na carne.

Devo ter dormido, pois quando tornei a vê-los tive a impressão de que somente alguns instantes tinham transcorrido desde que tinham ido. Daí por diante perdi a noção do tempo.

Ir... entrou primeiro na cela e deu-me um pontapé, dizendo:

– Senta-te.

Não me mexi. Agarrou-me e apoiou minhas costas num canto. Logo depois, eu tornava a retorcer-me sob o efeito da corrente elétrica. Sentia que minha resistência os punha cada vez mais brutais e nervosos.

– Vamos encaixá-lo na boca, disse Ir..., ordenando-me que a abrisse.

Para obrigar-me a obedecer apertou-me o nariz e no momento em que eu abria a boca para respirar enfiou-me o cabo nu bem lá dentro, até o fundo do céu da boca, enquanto Cha... acionava o magneto. Senti aumentar a intensidade da corrente e ao mesmo tempo minha garganta, meu maxilar, todos os músculos do meu rosto, até as minhas pálpebras, se contraíam numa crispação cada vez mais dolorosa.

Agora era Cha... quem estava com o cabo.

– Pode soltar, disse-lhe Ir..., ele fica sozinho.

Realmente, meu maxilar achava-se soldado ao eletrodo pela corrente. Era-me impossível afrouxar os dentes apesar de todos os meus esforços. Sob minhas pálpebras crispadas, imagens de fogo e desenhos geométricos luminosos atravessavam meus olhos. Pensei sentir que eles saltavam de suas órbitas como se fossem empurrados por dentro. A corrente tinha alcançado seu limite, paralelamente ao meu sofrimento. Era algo assim como a maré alta e pensei que já não poderiam fazer-me sofrer mais. Mas ouvi Ir... dizer ao "para" que acionava o magneto:

– Dá-lhe aos pouquinhos ... Diminui a velocidade e logo torne a aumentá-la...

Senti, efetivamente, que a intensidade diminuía e que decresciam as cãibras que me enrijeciam todo o corpo. Logo, de uma só vez, ao dar todo o volume ao magneto, a corrente retalhou-me novamente. Para livrar-me dessas caídas bruscas e novas ascensões agudas até o ápice do suplício, comecei com todas as minhas forças a bater com a cabeça contra o chão, e os golpes aliviavam-me. Próximo do meu ouvido, Ir... gritava-me:

– Não tentes matar-te, não conseguirás.

Por fim fizeram uma pausa. Diante dos meus olhos agitavam-se ainda raios e pontos de luz, e nos meus ouvidos ressoava o ruído de uma broca de dentista. Depois de alguns instantes distingui os três diante de mim.

– Então? perguntou Cha... Não respondi.

– Deus meu! exclamou Cha... e esbofeteou-me com toda força.

— Escute aqui, disse Cha... mais calmo. De que te adianta tudo isso? Não queres falar. Vamos então agarrar tua mulher. Pensas que ela aguentará?

Ir... por sua vez, inclinou-se para mim:

— Acreditas por acaso que pelo fato de estarem na França, teus filhos estão salvos? Mandaremos buscá-los na hora em que quisermos.

Em meio a esse pesadelo, já era difícil distinguir as ameaças realmente sérias, da extorsão gratuita. Mas sabia que eram capazes de torturar Gilberte, como fizeram com Gabrielle Gimenez, Blanche Moine, Elyette Loup e outras jovens. Soube mais tarde que tinham torturado inclusive a senhora Touri (esposa de um ator de rádio famoso em Argel), na presença de seu marido, para que ele falasse. Eu temia que adivinhassem a angústia que se apoderava de mim ante a ideia de que efetivamente pudessem executar suas ameaças, e ouvi com alívio que um deles dizia:

— Não lhe importa. Nada lhe importa.

Deixaram-me, mas já não pude me desfazer da ideia de que Gilberte podia a qualquer momento ser amarrada sobre a tábua dos suplícios. Cha... voltou um pouco mais tarde com outro "para". Ligaram-me de novo os eletrodos e tornaram a sair. Tinha então a impressão de que iam e vinham continuamente, dando-me somente uns instantes de trégua para recuperar as forças. Vi de novo Cha... que percorria meu peito com o cabo do magneto e repetia incessantemente a mesma pergunta:

— Onde você passou a noite antes de ser detido?

Puseram-me diante dos olhos a fotografia de um dirigente do partido, que estava sendo procurado.

— Onde está?

Olhei para Cha... que nesse momento estava acompanhado por Ir... Usava um traje civil muito elegante. Quando pigarreei, afastou-se de mim.

– Cuidado! Ele vai cuspir.

– Que importa? – disse o outro.

– Não gosto. Não é higiênico.

Estava apressado. Tinha medo de sujar-se. Encaminhou-se para sair do quarto. Imaginei que devia ir a alguma festa e que, portanto, outro dia pelo menos havia transcorrido desde a minha prisão. E, imediatamente, senti-me feliz com a ideia de que os brutos não tinham me vencido.

Ir... também se foi, mas não fiquei muito tempo sozinho. Empurraram para dentro da cela escura um muçulmano. A porta aberta durante um instante deixou passar um raio de luz. Entrevi sua silhueta. Era jovem e estava corretamente vestido. Tinha os pulsos algemados. Caminhou cambaleando e instalou-se a meu lado.

De vez em quando, sacudiam-me algumas contorções, e eu assustava-me gemendo como se a tortura da eletricidade ainda me perseguisse. O jovem percebeu meus calafrios e pegou meu paletó para cobrir-me os ombros gelados. Amparou-me para que eu pudesse ajoelhar-me e urinar contra a parede. Depois me ajudou a deitar.

– Descansa, meu irmão, descansa, murmurou.

Pensei em dizer-lhe: "Sou Alleg, o ex-diretor do *Alger Républicain*. Diz lá fora, se puderes, que morri aqui". Mas precisava fazer um esforço e não tive tempo. A porta abriu-se de repente e ouvi alguém que dizia do corredor:

– Por que puseram este aqui? E levaram-no.

Um pouco mais tarde a porta tornou a abrir-se. Eram dois "paras". Um deles pôs uma lanterna elétrica contra meu rosto. Eu esperava os golpes, mas não me tocaram. Tentei em vão distinguir quem eram, mas ouvi somente uma voz juvenil que dizia:

– É terrível, não é mesmo? E o outro "para" respondeu: – Sim, é tremendo.

E se foram. Finalmente, acendeu-se de repente a luz. Eram dois homens do grupo de Ir...

– Ainda não disse nada?

– Não te preocupes, dentro de cinco minutos ele vai falar.

– Sei, disse o outro. Falaste da tua ideia com o tenente?

– Sim.

Compreendi que ia conhecer novos suplícios. Ir... apareceu por trás deles. Inclinou-se para mim, levantou-me e apoiou minhas costas contra a parede. Abriu meu paletó e instalou-se na minha frente com as pernas separadas apoiadas nas minhas. Tirou uma caixa de fósforos de um bolso do uniforme, acendeu um e lentamente passou-o diante dos meus olhos para ver se eu acompanhava a chama e se tinha medo. Depois, ainda com os fósforos, começou a queimar-me os mamilos.

– Agora é a tua vez.

Dirigia-se a um dos seus assistentes. O "para" estava acendendo tochas de papel já preparadas e chamuscava-me a planta dos pés. Não me movi e nem articulei uma palavra. Tornara-me completamente insensível, e enquanto Ir... me queimava, podia olhá-lo sem pestanejar. Furioso golpeou-me no baixo ventre enquanto gritava:

– Estás no fim!... No fim! Falarás? Sim ou não, merda. Seria bom que eu te despachasse agora mesmo, não é verdade? Mas ainda não terminou. Sabes o que é a sede? Vais rebentar de sede.

A corrente elétrica tinha-me secado a língua, os lábios, a garganta. Estavam ásperos e duros como pau. Ir... devia saber que o suplício elétrico provoca uma sede insuportável. Tinha abandonado seus fósforos e segurava numa das mãos um copo de soldado e na outra uma vasilha de zinco.

– Há dois dias que não bebes. Quatro antes de arrebentar. É muito quatro dias... Acabarás lambendo tua urina.

Na altura dos meus olhos ou perto dos meus ouvidos despejava no copo de metal um fiozinho de água e repetia:

– Fala e bebe... Fala e bebe...

Com a beira do copo entreabria-me os lábios. Pusera somente um dedo do líquido e eu via a água fresca agitar-se no fundo. Mas não podia tomar nem uma gota.

Muito próximo do meu rosto, Ir... ria-se de meus esforços inúteis.

– Digam aos rapazes que venham assistir ao suplício de Tântalo, disse gracejando.

Na soleira da porta apareceram outros "paras". Apesar do esgotamento em que me debatia, levantei a cabeça e neguei-me a olhar para a água, a fim de não ofertar a essas bestas o espetáculo do meu sofrimento.

– Não somos tão maus. Assim mesmo vou dar-te um pouco.

E levou aos meus lábios o copo cheio até a borda. Hesitei um momento. Então, apertando-me o nariz e empurrando-me a cabeça para trás, despejou o conteúdo do copo na minha boca. Era uma água terrivelmente salgada.

Houve outra interrupção. Transcorreram minutos ou horas até que De..., o capitão, apareceu. Acompanhavam-no Lo..., Ir... e o enorme paraquedista que participara das sessões de quarta-feira. Apoiaram minhas costas contra a parede, e Lo... ligou as pinças em minha orelha e no dedo. Cada descarga fazia-me estremecer, mas sem gritar. Encontrava-me quase tão insensível como uma máquina. De... fez-lhe sinal para que parasse. Sentado sobre um caixote, quase na minha altura, fumava enquanto falava, com uma voz muito suave, que contrastava com a dos outros, cujos gritos ressoavam ainda em meus ouvidos. Conversava sobre assuntos aparentemente sem importância e sem relação alguma com as perguntas com que me atormentavam desde o princípio.

Entre outras coisas, perguntou-me se muitos jornais eram membros da Federação da Imprensa. Certamente, ter-lhe-ia respondido, mas só com esforço podia mover meus lábios ressequidos e endurecidos, ao passo que da minha garganta não saía som algum. Penosamente tentei articular alguns títulos, enquanto ele continuava como se a nova pergunta derivasse das precedentes:

– E Audin, era um bom companheiro, não é verdade?

Foi como um sinal de alarme. Compreendi que de uma coisa a outra, insensivelmente, queria levar-me a falar do que lhe interessava. Apesar do esgotamento que os golpes e as torturas me provocaram, uma única ideia continuava clara para mim. Não lhes dizer nada. Não ajudá-los em nada. Não tornei a abrir a boca.

Simultaneamente, De... perdeu a calma. Aproximou-se e começou a golpear-me no rosto com toda força. Minha cabeça bamboleava de um lado para o outro ao compasso das bofetadas, mas tornara-me tão insensível que já não fechava os olhos nem mesmo quando sua mão se abatia sobre mim. Finalmente, deteve-se para pedir que trouxessem água.

– Já tentamos, capitão, disse Ir...

Meu torturador pegou assim mesmo o cantil e o copo que lhe passaram. Da mesma maneira que o tenente antes, começou diante dos meus olhos a derramar a água do cantil para o copo, levou o copo aos meus lábios sem que eu pudesse molhá-los e depois, desanimado pela minha falta de reação, pois eu já não fazia esforço algum para tentar beber, tornou a pôr o copo no chão. Caí para um lado. Na minha queda derrubei o copo.

– É preciso enxugar cuidadosamente, disse Ir..., para que ele não possa lamber.

De... afastou-se e Ir... substituiu-o. Com sua voz aguda começou a gritar inclinado sobre mim:

– Estás no fim! Esta é a tua última oportunidade. Tua última oportunidade! Foi por isso que o capitão veio.

Um paraquedista que veio com Lo... estava sentado num canto com as pernas cruzadas. Tinha sacado seu revólver e examinava-o em silêncio, ostensivamente, como para ver se tudo estava em ordem. Em seguida, apoiou-o sobre seus joelhos como se esperasse uma ordem. Enquanto isso, Lo... tinha-me "ligado" e acionava o magneto aos poucos, mas sem convicção. Sobressaltava-me com cada descarga. No entanto temia outra coisa.

Pensei distinguir, apoiada no chão contra a parede, uma enorme pinça envolta em tiras de papel, e tentava imaginar que novos suplícios me aguardavam. Imaginava que com esse instrumento podiam arrancar-me as unhas. Surpreendi-me imediatamente ao não sentir mais medo algum, e quase me tranquilizei ante a ideia de que as mãos não tinham mais de dez dedos. Apenas apagaram a luz e tornaram a fechar a porta, arrastei-me até a parede e percebi que a "pinça" não era senão um cano de esgoto que saia da sala de alvenaria.

Tornava-se cada vez mais difícil concentrar-me. A febre fazia-me delirar. Mas tinha consciência de que já não podiam ir muito mais longe. Perpassavam-me pela mente fragmentos de conversas passadas: "O organismo não pode resistir indefinidamente. Chega um momento em que o coração não resiste". Assim morrera nosso jovem companheiro Djegri, dois meses antes, numa cela da residência S..., domínio dos "boinas verdes" do capitão Fau...

Muito tempo depois, quando a porta tornou a abrir-se, vi Ir... entrar acompanhado por dois oficiais para mim desconhecidos. Na obscuridade, um deles abaixou-se diante de mim e pôs-me a mão no ombro como para fazer-me criar confiança.

– Eu sou o auxiliar do general M...

Era o tenente Ma...

– Penaliza-me vê-lo nesse estado, acrescentou. Você tem 36 anos. É muito moço para morrer.

Voltou-se para os outros e pediu-lhes que saíssem.

– Vai falar só para mim, explicou.

Depois de fechar-se a porta, ficamos os dois sozinhos.

– Você tem medo de que se saiba que falou? Ninguém saberá, e o tomaremos sob nossa proteção. Diga tudo quanto sabe e o enviarei imediatamente para a enfermaria. Dentro de oito dias estará na França com sua mulher. Pode confiar na nossa palavra. Do contrário, vai ser eliminado.

Esperou uma resposta. Dei a única que me ocorreu:

– Pior para mim.

– Você tem filhos, continuou. Poderia talvez vê-los. Quer que lhes diga que conheci seu pai? Então? Não quer falar? Se me deixar ir, os "paras" voltarão. E não se deterão, vão torturá-lo até o fim.

Fiquei em silêncio.

Levantou-se, mas acrescentou antes de sair: – Resta-lhe somente o suicídio.

Ouvi-o trocar algumas palavras com os outros dois que esperavam no corredor:

– Há dez ou quinze anos que sabem que não devem falar quando forem presos. Não existe nada que se possa fazer para tirar isso da cabeça deles.

Senti que se aproximava o fim de uma etapa.

Efetivamente, minutos mais tarde entraram dois "paras". Soltaram-me as mãos, ajudaram-me a levantar e acompanharam-me depois até o terraço. A cada dois ou três degraus paravam para deixar-me recobrar o fôlego. Quando passavam por nós, na escada ou nos patamares, os outros "paras" caçoavam de seus companheiros:

– Precisam carregar esse senhor? Será que ele não pode andar sozinho?

– É que durante doze horas estivemos pondo-o na linha, respondeu um dos meus acompanhantes, como querendo desculpar-se.

Finalmente voltamos ao outro edifício.

4

No fim de um corredor, à esquerda, puseram-me numa cela. Era um banheiro que ainda não fora instalado. Um dos "paras" agarrou-me pelas pernas e o outro por baixo dos braços. Colocaram-me sobre um colchão de palha perto da parede. Ouvi-os discutir um momento para saber se era ou não conveniente pôr-me as algemas.

– Mal consegue mover-se. Não vale a pena.

O outro não estava de acordo.

– Será muito pior se tivermos que lamentar depois.

Finalmente, algemaram-me os pulsos, já não mais com as mãos atrás das costas, mas na frente. Senti um alívio extraordinário.

No alto da parede à direita, por uma claraboia fechada com arame farpado, as luzes da cidade iluminavam debilmente a cela.

Era de noite. Do teto tinham escorrido fios de gesso sobre as paredes de cimento e por causa da febre parecia que delineavam formas de seres que desapareciam logo que os via. Não pude dormir, apesar do meu esgotamento. Agitavam-me estremecimentos nervosos, e luzes ofuscantes fatigavam-me dolorosamente a vista. Falavam de mim no corredor.

– Dá-lhe de beber, de hora em hora, mas um pouco de cada vez, senão é capaz de não aguentar.

Um dos paraquedistas que tinham me acompanhado, um jovem com sotaque francês, entrou com um cobertor e o estendeu sobre mim. Deu-me de beber, muito pouco, mas eu já não tinha sede.

– Não te interessa a proposta do general M...? Sua voz não era hostil. Por que não queres dizer nada? Não queres trair teus amigos? É preciso ser corajoso para resistir dessa maneira.

Perguntei-lhe que dia era. Era sexta-feira de noite e tinham começado a torturar-me na quarta-feira.

No corredor havia um ruído incessante de passos e de vozes, sobressaindo-se de vez em quando a voz aguda de Ir... dando ordens. E de repente ouvi gritos aflitos muito próximos, sem dúvida no quarto em frente. Estavam torturando alguém: uma mulher. Imaginei reconhecer a voz de Gilberte. Só alguns dias depois soube que tinha me enganado.

Torturaram-na até quase o amanhecer. Através do fino tabique ouvi os gritos e as queixas, afogados pela mordaça, assim como os insultos e os golpes. Soube logo que não era uma noite excepcional, mas a rotina da casa. Os gritos de dor faziam parte dos ruídos familiares do "centro de seleção", e nenhum dos "paras" prestava-lhes a mínima atenção. No entanto, não creio que tenha havido um só prisioneiro que não tenha chorado como eu, de ódio e de humilhação, ao ouvir pela primeira vez os gritos dos torturados.

Encontrava-me semi-inconsciente... Só conciliei realmente o sono pela madrugada e acordei muito tarde, quando o "para" da véspera me trouxe uma sopa quente. Meu primeiro alimento desde quarta-feira. Tomei com dificuldade umas colheradas. Meus lábios, minha língua e meu céu da boca continuavam ainda irritados pelas escoriações dos cabos elétricos. Outras feridas infeccionaram, e estava com queimaduras na virilha, no peito e nos dedos. O "para" tirou-me as algemas e percebi que já não podia mover a mão esquerda, insensível e rígida. Doía-me o ombro direito e não podia levantar o braço.

Durante a tarde tornei a ver meus verdugos. Parecia que tinham marcado encontro na minha cela. Estavam todos presentes: soldados, oficiais e dois civis (provavelmente da D.S.T.),[1] que não tinha visto até então. Começaram a conversar entre eles, como se eu não estivesse presente.

– Quer dizer que ele não quer falar? perguntou um dos civis.

– Temos todo o tempo necessário, respondeu o comandante. São todos assim no começo. Demoraremos um mês, dois meses ou três meses, mas acabará falando.

– É da mesma espécie que Akkache ou Elyette Loup, concordou o outro. O que ele quer é ser um "herói" e ter uma pequena placa numa parede daqui há alguns séculos.

Todos gostaram da piada. Voltando-se para mim, o civil comentou sorridente:

– Deixaram-te uma beleza.

– A culpa é dele mesmo, disse Cha...

– Não se interessa por nada, interveio Ir...; nem por sua mulher, nem por seus filhos. Prefere o Partido.

Tinha uma bota apoiada em cima de mim como sobre uma presa.

Depois acrescentou como se acordasse de repente: – Sabes que teus filhos chegam esta noite de avião? Vão sofrer um acidente...

Começaram a sair do quarto, mas De... e Cha... sentiram que eu vacilava em levar a sério essa extorsão. Demoraram-se na soleira da porta.

---

[1] D.S.T.: órgão da polícia francesa (Direção da Polícia Colonial).

— Realmente, teus filhos não te interessam? perguntou o tenente.

Ficaram um instante em silêncio, e Cha... concluiu: — Bem, então vais te arrebentar.

— Saberão como morri, disse.

— Não, ninguém saberá de nada.

— Sim, sempre se sabe de tudo.

Voltou no dia seguinte, domingo, com Ir... mas só por uns momentos. Os dois estavam sorridentes.

— Não mudaste de ideia? disse Cha... Então terás novas encrencas. Temos meios científicos — insistiu no adjetivo — para fazer-te falar.

Quando se foram, bati na porta e pedi que me levantassem. Amparado por um "para" fui até a cozinha, apoiando-me na parede e passei um pouco de água no rosto. Enquanto tornava a deitar-me, outro "para", esse europeu da Argélia que trabalhava com Lo..., enfiou a cabeça pelo espaço da porta entreaberta e perguntou-me com uma expressão zombeteira:

— Como é, estás melhor?

— Sim, respondi-lhe no mesmo tom. Logo poderão recomeçar.

Queria puxar conversa que me deixasse adivinhar o que preparavam para mim e quais eram esses meios "científicos". Mas só respondeu, decidido:

— Tens razão. Ainda não terminou. Vamos dar cabo do teu esqueleto.

Na segunda-feira de tarde Ir... acordou-me. Dois "paras" ajudaram-me a levantar e descemos os quatro juntos. No andar inferior era a enfermaria. Compunha-se de uma ampla sala com grandes janelas, alguns leitos e uma mesa sobrecarregada de medicamentos em desordem. Naquele momento, encontrava-se ali somente um capitão médico que parecia esperar-me.

Era muito jovem, magro, de cabelo escuro e barba por fazer. Seu uniforme estava amarrotado. Com sotaque do sul da França, disse-me como se fosse um cumprimento:

— Você tem medo?

— Não, respondi.

— Não lhe baterei e prometo não fazê-lo sofrer.

Deitaram-me sobre um dos leitos. Inclinado sobre mim o médico tomou minha pressão arterial e auscultou-me com o estetoscópio.

— Podemos começar. Está somente um pouco nervos, disse a Ir...

Não gostei que tivesse descoberto isso pelas batidas do meu coração. Todos esses preparativos confirmavam meus temores. Iam experimentar em mim o "soro da verdade". Eram esses os meios "científicos" de que me havia falado Cha...

Desde a véspera, esforçava-me por reunir as recordações deixadas por leituras feitas ao acaso nos jornais, sobre os efeitos do Pentotal. "Se a vontade da pessoa for bastante firme, não se pode obrigá-la a dizer o que não quer". Eu tinha guardado na memória essa conclusão, que repetia para mim mesmo, para manter a calma e a confiança. Teria sido inútil resistir. Teriam me amarrado e era preferível utilizar toda a minha energia para resistir o mais possível aos efeitos da droga.

Esperaram um pouco a chegada do enfermeiro ou do médico assistente. Sem dúvida voltava de alguma operação ou patrulha, pois vestia o uniforme de campanha. Teve que se desfazer de sua metralhadora portátil e de seu equipamento antes de ouvir as explicações do médico:

– Primeiro, só cinco centímetros cúbicos. Há organismos que resistem.

O médico referia-se à intolerância de certos organismos aos narcóticos. Mas a princípio pensei que queria falar de resistência psicológica, e decidi dar-lhes a impressão de que não "resistia". Na minha opinião era a melhor maneira para só tomar a dose mínima de "soro".

Tremia de frio e de nervoso. Estava com o torso nu, pois não tinham me devolvido a camisa, que com toda certeza alguém achara do seu gosto. Um dos "paras" jogou-me um cobertor sobre o corpo e o enfermeiro aproximou-se. Pegou no meu braço direito, e apertando-o com um cordão de borracha fez aparecer a veia, onde espetou a agulha...

Embaixo do cobertor, deslizei minha mão esquerda rígida e insensível até o bolso da minha calça e apertei-a contra o músculo através do tecido, obrigando-me a pensar que enquanto sentisse esse contato recordaria que não se tratava de uma visão e estaria alerta. O enfermeiro apertava lentamente o êmbolo da seringa para que o líquido entrasse gota a gota na corrente sanguínea.

– Conte lentamente, disse-me o médico. Vamos.

Contei "um, dois, três..." até dez e detive-me como se já estivesse adormecendo. Na base da nuca sentia uma insensibilidade gelada que subia em direção ao cérebro e empurrava-me para a inconsciência.

– Onze, 12, 13, disse o médico para me pôr à prova, continue você.

– Quatorze... 15... 16...

Pulei de propósito dois ou três números. Tornei a contar 19, 20, 21 e calei-me. Ouvi-o dizer:

– O outro braço agora.

Sob o cobertor movi lentamente minha mão direita para pô-la no bolso, sempre com a sensação de que, enquanto minhas unhas beliscassem minha pele, eu permaneceria bem aferrado à realidade. Mas, apesar de todos os meus esforços, adormeci...

O médico batia-me levemente nas pálpebras. Quase cochichando, com uma voz que queria ser amistosa, dizia-me:

– Henri, Henri, sou eu, Marcel. Estás bem?

Lentamente e com esforço voltei a tomar a consciência do que acontecia. Estava tudo escuro. Tinham fechado as persianas. À minha volta, sentado sobre os leitos, "paras" e oficiais, os que eu conhecia e outros provavelmente convidados para presenciarem a experiência, escutavam em silêncio. Vi que o médico tinha na mão uma folha de papel e compreendi que era a lista das perguntas que devia fazer-me.

Com o tom familiar de alguém que se encontra com um velho amigo, o médico começou perguntando-me:

– Trabalhaste muito tempo no *Alger Républicain?*

A pergunta era inofensiva. Provavelmente era para fazer-me criar confiança. Ouvi que eu respondia com uma loquacidade extraordinária. Dava detalhes sobre as dificuldades de elaboração de um jornal. Depois falei da constituição das equipes de redação. Era algo assim como se estivesse ébrio, como se alguém, que não eu, falasse em meu lugar. Mas eu conservava a consciência suficiente para recordar que me encontrava nas mãos de meus verdugos e que tentavam fazer-me denunciar meus companheiros.

Tudo isso, no entanto, não era mais do que uma introdução. O médico cochichou para o seu assistente:

– Já vês que dá resultado. É preciso agir assim.

Interrompeu-me no meio das minhas explicações para dizer-me em voz baixa:

– Henri, disseram-me que me dirigisse a ti para ver X...
Como devo fazer?

Sob um disfarce "amistoso" abordava uma pergunta que já tinham feito umas vinte vezes enquanto me torturavam. Mil imagens acudiam à minha mente ébria. Encontrava-me na rua, num apartamento, numa praça e sempre com esse "Marcel" que me perseguia e importunava com suas perguntas. Fiz um esforço e ergui as pálpebras. Consegui voltar à realidade antes de tornar a submergir nessa semi--inconsciência. O médico sacudiu-me um pouco para que eu lhe respondesse.

– Onde está X...?

E iniciamos um diálogo de loucos.

– Estranho, que tenham te falado de mim. Não sei onde está X...

– Como fazem quando ele quer ver-te?

– Jamais precisa ver-me. Nada tenho a ver com ele.

– Sim, lógico, mas se ele quisesse ver-te como faria?

– Provavelmente deixaria um recado na minha caixa do correio, mas não há motivo...

Lutava mentalmente no meio dessa conversa viscosa, sempre bastante consciente, apesar da droga, para resistir a tais bestas.

– Ouça-me, prosseguiu o médico, tenho um esconderijo para X... É absolutamente necessário que o veja. Se o encontras, podes pôr-me em contato com ele?

– Não te prometo nada, respondi-lhe. Ficaria surpreso se ele marcasse um encontro comigo.

– Bem, mas se viesse por acaso, como posso pôr-me em contato contigo?

– Onde moras? perguntei-lhe.

– Na Rua Michelet, n. 26, terceiro andar à direita. Pergunta por Marcel.

– Muito bem, lembrarei o endereço.

– Não, não está certo. Dei-te meu endereço. Tens que dar-me o teu. Precisas ter confiança em mim.

– Pois bem, se queres podemos encontrar-nos então no ponto do Parque Galland dentro de quinze dias, às seis da tarde. Agora vou embora. Não gosto de me demorar na rua.

– Moras perto do Parque Galland? Dá-me o teu endereço.

Estava esgotado e queria terminar de uma vez por todas, se preciso até de modo grosseiro:

– Estás me chateando, até logo.

– Até logo, repetiu o médico.

Esperou um instante, sem dúvida para certificar-se de que eu estava realmente adormecido; ouvi-o cochichar para alguém perto de mim:

– Já não poderemos conseguir mais nada.

Ouvi em seguida que todos se levantavam e dirigiam-se para a saída, como depois de um espetáculo. Um deles, ao passar, acendeu a luz. De repente recobrei completamente a consciência. Estavam perto da porta, alguns já do lado de fora e outros, entre eles Ir... e Cha..., ainda na sala, observando-me. Com todas as minhas forças gritei-lhes:

– Podem voltar com o seu magneto! Não tenho medo.

O médico também já se ia, levando uma pastinha na mão. Fez-lhes sinal para que não respondessem. Antes de sair da enfermaria disse ao enfermeiro:

– É possível que agora ele não se sinta muito bem. Dê-lhe uns comprimidos.

Antes que os dois "paras" que tinham me trazido tornassem a ocupar-se de mim, o enfermeiro tratou das minhas feridas e cobriu as minhas queimaduras da virilha e do peito com esparadrapo. Finalmente, os "paras" ajudaram-me de novo a subir até a minha cela. Lá, um deles tirou dois comprimidos do bolso e disse-me:

– Engula isto.

Coloquei-os na boca. Fi-los deslizar para debaixo da língua, tomei um gole de água e respondi:

– Pronto.

Quando a porta se fechou, tornei a cuspi-los. Eram provavelmente comprimidos de aspirina, mas eu não conseguia concentrar-me direito e sentia-me invadido por uma intensa desconfiança em relação a tudo. Perguntava-me principalmente se não seria o começo do "tratamento". Sentia que já não me achava no meu estado normal. O coração e as têmporas latejavam febrilmente. Tinha um encontro com "Marcel". Essa criação do pentotal adquiria uma consistência de carne. Conseguira não responder a suas perguntas. Como poderia desfazer-me dele da próxima vez? Sentia que delirava. Esbofeteei-me, belisquei-me para estar certo de que tudo isso não era um sonho. Mas logo, ao conseguir tomar pé na realidade, voltava imediatamente aos temores que a droga provocava em mim.

5

– Vamos, estamos nos mudando.

Eram meus dois acompanhantes da enfermaria. Devia ser bem tarde, talvez 11 horas da noite. Enquanto subíamos para o terraço, ocorreu-me a ideia de que iam "suicidar-me". No estado em que me encontrava, essa ideia não me causava a menor emoção. "Não falei durante as torturas. O soro tampouco deu resultado. Agora é o fim". Mas tornamos a descer para o segundo edifício e abriram a porta de uma cela *(o armário)* que eu já conhecia. Tinha sido limpa e tinham colocado um leito com um colchão de palha.

Logo que os "paras" foram embora, voltaram a apoderar--se de minha mente as mesmas ideias esquecidas durante esse intervalo. Perguntava-me se não estaria ficando louco. Se continuassem ministrando-me drogas, seria capaz de resistir ainda, como da primeira vez? E se o pentotal me fizesse dizer o que não queria, teria sido inútil a resistência às torturas.

Encontrava-se aberta a porta do *armário,* à direita, e havia ali um rolo de arame de latão. A claraboia aberta deixava livre o gancho de fechar. Podia pendurar no gancho um pedaço do arame, subir sobre o leito e depois afastá-lo com um pontapé. Rebelei-me logo contra a ideia do suicídio. Acreditariam depois que o medo das torturas tinha me levado a esse extremo.

A TORTURA

Além do mais, perguntava-me se essas "facilidades" não me eram oferecidas já com essa intenção e voltou à minha mente a frase que o auxiliar do general M... tinha pronunciado: "Só lhe resta suicidar-se"!

No entanto, no momento exato de decidir que não me mataria e que, se tivesse de morrer, melhor seria sob os golpes dos "paras", perguntei-me se não era o temor da morte tão próxima o que me fazia encontrar esses "argumentos". Morrer por morrer, não era melhor morrer logo e sem correr o risco de "ajudar os verdugos"? Tentei raciocinar o mais tranquilamente possível e cheguei à conclusão de que, de qualquer jeito, não tornariam a levar-me, pelo menos até a manhã seguinte. Portanto, tinha ainda tempo para matar-me em caso de emergência. Mesmo assim, percebi que não me encontrava no estado normal e que precisava descansar para poder refletir melhor.

Dormi até de madrugada. Junto com a febre desapareceram meus temores da véspera. Senti-me orgulhoso e contente por não ter cedido. Estava convencido de que, se tornassem a torturar-me, continuaria resistindo, de que lutaria até o fim e não lhes facilitaria o trabalho, suicidando-me.

No meio da tarde, levaram-me de novo para a minha primeira cela no outro edifício, mas não fiquei ali muito tempo. De noite percorri novamente o mesmo caminho, em sentido contrário, e voltei ao *armário,* onde passei uma segunda noite. Fragmentos de conversas que chegavam do corredor até mim, deram-me a explicação dessas ordens e contraordens. Esperava-se a visita de uma comissão (não sei qual)[1] e seus

---

[1] Tratava-se na realidade da Comissão de Defesa dos Direitos e Liberdades Individuais, instituída por Guy Mollet em abril de 1957, com o propósito de acalmar a opinião pública francesa e internacional, inquieta ante a extensão das torturas na Argélia.

membros não deviam ver-me. Por isso, escondiam-me no segundo edifício que oficialmente não fazia parte do "centro de seleção" e servia não só de alojamento para os "paras", mas também de refeitório.

6

Sentia-me melhor e consegui levantar-me e manter-me de pé. Pela atitude diferente dos "paras" em relação a mim percebi que deviam ter apreciado, do ponto de vista "esportivo", minha negativa em falar. Até o enorme "para" do grupo de Lo... tinha mudado de tom. Entrou uma manhã na minha cela e disse-me:

– Já o tinham torturado na Resistência?

– Não, esta é a primeira vez, respondi.

– Está bem, comentou com um tom de compreensão. Você é duro.

Ao anoitecer entrou por sua vez um outro "para" que eu não conhecia. Baixo, louro, tinha um forte sotaque do norte da França. Era sem dúvida um recruta. Disse-me com um largo sorriso:

– Você sabe que assisti a tudo? Meu pai tinha-me falado dos comunistas na Resistência. Morrem, mas não dizem nada. Está certo.

Olhei esse rapaz de rosto simpático, que podia falar das sessões de tortura que eu tinha sofrido, como se se tratasse de um ato esportivo, e podia entrar para felicitar-me sem sentir-se mal, como se se tratasse de um campeão de ciclismo. Dias depois, vi-o congestionado, desfigurado pelo ódio, golpear um muçulmano na escada, porque ele não descia os degraus com a devida rapidez. Esse "centro de seleção" não era somente um lugar de tortura para os argelinos, mas também uma escola de perversão para os jovens franceses.

No entanto, um "para" pelo menos não estava de acordo. Era jovem, com sotaque do interior. Abriu a porta da minha cela uma noite, por volta das sete horas, hora em que já não havia ninguém no corredor. Tinha na mão um saco com víveres: cerejas, chocolate, pão e cigarros. Ofereceu-me, dizendo somente:

– Tome isto. Desculpe-me, mas não se pode falar aqui.

E deu-me um forte aperto de mão, muito rápido, antes de fechar a porta. Mas Ir... deve ter dado ordens nesse sentido, pois não tornei a ver ninguém como ele.

7

Levaram-me novamente para a enfermaria nos dias seguintes. Na primeira vez, meu coração batia com força. Temia novas injeções de pentotal, mas era somente para curar minhas feridas infeccionadas. Aplicaram-me injeções de penicilina e em várias ocasiões mudaram minhas ataduras. Eu sabia que não podia tirar conclusão alguma desses cuidados. De qualquer maneira tinham interesse em cuidar-me. Eu não devia enfraquecer-me demais. Se, ao contrário, decidissem executar-me, precisariam, apesar das marcas "normais" das balas, de um cadáver "limpo" no caso de autópsia.

À proporção que os dias passavam, aumentava em mim a esperança de que a opinião pública prevenida conseguisse arrebatar-me de suas garras, mas ao mesmo tempo estava convencido de que prefeririam enfrentar o escândalo da minha morte do que as revelações que eu faria com vida.

Tinham provavelmente reparado nisso, pois um dos "paras" tinha me dito com ironia, quando eu era ainda incapaz de levantar-me:

— É uma pena. Poderias contar muita coisa, o bastante para fazer um livro bem grosso.

Tentaram novamente interrogar-me. Primeiro Cha..., De... e um outro, desconhecido para mim. Fizeram-me comparecer ao escritório que se encontrava no mesmo andar. Sentei-me diante deles e perguntaram-me pela vigésima vez a mesma coisa, mas dessa vez com delicadeza.

– Onde passou a noite antes de ser preso?

– Já respondi a essa pergunta quando vocês me torturaram, disse-lhes. Minha resposta é que não lhes direi.

Sorriram sem insistir. Depois, De... perguntou:

– Está em seu nome o contrato de aluguel do seu apartamento? Pode responder a essa pergunta, pois se não o fizer a zeladora nos dirá. Você pode ver que não tem importância.

– Perguntem à zeladora, se quiserem. Eu não os ajudarei.

A entrevista não durara mais do que dois ou três minutos. Cha... acompanhou-me até a minha cela.

Alguns dias depois, recebi a visita do tenente Ma..., o auxiliar do general M... Começou dizendo-me sem ironia que estava contente por ver-me. Em seguida, com uma eloquência fácil e rápida, deu-me um resumo do pensamento político dos oficiais da pacificação, cujo *leitmotiv* era: "Não iremos embora". A miséria dos argelinos? Não é necessário exagerar tanto. O tenente conhecia um "nativo" que ganhava 80 mil francos por mês. O "colonialismo"? Uma palavra inventada pelos derrotistas. Sim, houve injustiças, mas já acabaram. As torturas? Não se faz a guerra com sacristãos. A guerra terminara há bastante tempo, mas os comunistas, os liberais e a imprensa "sentimental" instigavam a opinião pública contra os "paras" e impediam-nos de "trabalhar".

Eu tinha muito pouca vontade de manter uma conversa dessa espécie. Disse-lhe somente que era uma sorte a França ter outros representantes e outros títulos de glória. Depois, limitei-me a contestar ironicamente cada um desses lugares comuns colonialistas.

Finalmente chegou ao objetivo de sua visita. Fazia-me uma nova proposta. Já não me pediam que respondesse às perguntas formuladas, mas somente que escrevesse minha opinião sobre a situação e o futuro da Argélia. Depois recuperaria minha liberdade. Evidentemente, neguei-me a isso.

– Por que? perguntou ele. Tem medo por acaso que se utilize isso contra você?

– Isso, em primeiro lugar, respondi. Por outro lado, não tenho intenção de colaborar com vocês. Se lhes interessa a minha opinião e a de meus amigos, com respeito ao problema argelino, consultem as coleções do *Alger Républicain*. Possuem-nas todas, já que o jornal de vocês, *Le Bled,* ocupa atualmente as nossas instalações.

Não insistiu e mudando de assunto, disse-me à queima-roupa:

– A propósito, sabe que recebi a visita de sua mulher e de um advogado? Perguntaram-me se você estava *ainda* com vida. Depois acrescentou: é uma pena. Tenho simpatia por você e admiração por sua resistência. Vou apertar-lhe a mão. Talvez não o torne a ver.

E depois de terminar assim seu "número de variedades", saiu do quarto.

8

Na véspera da minha transferência para o campo de Lodi, um mês depois da minha prisão, levaram-me a um escritório no andar inferior. Esperava-me um capitão dos "paras", usando sua boina verde da Legião Estrangeira. Tinha cabelos muito curtos, rosto em forma de lâmina de punhal atravessado por uma longa cicatriz, lábios apertados e malévolos, e olhos claros e salientes. Sentei-me diante dele e, no mesmo momento, levantou-se. Com uma pancada no rosto atirou-me ao chão e fez voar meus óculos que tinham sido devolvidos.

– Vais perder essa expressão insolente que tens na cara, disse.

Lo... tinha entrado, permanecendo de pé junto da janela. A presença desse "especialista" fez-me pensar que se aproximava a tortura. Mas o capitão tornou a sentar-se ao mesmo tempo que eu me levantava.

– Queres um cigarro? perguntou-me, mudando bruscamente de tática.

– Não, não fumo, e peço-lhe que não me trate por tu.

Não visava com isso só lavrar um tento, mas também queria saber aonde ele desejava chegar. Torturas ou conversa "amistosa"? Segundo a sua reação, se ele tornasse a esbofetear-me ou levasse em conta a minha observação, eu saberia em

A TORTURA

que basear-me. Respondeu-me que não tinha a menor importância e começou a tratar-me por você. Perguntei-lhe se podia recuperar meus óculos. Pensou que fosse para recordar melhor sua fisionomia:

– Você pode olhar-me. Sou o capitão Fau... o famoso capitão S.S. Já ouviu falar de mim?

Encontrava-me na presença de Fau..., o chefe dos torturadores da residência S..., particularmente famoso por sua ferocidade.

Provavelmente lamentava ter-se deixado levar pelo ódio. Tentou falar com calma, e para apagar a primeira impressão mandou trazer duas garrafas de cerveja. Bebi lentamente, vigiando-o com o rabo dos olhos, com medo de que, com um novo golpe, chegasse a quebrar-me a garrafa entre os dentes.

– Vocês terão um lindo processo contra mim, não é mesmo? Que farão comigo se as coisas mudarem?...

Gosto de arriscar-me.

Depois, sem transição alguma, começou uma dissertação sobre os escritores e os pintores comunistas ou liberais e os intelectuais em geral. Falava com uma profunda ignorância e um ódio tal que transformava as expressões de seu rosto, muito móvel, em outras tantas caretas. Deixava-o falar, interrompendo-o às vezes com o único fito de ganhar tempo e reduzir um pouco a duração das torturas, se estas viessem depois.

O capitão Fau... tinha-me formulado as perguntas habituais; mas sem insistir. Depois voltou à "alta política". Andava como um louco pela sala, aproximando-se às vezes de mim para gritar-me uma frase na cara. Desejava que a guerra se estendesse até Túnis e Marrocos. Lamentava que a expedição do Egito não tivesse terminado numa guerra geral:

– Gostaria que um submarino norte-americano tivesse afundado um navio francês. Teríamos tido uma guerra com os norte-americanos. Pelo menos as coisas teriam sido mais claras.

Eu contradizia-o, mas da maneira com que se age com um doente que não se deve excitar mais. Teve várias vezes desejo de bater-me, mas conteve-se, e num determinado momento, gritou-me:

– Não quer dizer nada? Eu faço as pessoas falarem pondo-lhes um punhal sobre a garganta durante a noite. Tornaremos a ver-nos!

Provavelmente todos tinham a intenção de "tornar a ver-me" quando decidiram enviar-me ao campo de Lodi, "reserva" de suspeitos a que recorrem cada vez que o julgam necessário.

9

Antes do último interrogatório dirigido pelo capitão Fau...
e de minha inesperada transferência para Lodi, pude durante
um mês observar o funcionamento da "usina" de torturas.
Da minha cela, via pelo buraco da fechadura o corredor, o
patamar e alguns degraus. Através do tabique muito fino
chegavam até mim os ruídos dos quartos contíguos.

Durante o dia era um vaivém incessante, pela escada e pelo
corredor, de "paras" sozinhos ou empurrando brutalmente à
sua frente os "suspeitos" estonteados. Em cada andar, soube
mais tarde, amontoavam de quinze a vinte suspeitos nos quartos convertidos em celas. Os presos dormiam diretamente no
chão de cimento ou partilhavam um colchão de palha entre
três ou quatro. Ficavam constantemente no escuro, pois as
persianas permaneciam abaixadas para que não se pudesse
ver nada das casas em frente. Durante dias e semanas, às
vezes mais de dois meses, esperavam ali um interrogatório,
sua transferência para o campo ou para a prisão, ou ainda
sua "tentativa de fuga", isto é, uma rajada de metralhadora
pelas costas.

Duas vezes por dia, às catorze horas e à meia-noite (quando
não se esqueciam) traziam-nos biscoitos dos soldados (cinco
de tarde e cinco de noite), raras vezes pão e umas colheradas

A TORTURA

de sopa preparada com todo o resto dos alimentos dos senhores. Um dia encontrei um toco de cigarro, e de outra vez um rótulo e caroços de frutas já chupadas.

Um muçulmano era o encarregado dessa distribuição. Ex-atirador argelino, passara para o *maquis* e tinha sido feito prisioneiro durante um combate. Em troca de sua vida, tinha aceito servir os "paras". Chamava-se Bula... mas, para caçoar, seus amos tinham convertido seu nome em "Pourla-France", e assim o chamavam. Tinham-lhe posto na cabeça uma boina azul, armando-o com um "cassetete" de borracha que utilizava às vezes para cair nas boas graças de seus amos. Esse lixo humano estava exposto ao desprezo de todos, tanto por parte dos "paras" como dos prisioneiros.

Era durante a noite que o "centro de seleção" vivia sua existência verdadeira. Ouvia os preparativos da expedição, com ruído de botas pelo corredor, ruído de armas e ordens de Ir... Depois, pela claraboia, chegavam-me outros ruídos. No pátio punham em funcionamento os motores de seus "jipes" e caminhões. Ouvia-os distanciarem-se. Ficava tudo silencioso durante uma hora ou duas, até o momento em que voltavam com seus veículos carregados de "suspeitos" detidos durante a operação. Via-os durante um breve instante quando passavam pelo meu campo visual: escada, patamar e corredor. Quase sempre jovens. Mal tinham-lhes dado tempo para vestir-se. Alguns estavam ainda de pijama e outros com os pés descalços ou de chinelos. Às vezes havia também mulheres. Encarceravam-nas na ala direita do edifício.

O "centro de seleção" enchia-se então de gritos, insultos, gargalhadas enormes e malévolas. Ir... começava o interrogatório de um muçulmano. Gritava-lhe: "Diz tua oração diante de mim!" E eu adivinhava no quarto ao lado um homem humilhado até o fundo de sua alma, obrigado a prostrar-se ante o tenente torturador. Depois, de chofre, os primeiros gritos dos torturados cortavam a noite. Tinha começado o verdadeiro "trabalho" de Ir..., Lo... e dos outros.

Uma noite, no andar inferior torturaram um homem. Era muçulmano e de bastante idade, segundo me pareceu pelo som de sua voz. Entre os gritos terríveis que a tortura lhe arrancava, repetia esgotado: "Viva a França. Viva a França". Pensava talvez acalmar assim os seus verdugos. Mas continuaram torturando-o e as gargalhadas deles ressoavam por toda a casa.

Quando não saíam para uma dessas operações, Ir... e os seus trabalhavam com os suspeitos já presos. À meia-noite ou a uma da madrugada, abria-se ruidosamente uma porta dos quartos-calabouços. Um "para" vociferava:

– Levantem-se, porcos!

Chamava um, dois, três nomes. Os prisioneiros assim nomeados sabiam o que os esperava. Seguia-se sempre um longo silêncio e o "para" tinha sempre que repetir os nomes uma segunda vez, o que o deixava furioso:

– Que idiotas! Não podem responder "presente"?

Os que tinham sido chamados levantavam-se então e eu ouvia os golpes que lhes davam, enquanto o "para" os empurrava para a frente.

Uma noite, Ir... lançou todos os seus homens ao assalto de todos os quartos. Com o "cassetete" na mão, irromperam nos "dormitórios".

– Levanta-te!

Eu me levantei, mas Ir..., que passava pelo corredor, viu-me e disse:

– Não, este não.

E ele mesmo tornou a bater a porta. Deitei-me novamente no meu colchão de palha, enquanto invadia os andares um enorme barulho de botas, de golpes e de gemidos angustiosos.

De manhã ou de noite quando Bula... entreabria a porta para entregar minhas "refeições" ou quando eu ia aos lavatórios, cruzava às vezes no corredor com prisioneiros muçulmanos que voltavam para a prisão coletiva ou para suas celas. Alguns conheciam-me por ter-me visto em manifestações organizadas pelo jornal. Outros sabiam somente meu nome. Eu continuava com o dorso nu, ainda com as marcas dos golpes recebidos e o peito e as mãos cobertos de ataduras. Compreendiam que da mesma maneira que eles eu tinha sido torturado e saudavam-me ao passar:

– Coragem, irmão.

E em seus olhos eu lia uma solidariedade, uma amizade e uma confiança tão totais que me sentia orgulhoso, justamente por ser europeu, de estar com eles.

Vivi assim durante um mês, com o pensamento sempre presente da morte próxima. Para essa noite ou para o dia seguinte ao amanhecer. Meu sono continuava sendo perturbado por pesadelos e estremecimentos nervosos que me despertavam de sobressalto.

Não me surpreendi quando uma noite Cha... entrou na minha cela. Devia ser por volta das dez horas. Estava de pé, perto da claraboia e olhava a Avenida Clemenceau por onde circulavam ainda alguns automóveis. Disse-me somente:

– Apronte-se, não vamos muito longe.

Vesti meu paletó sujo e amarrotado. No corredor, ouvi que dizia:

– Preparem também Audin e Hadjadj, mas serão levados separadamente.

Dez vezes já tinha feito o balanço dessa vida que acreditava terminada. Uma vez mais pensei em Gilberte, nos meus entes queridos e em sua tremenda dor. Mas arrebatava-me a luta que tinha travado sem derrota, assim como a ideia de que morreria como sempre desejara morrer: fiel ao meu ideal e aos meus companheiros de luta.

No pátio, um automóvel partiu e afastou-se. Um momento depois, ao lado da residência dos Olivares, ouviu-se uma longa rajada de metralhadora. Pensei: "Audin".

Esperei perto da janela para respirar o mais possível o ar da noite e ver as luzes da cidade. Mas transcorreram os minutos e as horas sem que Cha... voltasse para buscar-me.

10

Terminei minha história. Jamais escrevi com tanta dificuldade. Talvez tudo isso ainda esteja demasiado fresco na minha memória. Talvez seja também a ideia de que esse pesadelo, já vivido por mim, esteja sendo vivido por outros no instante mesmo em que escrevo e que outros ainda continuarão vivendo-o, enquanto esta guerra odiosa não tenha terminado. Mas eu tinha que dizer tudo o que sei. Devo isso a Audin, "desaparecido", a todos os que são humilhados e torturados e continuam lutando com coragem. Devo-o a todos os que morrem cada dia pela liberdade de seu país.

Escrevi estas linhas quatro meses depois de passar pelas mãos dos "paras", na cela 72 da prisão civil de Argel.

Há alguns dias apenas, o sangue de três jovens argelinos juntou-se, no pátio da prisão, ao do argelino Fernand Yveton. No imenso grito de dor que abalou todas as celas no momento em que o verdugo veio buscar os condenados, como no silêncio absoluto que se seguiu, era a alma da Argélia que vibrava. Chovia e umas gotas de chuva ficaram presas, brilhantes na escuridão, às barras da minha cela.

Todas as janelas tinham sido fechadas pelos guardas, mas ouvimos, antes que o amordaçassem, um dos condenados que gritava:

– "Tahia El Djezair!, Viva a Argélia!"

E numa só voz, com certeza no instante mesmo em que o primeiro dos três subia ao patíbulo, elevou-se da prisão das mulheres a canção dos combatentes argelinos:

> *De nossas montanhas*
> *A voz dos homens livres se eleva:*
> *Proclama a independência*
> *Da pátria.*
> *Dou a ti tudo que amo,*
> *Dou a ti a minha vida,*
> *Oh, meu país... Oh, meu país!*

Precisava dizer tudo isso aos franceses que me queiram ouvir. Devem saber que os argelinos não confundem os torturadores com o grande povo da França, com o qual aprenderam tanto e cuja amizade lhes é tão querida.

No entanto, é preciso que saibam o que aqui se faz *em seu nome.*

Novembro de 1957.

O QUE TODO REVOLUCIONÁRIO DEVE SABER SOBRE A REPRESSÃO

Victor Serge

O QUE TODO REVOLUCIONÁRIO DEVE SABER SOBRE A REPRESSÃO

O triunfo da revolução na Rússia fez cair nas mãos dos revolucionários todo o mecanismo da polícia política mais moderna, mais poderosa e mais aguerrida, formada ao longo de cinquenta anos de ásperas lutas contra as elites de um povo.

Conhecer os métodos e os processos dessa polícia apresenta para qualquer militante um imediato interesse prático, dado que a estratégia capitalista emprega em todo o lado os mesmos métodos e porque todas as polícias sempre se mostram solidárias e se assemelham entre si.

A ciência das lutas revolucionárias que os russos adquiriram em mais de meio século de grandes esforços e sacrifícios precisa ser assimilada pelos militantes num espaço de tempo muito curto e este aprendizado desde já se torna necessário nos países em que essa ação hoje se desenvolve sob as novas circunstâncias criadas pela guerra, pelas vitórias do proletariado russo e as derrotas do proletariado internacional. São elas: a crise do capitalismo mundial, o nascimento da Internacional Comunista, o desenvolvimento muito claro da consciência de classe entre a burguesia (fascismo, ditaduras militares, terror branco, leis terríveis).

Se estiverem bem avisados sobre os meios de que o inimigo dispõe, talvez sofram perdas menores. Portanto, é necessário estudar, com um objetivo prático, o instrumento principal de todas as reações e de todos os tipos de repressões, que é essa máquina de estrangular todas as sadias revoltas, chamada polícia. Podemos hoje fazê-lo porque a arma aperfeiçoada que a autocracia russa forjou para defender a sua existência – a *Okhrana* (Segurança Geral do Império Russo) – caiu nas nossas mãos.

Esse estudo, para ser levado às últimas consequências, o que seria bastante útil, exigiria qualidades que o autor destas linhas não possui. As páginas que aqui se leem não têm essa pretensão, mas bastarão, espero, para prevenir os camaradas e apresentar diante dos seus olhos uma importante verdade que me causou espanto desde a primeira visita aos arquivos da polícia russa: não há nenhuma força no mundo que possa travar o ímpeto revolucionário e todas as polícias, qualquer que seja o seu maquiavelismo, a sua astúcia e os seus crimes, se mostrarão pouco a pouco impotentes.

Este trabalho, publicado pela primeira vez no *Bulletin comuniste*, em novembro de 1921, foi cuidadosamente completado. Os problemas práticos e teóricos que o estudo do mecanismo de uma polícia não podem deixar de levantar no espírito do leitor operário, qualquer que seja a sua formação política, foram examinados em dois novos ensaios. Em "Conselhos ao militante", de cuja utilidade, apesar da sua simplicidade realmente evidente, a experiência não permite dúvidas, esboçam-se as regras essenciais da defesa operária contra a vigilância, a espionagem e a delação.

Depois da guerra e da Revolução de Outubro, a classe operária já não pode contentar-se em cumprir uma tarefa negativa e destrutiva. A época das guerras civis está aberta. Que a sua duração seja permanente ou prevista para "alguns anos", a verdade é que as múltiplas questões da tomada do poder se colocam hoje para a maioria dos comunistas. Em princípios de 1923, a ordem capitalista da Europa podia deixar supor uma estabilidade própria para desencorajar os mais impacientes. A ocupação "pacífica" do Ruhr iria, contudo, antes do fim do ano, fazer pairar sobre a Alemanha, tão poderosamente real, o espectro da revolução.

Além disso, qualquer ação tendente à destruição das instituições capitalistas tem necessidade de ser completada por uma preparação, pelo menos teórica, da obra criadora de amanhã. "O espírito destruidor" – dizia Bakunin – "é também o espírito criador". Este profundo pensamento, cuja interpretação literal tem lamentavelmente iludido muitos revoltados, acaba de se tornar uma verdade prática. O mesmo espírito de luta de classe leva hoje os comunistas a destruir e a criar simultaneamente. E tal como o antimilitarismo de hoje tem necessidade de ser completado pela preparação do Exército Vermelho, o problema da repressão, posto pela polícia e pela justiça burguesa, tem também um aspecto positivo e de grande importância. Creio que o defini em traços gerais. Nós devemos conhecer os meios do inimigo e devemos conhecer também toda a extensão da nossa própria tarefa.

Março de 1925
Victor Serge.

A *OKHRANA* RUSSA

A polícia: sua apresentação especial

A *Okhrana* sucedeu, em 1881, à famosa 3ª Seção do Ministério do Interior, mas apenas se desenvolveu verdadeiramente a partir de 1900, data em que uma nova geração de polícias foi colocada à sua frente. Os antigos oficiais de polícia, sobretudo nas patentes superiores, consideravam como contrário à honra militar terem de se rebaixar a certas imposições policiais. A nova escola pôs de lado esses escrúpulos e se propôs a organizar cientificamente a polícia secreta, a delação, a denúncia e a traição no seio dos partidos revolucionários. Devia produzir homens inteligentes e de talento, como o coronel Spiridovitch, que nos deixou uma volumosa *História do Partido Socialista-Revolucionário* e uma *História do Partido Social-Democrata*.

O recrutamento, a instrução e o passado profissional dos oficiais dessa polícia eram objeto de cuidados muito especiais. Cada qual tinha na Direção Geral a sua ficha, documento completo em que se encontram aspectos bem curiosos. Caráter, nível de instrução, inteligência, formas de serviço – estando tudo registrado com um sentido de utilidade prática. Por exemplo: um oficial é considerado como "limitado" – bom para serviços subalternos, que não exijam grande firmeza – e um outro é tido como "inclinado para cortejar as mulheres".

Entre as perguntas do questionário, destaco esta: "Conhece bem o programa e os estatutos dos partidos? Quais?" E leio que o tal "amigo de mulheres" "conhece bem as ideias socialistas-revolucionárias e anarquistas – possivelmente o Partido Social-Democrata – e superficialmente o Partido Socialista Polaco". Existe aí toda uma erudição sabiamente distribuída. Mas continuemos o exame da mesma ficha. Pergunta-se depois: "Tem acompanhado o desenrolar da história do movimento revolucionário? Quantos e em que partidos houve agentes secretos? Intelectuais? Operários?"

Compreende-se que, para formar os seus "informantes", a *Okhrana* organizasse cursos em que se estudavam cada partido, as suas origens, o seu programa, os seus métodos e até a biografia dos seus militantes mais conhecidos.

Observemos ainda que esta polícia secreta russa, criada em função das necessidades mais delicadas da polícia política, nada tinha em comum com o corpo de polícia dos países da Europa Ocidental, mas tem certamente o seu equivalente nas polícias secretas de todos os Estados capitalistas.

A vigilância externa: perseguições

Qualquer forma de vigilância é sobretudo externa. Trata-se sempre de perseguir o homem, de conhecer seus atos e seus gestos, as suas ligações e, em seguida, penetrar em sua intimidade. Também os serviços de *perseguição* se encontram particularmente desenvolvidos em todas as polícias e a organização russa oferece-nos, sem dúvida, o protótipo de todos esses serviços muito semelhantes.

Os "espiões" russos (agentes de vigilância externa) pertenciam, como os "agentes secretos" – na realidade, denunciantes e delatores –, à *Okhrana* ou Segurança Política. Constituíam o serviço de investigações, que podia prender uma pessoa pelo prazo de um mês; de um modo geral, o serviço de investigações transmitia suas prisões à Direção da Polícia, que continuava a instrução.

O serviço de vigilância externa era o mais simples. Os seus inúmeros agentes, de quem possuímos as fotografias de identificação, recebiam 50 rublos por mês e tinham como única tarefa perseguir, a todo momento, de noite e de dia, sem qualquer interrupção, a pessoa que lhes era indicada. Não deviam conhecer, em princípio, o seu nome nem o objetivo da perseguição, talvez como medida de precaução contra qualquer mal-entendido ou contra qualquer traição. A pessoa a perseguir recebia um apelido, o *Louro*, a *Doméstica*, o *Cocheiro, Vladimir* etc. Encontramos sempre esses codinomes à frente dos relatórios diários, que formavam grossos processos, onde os perseguidores anotavam todas as suas observações. Esses relatórios são de uma precisão minuciosa e não deviam conter nenhuma lacuna. O texto é quase sempre redigido como segue: *"Em 17 de abril, às 9 e 54 da manhã, a Doméstica saiu de sua casa, pôs duas cartas na caixa do correio à esquina da rua Puchkin; entrou em diversas lojas do bairro X, entrou às 10 e 30 na rua Z, n. 13, de onde saiu às 11 e 20 etc."*

Nos casos mais sérios, acontecia que dois "policiais" perseguiam ao mesmo tempo a mesma pessoa *sem se conhecerem;* depois os seus relatórios eram comparados e completavam-se.

Esses relatórios diários eram remetidos à polícia para serem analisados pelos especialistas, quase sempre funcionários de uma terrível perspicácia, que elaboravam quadros sinópticos para resumir todos os atos e gestos de uma pessoa, o nome de suas visitas, sua regularidade, a duração da visita etc.; os locais que visitava permitiam apreciar a importância das relações de um militante e sua provável influência.

O policial Zubatov – que por volta de 1905 tentou apoderar-se do movimento operário nos grandes centros e criar aí alguns sindicatos – tinha levado a perseguição ao mais alto grau de perfeição. As suas brigadas especiais podiam perseguir um homem por toda a Rússia, quase por toda a Europa, deslocando-se com ele de cidade em cidade ou de país em país. De resto, os "policiais" nunca deviam preocupar-se com despesas. A relação de gastos de um desses "informantes", no mês de janeiro de 1903, dá-nos uma soma de despesas gerais que se elevam a 637 rublos. Para se conceber a importância do crédito aberto a qualquer vulgar denunciante, basta lembrar-nos que, nessa época, um estudante vivia facilmente com 25 rublos por mês. Por volta de 1911, nasceu o hábito de enviar os "informantes" para o estrangeiro a fim de vigiarem os emigrados e tomar contato com as polícias europeias. Assim, os denunciantes de Sua Majestade Imperial passaram desde logo a ter contatos em todas as capitais do mundo.

A *Okhrana* tinha sobretudo por missão investigar e vigiar os atos de certos revolucionários considerados mais perigosos, principalmente terroristas ou membros do Partido Socialista--Revolucionário, que praticavam atos de terrorismo. Os seus agentes deviam ser portadores, a todo momento, de carteiras com 50 a 70 fotografias, onde poderiam reconhecer ao acaso Savinkov, Nathanson, Argunov, Avksentiev, Karelin, Ovssiannikov, Pechkova (mulher de Gorki), Vera Figner, Fabrikant, entre outros. Algumas reproduções do retrato de Karl Marx eram também postas à sua disposição e a presença desse retrato em qualquer casa ou num livro constituía logo motivo de referência.

Um pormenor curioso: a vigilância externa não se exercia exclusivamente sobre os inimigos do antigo regime. Temos em nossas mãos processos que demonstram que nem sequer os passos e atitudes dos ministros do Império escapavam à vigilância da polícia. *Um processo sobre a vigilância das conversações telefônicas* do Ministério da Guerra, em 1916, dá-nos um exemplo de quantas vezes por dia diferentes membros da Corte se incomodavam com a saúde precária de Madame Sukhomlinov!

Os segredos da delação

O mecanismo mais importante da polícia russa era a sua "agência secreta", nome do serviço de delação, cujas origens remontam às primeiras lutas revolucionárias e que atingiu um desenvolvimento realmente extraordinário depois da revolução de 1905.

Alguns policiais (ou melhor, oficiais da polícia) especialmente formados, instruídos e treinados, procediam ao recrutamento dos agentes delatores. Os êxitos mais ou menos importantes nesse domínio contribuíam sempre para a sua promoção. Instruções precisas previam todos os pormenores das suas relações com os colaboradores secretos. Alguns especialistas muito bem remunerados reuniam finalmente num relatório todas as informações fornecidas pela "delação", estudavam-nas e organizavam os processos.

Havia nas instalações da *Okhrana* (Petrogrado, Fontanka) um gabinete secreto, no qual apenas entravam o diretor da Polícia e o funcionário encarregado de classificar todas as peças. Era a agência secreta. Continha sobretudo um fichário com as fichas dos agentes delatores – onde encontramos mais de 35 mil nomes. Na maioria dos casos, por um acréscimo de precauções, o nome do "agente secreto" é substituído por um codinome, o que contribui para que o trabalho de identificação de todos esses miseráveis, de quem depois da revolução os processos completos caíram nas mãos dos seus camaradas, se revele bastante difícil. O nome do delator devia ser conhecido apenas pelo diretor da *Okhrana* e pelo oficial de polícia encarregado de manter com ele relações permanentes. Por isso, até os recibos que os delatores assinavam todos os meses – porque eles recebiam sempre com os outros funcionários somas que variavam entre 3, 10 e 15 rublos por mês e iam até 150 ou 200 no máximo – continha geralmente apenas o codinome. Mas a administração, desconfiada em relação aos seus agentes e receando que os oficiais de polícia criassem nomes de colaboradores fictícios, procedia com frequência a inspeções minuciosas nos diferentes setores de sua organização. Um inspetor com amplos poderes inquiria diretamente os seus colaboradores secretos, conhecia as suas dificuldades, dava-lhes férias ou aumentava-lhes os salários. Acrescentemos que as suas relações eram cuidadosamente verificadas – até onde era possível – por todos os interessados.

Uma instrução sobre o recrutamento e o serviço dos agentes delatores

Vejamos em seguida um documento que se pode considerar como o abecedário da delação. Trata-se da *Instrução referente à agência secreta,* um livrinho com 27 páginas datilografadas, de pequeno formato. O nosso exemplar, com o número 35, traz ao mesmo tempo, nos dois cantos, ao alto, estas três indicações: "Muito secreto", "Não deve ser transmitido, nem mostrado", "Segredo profissional". Que insistência em recomendar o mistério! Mas depressa se compreenderá por quê: esse documento, que demonstra certos conhecimentos psicológicos e práticos, um espírito meticulosamente calculista, uma curiosa mistura oficial de cinismo e de hipocrisia moral, algum dia interessará aos psicólogos.

Começa com algumas indicações gerais: *A Segurança política deve procurar destruir os centros revolucionários nos pontos de sua maior atividade e não esbanjar os seus esforços em tarefas menores.*

Afirma-se assim este princípio: *deixar que o movimento se desenvolva para em seguida liquidá-lo melhor.*

Os agentes secretos recebem uma remuneração fixa proporcional aos serviços que prestam.

A Segurança deve: *evitar com todo o cuidado libertar os seus colaboradores. Nesse sentido, não deve prendê-los nem libertá-los, a não ser quando outros membros de igual importância, pertencentes às mesmas organizações revolucionárias, possam ser presos ou libertados.*

A Segurança deve: *permitir que os seus colaboradores mereçam a confiança dos militantes.*

Segue-se depois um capítulo sobre o recrutamento: *O recrutamento dos agentes secretos é uma preocupação constante do diretor de investigações e dos seus colaboradores. Não devem desprezar nenhuma oportunidade, mesmo com poucas esperanças, de procurar alguns agentes... Essa tarefa é extremamente delicada. Para realizá-la, interessa aprofundar os contatos com os presos políticos.*

Devem ser considerados como aptos ao serviço: *os revolucionários de caráter fraco, desiludidos ou atingidos pelo partido, que vivem na miséria, evadidos dos locais de deportação ou designados para serem deportados.*

A *Instrução* recomenda estudar *"com cuidado"* as suas fraquezas e tirar partido delas; conversar depois com os seus amigos e familiares etc.; multiplicar *"em qualquer ocasião os contatos com os operários, com as testemunhas, os parentes etc., sem nunca perder de vista o objetivo".*

Estranha duplicidade da alma humana! Traduzo literalmente estas três linhas desconcertantes: *Podemos servir-nos dos revolucionários na miséria que, sem renunciarem às suas convicções, consentem por necessidade em fornecer certas informações.*

Havia então quem assim procedesse? Mas continuemos.

Colocar policiais disfarçados junto dos presos é um processo excelente.

Quando uma pessoa parece estar preparada para iniciar o serviço, ou seja, quando um revolucionário desiludido, com dificuldades econômicas, atormentado pelos seus problemas pessoais, com sentimento de culpa muito grande, então, pode estender-lhe a mão e tê-lo do nosso lado:

Deter todo o grupo de que faz parte e conduzir a pessoa em questão até junto do diretor de polícia; ter contra ela motivos para sérias perseguições; reservar, entretanto, a possibilidade de libertá-la junto com outros revolucionários presos, sem provocar suspeitas.

Interrogar essa pessoa frente a frente. Tirar partido para convencê-la das desavenças de grupos, dos erros dos militantes, dos dissabores pessoais.

Ao se ler estas linhas, pode-se julgar que a polícia se aflige com a sorte da sua vítima:

— Ah, sim, enquanto você vai para os trabalhos forçados por causa de suas ideias, seu camarada X, o qual você diz ser um bom contador de anedotas, se consola à sua custa. O que você quer? É sempre assim, os bons pagam pelos maus...

Isto pode pegar quando se trata de um fraco ou de um louco, a quem ameaçam com alguns anos de deportação...

Sempre que possível, deve-se dispor de vários colaboradores em cada organização.

A Segurança deve orientar os seus colaboradores e não seguir atrás deles.

Os agentes secretos nunca devem ter conhecimento das informações fornecidas pelos seus colegas.

E eis uma passagem que Maquiavel não teria desaprovado:

Um colaborador que trabalhe obscuramente num partido revolucionário pode ser promovido na sua organização em virtude das prisões de militantes mais destacados.

Assegurar o segredo absoluto da delação é naturalmente uma das maiores preocupações da polícia.

O agente promete segredo absoluto; quando estiver de serviço, não deve modificar nenhuma das suas formas de vida.

As relações com ele são rodeadas de precauções, que será difícil ultrapassar.

Algumas reuniões podem ser feitas com colaboradores dignos de toda a confiança. Elas se darão em apartamentos clandestinos (aparelhos), compostos por diversas salas que não se comunicam diretamente, onde se pode isolar diferentes visitantes caso seja necessário. O dono da casa alugada deve ser um civil, que nunca poderá receber visitas pessoais, não deve conhecer os agentes secretos, nem falar com eles. Deve ele mesmo abrir a porta e se assegurar antes de sair de que ninguém passa na escada do prédio. As reuniões serão feitas em quartos fechados à chave, onde nenhum papel que possa comprometer pode ser visto. Deve se ter sempre o cuidado de nunca deixar o visitante sentar perto de qualquer janela ou espelho.

Quando se sentir a menor suspeita, deve- se mudar imediatamente de apartamento.

O delator não pode, em nenhuma hipótese, dirigir-se à Segurança. Não pode aceitar nenhuma missão importante sem o consentimento de seu chefe.

As reuniões são combinadas por meio de sinais antecipadamente estabelecidos. A correspondência é enviada para os endereços antes fixados.

As cartas dos agentes secretos devem ser escritas com letra desconhecida e não devem conter mais do que expressões banais. Deve ser utilizado o papel e o envelope de acordo com o ambiente social do destinatário. Empregar uma tinta agradável. O agente deve colocar pessoalmente as suas cartas no correio e, quando receber alguma, deve queimá-la imediatamente após a leitura. Os endereços combinados não devem ser escritos em parte alguma.

Um problema grave era o da libertação dos agentes secretos presos com aqueles que eram libertados. A esse propósito, a *Instrução* desaconselha o recurso à fuga, porque: *as evasões atraem a atenção dos revolucionários.* Antes de se liquidar qualquer organização, deve-se consultar os agentes secretos acerca das pessoas a deixar em liberdade, para não se trair as fontes de informação.

Uma monografia da delação em Moscou (1912)

Outra peça escolhida nos arquivos da delação pode nos esclarecer sobre a sua extensão. Trata-se de uma espécie de monografia da delação em Moscou datada de 1912. É o relatório de um alto funcionário, Vissarionov, que foi encarregado nesse ano de realizar uma viagem de inspeção à agência secreta de Moscou.

Esse Vissarionov cumpriu a sua missão entre 1 e 22 de abril de 1912. O seu relatório constitui um volumoso caderno datilografado. A cada agente delator, apontado aqui com um codinome, corresponde uma informação detalhada; podem se ver nesse relatório algumas notas muito curiosas.

Em 6 de abril de 1912, havia em Moscou 55 agentes delatores que estavam oficialmente em serviço. Dividiam-se da seguinte forma: socialistas-revolucionários, 17; social-democratas, 20; anarquistas, 3; estudantes (movimento das escolas), 11; instituições filantrópicas etc., 2; sociedades científicas, 1. A *"agência secreta de Moscou vigia igualmente a imprensa, os outubristas (partido cadete, constitucional democrata), os agentes de Burtzev, os armênios, a extrema-direita e os jesuítas"*.

Os colaboradores são geralmente caracterizados em notas simples, quase sempre assim denominadas:

Partido social-democrata. Fração bolchevique. Portnoi (o Entalhador), homem inteligente. Em serviço desde 1910. Recebe 100 rublos por mês. Colaborador muito bem informado. Será candidato à Duma. Participou da conferência bolchevique de Praga. Dos cinco militantes enviados da Rússia para esta conferência, três foram presos...

Voltando à conferência bolchevique de Praga, o nosso alto funcionário da polícia congratula-se com os resultados que os agentes secretos obtiveram. Alguns deles conseguiram introduzir-se no Comitê Central e foi um deles, um espião, que foi encarregado, pelo Partido, do transporte da propaganda para a Rússia. *"Nós temos em nossas mãos toda a rede de propaganda"*, verifica esse policial.

Façamos aqui um parêntesis: sim, é verdade, eles tinham em suas mãos a rede de propaganda bolchevique. A eficácia dessa propaganda ficaria enfraquecida? A palavra impressa de Lenin perdia o seu valor, por ter passado para as mãos dos espiões? A mensagem revolucionária possui força em si mesma: apenas necessita ser entendida. Pouco interessa quem a transmite. O sucesso da *Okhrana* só seria decisivo se pudesse impedir o abastecimento das organizações bolcheviques da Rússia com a literatura vinda do estrangeiro. Ela só podia fazer isso até certo ponto, sob pena de desmascarar os seus trunfos.

"Dossiês" de agentes delatores

Que é um agente delator? Dispomos de processos em que nos vemos diante da pessoa e dos atos desses miseráveis, devido a uma documentação abundante. Vejamos alguns desses "dossiês".

Dossiê 378. – Júlia Orestovna Serova (conhecida por *A Verdadeira* e *Ulianova).* A uma pergunta do ministro sobre os serviços prestados por essa colaboradora que foi despedida (porque "queimada"), o diretor da polícia responde com a enumeração de seus relevantes serviços. A carta tem quatro longas páginas e, portanto, passo a resumi-la, embora em termos quase textuais:

Júlia Orestovna Serova foi colaboradora, entre setembro de 1907 e 1910, na vigilância das organizações social-democratas. Ocupando postos relativamente importantes no Partido, pôde prestar grandes serviços, tanto em Petrogrado quanto na província. Toda uma série de prisões foram efetuadas de acordo com suas informações.

Em setembro de 1907 foi a responsável pela prisão do deputado da Duma, Serguei Saltikov.

Em fins de abril de 1908, levou à prisão quatro militantes: Rikov, Noguin, "Gregório" e "Kamenev".

Em 9 de maio de 1908, fez prender toda uma célula do Partido.

*No outono de 1908, levou "Inokenti" à prisão, nome de Du-
brovski, membro do Comitê Central. Em fevereiro de 1909 foi a
responsável pela apreensão de todo o material de uma tipografia
clandestina e da oficina dos passaportes do Partido.*

*Em 1º de março de 1909, foi a responsável pela prisão de
todo o Comitê de S. Petersburgo.*

*Além disso, contribuiu para a prisão de um grupo de expro-
priadores (maio de 1907), evitou a saída de quantidade razoável
de literatura e de transporte ilegal de propaganda para Vilna.
Em 1908 nos informou de todas as reuniões do Comitê Central
e indicou a composição de suas células. Em 1909 participou de
uma conferência do Partido no estrangeiro, acerca da qual nos
deu bastantes informações. Em 1909, vigiou todas as atividades
de Alexei Rikov.*

São estes os serviços prestados por essa agente. Mas Serova acabou por ser liquidada. O marido, deputado à Duma,
publicou nos jornais da capital uma declaração em que não
a considerava sua mulher. Como ela não podia mais prestar
quaisquer serviços, os superiores hierárquicos deram um jeito
nela e caiu na miséria. O "dossiê" está cheio de cartas dela para
o diretor da Segurança: protestos pela sua dedicação, apelos
devido aos serviços prestados, pedidos de auxílio.

Não conheço nada mais doloroso do que essas cartas escritas numa letra nervosa e apressada de intelectual. O "delator
despedido", como ela mesmo se autodenomina, parece ter
mergulhado, fustigada pela miséria, num completo desarranjo
moral. Mas é preciso viver e Serova não sabe fazer nada com
as próprias mãos. O seu desequilíbrio interior a impede de
encontrar uma solução, um trabalho simples e razoável.

Em 16 de agosto de 1912 escreve ao diretor da Polícia:
meus dois filhos, o mais velho com cinco anos, não têm nada

para vestir ou calçar. Não tenho mais nenhum móvel. Sinto-me muito mal vestida para procurar emprego. Se não me ajudarem serei levada ao suicídio.

E a Polícia envia-lhe então 150 rublos. Mas em 17 de setembro, outra carta, junto com uma cópia de outra enviada para o marido, a qual o diretor da Polícia terá todo o prazer em colocar no correio. Aí ela diz: *Como podem ver na última carta que escrevo para meu marido, na véspera de acabar com a minha vida, não desisto de servir à polícia. Mas decidi acabar com a minha vida. Não se trata de comédia ou de uma jogada de efeito. Acredito que não sou capaz de recomeçar a minha vida...*

No entanto, Serova não se suicida. Alguns dias mais tarde, acaba por denunciar um senhor que escondia algumas armas. Suas cartas constituem um volumoso processo. Eis aqui uma emocionante. É a despedida ao homem que foi seu marido feita em breves linhas:

Sinto que muitas vezes fui culpada em relação a você e até agora ainda não lhe escrevi. Mas esquece o mal, lembre-se de nossa vida em comum, do nosso trabalho comum e perdoa-me. Deixo esta vida. Estou cansada. Sinto que muitas coisas se quebraram dentro de mim. Não queria amaldiçoar ninguém, malditos sejam todos os camaradas!

Mas onde começa nessas cartas a sinceridade? Onde acaba a duplicidade? Não se sabe. Estamos diante de uma alma complexa, má, dolorida, desgastada, prostituída, posta inteiramente a nu.

A Segurança não é, entretanto, insensível a seus apelos. Cada uma das cartas de Serova, anotada à mão pelo chefe de serviço, contém a decisão do próprio diretor: *"Dá-lhe 250 rublos", "Pode enviar-lhe 50 rublos".* A antiga colaboradora anuncia a morte de um filho e o diretor escreve: "*Verificar se é verdade*". Em seguida ela pede que lhe arranjem uma máquina de escrever para que possa aprender datilografia. A Segurança não tem máquinas disponíveis. Por fim, suas cartas se tornam cada vez mais insistentes: *Em nome dos meus filhos,* escreve Serova em 14 de dezembro, *escrevo-lhes com as lágrimas e com o sangue. Peço que me deem uma última ajuda de 30 rublos. Não voltarei a pedir.* E isso lhe é concedido com a condição de abandonar Petrogrado. Em 1911, Serova recebe um total de 743 rublos em três vezes; em 1912, recebe 708 rublos em seis vezes. Naquela época, era uma soma bastante considerável.

Depois de um pequeno auxílio em fevereiro de 1914, Serova consegue um emprego na administração das ferrovias. Mas depressa o perde por tentar extorquir algumas somas de seus colegas de trabalho. É anotado em seu processo: "*Culpada de chantagem. Já não merece nenhuma confiança*". Com o nome de Petrovna consegue, apesar de tudo, um lugar na polícia das ferrovias que, informada, logo a despede. Em 1915 solicita um lugar de informadora. Em 28 de janeiro de 1917, na véspera da revolução, essa antiga secretária de um Comitê Revolucionário escrevia a "Sua Excelência, o diretor da Polícia", lembrando-lhe os seus bons e leais serviços e se propondo a informar sobre a atividade do Partido Social-Democrata, no qual pode entrar por meio de seu segundo marido... Escreve: *Na véspera de grandes acontecimentos que sabemos estar chegando, sofro por não poder continuar a ser-lhes útil...*

"*Dossiê*" 383. – "*Ossipov*", Nicolau Nicolaevitch Veretzki, filho de um pope. Estudante. Colaborador secreto desde 1903 na vigilância da organização social-democrata e da juventude escolar de Pavlogrado.

Enviado a Petersburgo pelo partido em 1905, com a missão de fazer entrar armas na Finlândia, apresenta-se à direção da Polícia para receber certas instruções.

Os camaradas desconfiam dele, é preso e passa três meses na seção da *Okhrana,* donde sai para ser enviado ao estrangeiro "a fim de se reabilitar aos olhos dos militantes".

Cito textualmente a conclusão de um relatório: *Veretzki dá a impressão de ser um jovem verdadeiramente inteligente, culto, muito modesto, consciencioso e honesto; em louvor de suas qualidades, assinalamos que ele oferece a maior parte de sua remuneração (150 rublos) a seus pais já idosos.*

Em 1915, esse excelente jovem se retira do serviço e recebe ainda durante doze meses 75 rublos.

"Dossiê" 317. – "O Doente", Vladimir Ivanovitch Lorberg. Operário. Escreve mal. Trabalha em fábrica e recebe 10 rublos por mês. Um proletário da delação.

– *"Dossiê" 81.* – Serguei Vassilievitch Pratossev, filho de um membro da *Narodnaia Volia,* orgulha-se de ter crescido num ambiente revolucionário e possuir grandes e úteis relações...

Encontramos alguns milhares de processos parecidos porque a baixeza e a miséria de certas almas são insondáveis.

Tivemos conhecimento dos processos de dois colaboradores secretos, cujos nomes indicamos a seguir e que devem ser mencionados como dois casos típicos: um intelectual de grande valor e um parlamentar...

Stanislau Brozowski, escritor polaco de mérito bastante apreciado, estimado pelos jovens, autor de ensaios críticos sobre Kant, Zola, Mikhailovski, Avenarius, "herdeiro do socialismo, no qual via a mais profunda síntese do espírito humano e do qual pretendia criar um sistema filosófico que englobasse a

Natureza e a humanidade" *(Naprzod,* 5 de maio de 1908), autor de um romance revolucionário, *A flama,* recebia da *Okhrana* de Varsóvia, pelas suas relações nos meios revolucionários e "avançados", remunerações mensais de 150 rublos.

O pope Gapone, antes da revolução de 1905, participou de movimentos operários em Petersburgo e em Moscou, foi o organizador da manifestação operária de janeiro de 1905 que foi metralhada, sob as janelas do Palácio de Inverno, pelo fogo das salvas, lançado sobre uma multidão suplicante e conduzida por dois padres que traziam o retrato do tsar. O pope Gapone, encarnação verdadeira de um dado momento da Revolução Russa, acabou por se vender à *Okhrana* e ficou conhecido depois como agente delator. Acabou sendo enforcado pelo socialista-revolucionário Ruthenberg.

Um fantasma. Uma página da história

Ainda hoje, todos os agentes delatores da *Okhrana,* cujos processos pudemos apreciar, estão longe de ser identificados. E não passa nem um mês sem que os tribunais revolucionários da União Soviética tenham que julgar alguns desses homens. Eles são encontrados e identificados quase por acaso. Em 1924, um desses miseráveis apareceu-nos, lembrando um passado de cinquenta anos – como a evidenciar o seu desgosto –, do qual era um fantasma. Mas esse fantasma evocava uma página da História, que é preciso intercalar aqui para lançar nestas páginas enlameadas, um pouco de claridade sobre o heroísmo revolucionário.

Esse agente delator tinha prestado trinta e sete anos de bons serviços (de 1880 a 1917) e mesmo já velho e de cabelos brancos, serviu ainda durante sete anos nas investigações da *Tcheca.*

[...] Por volta de 1879, o estudante de 20 anos, Okiadski, revolucionário desde os seus 15 anos, membro do partido da *Narodnaia Volia* (a "Vontade do Povo"), terrorista, preparava com Jeliabov um atentado contra o tsar Alexandre II. O comboio imperial deveria ir pelos ares, mas passou pelas minas sem nada acontecer. A máquina infernal não tinha funcionado. Acidente fortuito? Foi o que se julgou. Mas 16 revolucionários, entre os quais Okiadski, tiveram de responder por esse "crime". Okiadski foi condenado à morte. A sua brilhante carreira começava naquele momento ou já tinha começado? A clemência do imperador poupou-lhe a vida num campo de trabalho perpétuo.

Começava naquele momento a série de inestimáveis serviços que Okiadski deveria prestar à polícia do tsar. Na extensa lista dos revolucionários que denunciou, há quatro dos mais belos nomes da nossa História: Barannikov, Jaliabov, Trigoni, Vera Figner. Destes quatro, Vera Nicolaevna Figner sobreviveu depois de ter passado vinte anos na fortaleza de Sabulsselboug. Barannikov morreu nela, Trigoni sofreu lá uns vinte anos e passou quatro no exílio, em Sakhalin, mas antes de morrer, em junho de 1917, viu afundar a autocracia. Jeliabov morreu no cadafalso.

Todos esses corajosos homens pertenciam aos quadros da *Narodnaia Volia,* primeiro partido revolucionário russo que, antes do aparecimento do movimento proletário, declarou guerra aberta à autocracia. O seu programa era o de uma revolução liberal, cujo cumprimento significaria para a Rússia um imenso progresso. Numa época em que nenhuma outra ação era possível, utilizou-se o terrorismo, procurando atingir, sem descanso, o tsarismo, o qual foi atacado em diversos momentos e decapitado em 1º de março de 1881. Nessa luta de poucos heróis contra toda uma velha sociedade poderosamente armada, criaram-se os métodos, as tradições, as mentalidades com que, perpetuadas pelo proletariado, deveriam lutar pela vitória de outubro de 1917 várias gerações de revolucionários.

De todos esses heróis, Alexandre Jeliabov foi talvez o maior e prestou sem dúvida nenhuma, os serviços mais gloriosos ao Partido que ajudou a fundar. Denunciado por Okiadski, foi preso em 27 de fevereiro de 1881 num apartamento da avenida Nevski, na companhia de um jovem advogado de Odessa, Trigoni, também membro do misterioso Comitê Executivo da *Narodnaia Volia*. Dois dias mais tarde, as bombas do Partido liquidavam Alexandre II numa rua de S. Petersburgo. No dia seguinte, as autoridades judiciárias recebiam de Jeliabov, encarcerado na fortaleza de Pedro e Paulo, uma carta surpreendente. Poucas vezes os juízes e o monarca receberam semelhante declaração e raramente algum chefe de Partido soube cumprir com tal firmeza o seu último dever. Nessa carta Jeliabov dizia:

Se o novo soberano, recebendo o cetro das mãos da Revolução, tem a intenção de se comportar perante os regicidas como o antigo sistema; se tem a intenção de executar Rissakov, seria uma gritante injustiça deixar-me com vida, já que tantas vezes atentei contra a vida de Alexandre II e que um acaso fortuito me impediu de participar de sua execução. Sinto-me inquieto ao pensar que o governo poderá não dar maior atenção à Justiça formal do que à justiça real e adornará a coroa do novo monarca com o cadáver de um jovem herói, simplesmente por falta de provas formais contra mim, que sou um veterano da revolução.

Com toda a força de minha alma protesto contra esta iniquidade. Só a frouxidão do governo poderá explicar que se erga apenas um patíbulo em vez de dois.

Mas o novo tsar Alexandre III mandou erguer seis para os regicidas. No último instante, uma jovem mulher, Jessy Heifman, grávida, foi perdoada. Jeliabov morreu ao lado de sua companheira Sofia Pervskaia, com Rissakov (que tinha inutilmente traído), Mikhailov e o químico Kibaltchich. Mikhailov sofreu três vezes o suplício. Por duas vezes a corda do carrasco se partiu e Mikhailov caiu, já enrolado no seu lençol, mas acabou por levantar-se sozinho.

O delator Okiadski, contudo, continuava nas suas funções. No seio da generosa juventude que "se dirigia ao povo", à pobreza, à prisão, ao exílio, à morte, infatigavelmente, para refrear os caminhos da revolução, era fácil dar algunas golpes terríveis! Mal Okiadski chegou a Kiev, entregou ao policial Sudeikin a lutadora Vera Nicolaevna Figner. Depois, serviu em Tíflis como profissional hábil da traição, perito na arte de se relacionar com os homens mais importantes, conquistar suas simpatias, partilhar de seu entusiasmo, para em seguida atraiçoar em qualquer momento os seus camaradas, entregando-os vivos à Polícia e recebendo as gratificações esperadas.

Em 1889, a segurança imperial chamava-o a São Petersburgo. O ministro Durnovo, purificando Okiadski de qualquer passado indigno, tornava-o "cidadão honorário", sob o nome de Petrovski, sempre revolucionário, e confidente de revolucionários. Devia permanecer em "atividades" até a revolução de março de 1917 e até 1924 conseguiu ser apenas um pacífico habitante de Petrogrado. Depois, preso em Leningrado, na mesma cadeia onde muitas de suas vítimas esperaram a morte, conseguiu escrever a confissão da sua vida desde 1890.

Do período anterior a essa data o velho agente provocador não quis dizer uma palavra. Não estava disposto a falar desse tempo e só se referia a uma época que quase ninguém – entre os revolucionários – acompanhou ou sobreviveu, mas em que teve sob sua responsabilidade uma série de mortos e mártires...

O tribunal revolucionário de Leningrado julgou-o na primeira quinzena de janeiro de 1925. A revolução não se vinga. Esse fantasma pertencia a um passado demasiadamente distante e já bem morto. O processo, conduzido por veteranos da revolução, ganhou aspectos de um debate científico da história e da psicologia. Foi o estudo mais terrível de certos documentos humanos. E Okiadski foi condenado a dez anos de prisão.

Malinovski

Detemo-nos, ainda que brevemente, sobre um caso de delação como aliás a história do movimento revolucionário russo conheceu muitos: a delação de um chefe de Partido. Eis aqui a enigmática figura de Malinovski.[1]

Era uma manhã de 1918, depois da Revolução de Outubro, de um ano terrível: guerra civil, requisições nos campos, sabotagens dos técnicos, "complôs", levantamento dos tchecos, intervenções estrangeiras, paz infame (segundo a frase de Lenin) de Brest-Litovsk, duas tentativas de assassinato contra Vladimir Ilitch. Numa manhã desse ano, um homem apresentava-se tranquilamente junto ao comandante do Palácio de Smolny (Petrogrado) e dizia-lhe: – Eu sou o delator Malinovski. Peço-lhe que me mande prender.

O humor tem o seu lugar em todas as tragédias. Impávido, o comandante de Smolny mandou pôr na rua aquele

---

[1] Os socialistas revolucionários dos bons tempos do Partido tiveram um Azeff, cuja atividade foi talvez maior e mais singular ainda do que a de Malinovski. Ver sobre esse assunto o livro de Jean Longuet: *Terroristes et Policiers*.

homem inoportuno, dizendo: "Não tenho ordens para isso, não compete a mim prendê-lo". "Nesse caso faça-me conduzir ao Comitê do Partido". No Comitê, reconheceu-se, com bastante espanto, o homem mais execrável e mais desprezível do Partido. E prenderam-no.

Eis em duas palavras a sua carreira.

O verso: uma adolescência difícil; três condenações por roubo. Muito dotado, muito ativo, militante de diversas organizações, tão apreciado que em 1910 lhe foi permitido entrar no Comitê Central do Partido Operário Social-Democrata russo e participar da Conferência Bolchevique de Praga (1912). No fim desse ano, foi deputado bolchevique na IV Duma do Império e presidente em 1913 do grupo parlamentar bolchevique.

O reverso: informador da *Okhrana* (*"Ernesto"* e depois *"O Entalhador"*), desde 1907. A partir de 1910, passa a receber gratificações de 100 rublos por mês (o que é principesco). O ex-chefe da polícia, Beletski diz: "Malinovski era o orgulho da Segurança, e se esforçou para ser um dos chefes do Partido". Foi o responsável pela prisão de diversos grupos bolcheviques em Moscou, Tula etc.; entregou à polícia Miliutin, Noguin, Maria Smidovitch, Stalin, Sverdlov. Comunica à *Okhrana* os arquivos secretos do Partido. Foi eleito para a Duma com a ajuda tão eficaz quanto discreta da polícia...

Desmascarado, recebe do Ministério do Interior uma grande recompensa e desaparece em seguida. Veio depois a guerra e, feito prisioneiro pelas tropas, recomeça a militar em um campo de concentração. Regressa finalmente à Rússia para solicitar ao tribunal revolucionário: "Fuzilem-me!". Afirma ter sofrido enormemente pela sua dupla existência, queixa-se por só muito tarde ter compreendido a revolução, de se ter deixado arrastar pela ambição e pelo espírito de aventura. Krilenko recusou impiedosamente essa argumentação, talvez até sincera: "O aventureiro joga a sua última cartada!"

Uma revolução não pode limitar-se em detrimento de certos enigmas psicológicos. Não pode se expor com risco de ser uma vez mais iludida por um jogador habilidoso e apaixonado. O tribunal revolucionário dita sua sentença, exigida ao mesmo tempo pelo acusador e pelo acusado. Na mesma noite, algumas horas depois, Malinovski, atravessando um dos corredores do Kremlin, é atingido inesperadamente por uma bala na nuca.

Mentalidade do delator.
A delação e o Partido Comunista

Coloca-se perante nós o problema da psicologia do delator. Psicologia mórbida, mas que não deve surpreender-nos muito. Como já vimos na *Instrução da Okhrana,* algumas pessoas "trabalham" e sabemos quais são os seus métodos. Uma Serova, considerada débil de caráter e vivendo na miséria, milita com coragem. É presa. Bruscamente arrancada de seu meio, se sente perdida; os trabalhos forçados a esperam, talvez até a morte. Mas dizendo-lhe uma palavra, não mais que uma palavra sobre o que lhe faz mal... Ela estrebucha. Basta-lhe um instante de covardia e, sabemos como há uma grande covardia no fundo de qualquer ser humano. O mais terrível é que, de imediato, não poderá compreender isso. De imediato tenta defender-se. Se continua, ser-lhe-á lançada na cara, em pleno tribunal, a sua primeira denúncia. Ao fim de algum tempo ela se habitua às facilidades materiais dessa odiosa situação, tanto mais que, no segredo de sua atividade, sente-se em perfeita segurança...

Não existem apenas agentes delatores por *covardia;* mas existem, e são muito mais perigosos, os diletantes, os aventureiros que não acreditam em nada, feridos pelos ideais que até há pouco serviam e são vítimas dos perigos da intriga, da conspiração e de um jogo complicado onde duvidam de todo mundo. Esses podem ter talento, representar um papel quase indecifrável. Assim parece ter sido Malinovski. A literatura russa do período que se segue à derrota de 1905 nos oferece diversos casos psicológicos de perversão semelhante. O revolucionário ilegal – sobretudo e principalmente o terrorista – adquire uma têmpera de caráter, uma vontade, uma coragem e um amor pelo perigo que são indesmentíveis. Se acontece que, em sequência de uma evolução mental muito comum e sob influência de certas experiências pessoais (fracassos, decepções, desilusões intelectuais), perde isso tudo ou, pela derrota, ainda que temporária, do movimento, sente abalar o seu *idealismo,* em que pode se transformar? Se é realmente forte, escapará à neurastenia e ao suicídio; mas isso acontecerá para que se torne depois um aventureiro sem fé, ao qual todos os meios podem parecer bons para alcançar os seus objetivos pessoais. E a delação é um meio que com certeza lhe será proposto.

Todos os movimentos de massa, abrangendo milhares e milhares de homens, provocam situações localmente miseráveis. Não devemos nos espantar. A ação desses parasitas mal conseguiu impor-se ao vigor e à saúde mental do proletariado. Acreditamos que, à medida que o movimento revolucionário se tornar proletário, ou seja, nítida e energicamente comunista, menos perigosos serão os delatores. Mas isso não acontecerá enquanto houver lutas diretas entre as classes. Sabemos que são certas *individualidades,* às quais o hábito do trabalho e do pensamento coletivo, da rígida disciplina, da ação calculada pelas massas e inspirada por uma teoria científica da condição social, são as que *menos* oferecem possibilidades de exploração. Ao contrário, nada se mostra mais indiferente ao aventureirismo, grande ou pequeno, do que a ação ampla, séria, profunda e metódica de um grande partido marxista-revolucionário, mesmo ilegal. A ilegalidade comunista não é a dos Carbonários. A preparação comunista para a insurreição não é a dos Blanquistas. Os carbonários e os blanquistas eram grupos conspiradores, dirigidos por certos idealistas inteligentes e fortes. Um partido comunista, mesmo numericamente fraco, representa sempre, a par da sua ideologia, a classe proletária. Encarna a consciência de classe de centenas de milhares ou de milhões de homens. O seu papel é imenso, dado que é o de um cérebro e de um sistema nervoso, mas inseparável das necessidades, das aspirações e da atividade de todo o proletariado, de forma que as tentativas individuais, *quando não se ajustam aos interesses do partido* – isto é, do proletariado –[2] perdem muito de sua importância.

Nesse sentido, o Partido Comunista é, entre todas as organizações *revolucionárias* que a História até hoje nos fez conhecer, a menos vulnerável aos golpes da delação.

A delação, arma de dois gumes

Alguns "dossiês" especiais contêm as ofertas de prestação de serviço dirigidas à Polícia. Vi um volume de correspondência com o estrangeiro, no qual se pode ver sucessivamente "um tipo dinamarquês que possui uma informação importante" e

---

[2] Em contrapartida, as iniciativas individuais ou coletivas de acordo com as necessidades e aspirações do partido – isto é, do proletariado – adquirem, assim, o máximo da sua eficácia.

"um estudante corso de boa família" solicitando emprego na polícia secreta de Sua Majestade, o tsar da Rússia...

Os múltiplos auxílios em dinheiro feitos a Serova demonstram a atenção da Polícia para com os seus servidores, mesmo que tenham saído de seus quadros. A administração apenas colocava no "índex" os agentes apanhados em flagrante delito de mentira ou de chantagem. Qualificados como "vigaristas" e incluídos em listas negras, perdiam todo o direito à consideração do Estado.

Os outros, em contrapartida, podiam conseguir tudo. Adiados ou dispensados do serviço militar, graças às anistias, favores diversos depois de certas condenações oficiais, pensões temporárias ou vitalícias, tudo isso dependia do tsar. O nome de família e o nome próprio, tendo um valor religioso segundo o rito ortodoxo, era infringido assim pelo chefe espiritual da Igreja russa, excedendo as leis da própria religião. Mas tudo se deve fazer por um bom espião!

A delação acabou por se tornar uma verdadeira instituição. O número total de pessoas que participaram durante 20 anos no movimento revolucionário e prestaram serviços à Polícia pode variar entre 35 e 40 mil. Calcula-se que perto da metade desse efetivo foi desmascarada. Alguns milhares de antigos informantes ou delatores sobrevivem ainda impunemente na própria Rússia, não tendo sido até hoje possível a sua identificação. Entre essa multidão havia homens de valor, alguns dos quais chegaram mesmo a representar um papel importante no movimento revolucionário.

À frente do Partido Socialista-Revolucionário e da sua organização de combate encontrava-se, até 1909, o engenheiro Evno Azeff, que foi um dos organizadores da execução do grão-duque Serguei, da do ministro Plevhe e de muitos outros. Foi ele quem dirigiu, antes de os mandar para a morte, heróis como Kaliaev e Egor Sazonov.[3] No Comitê Central bolchevique, à frente da fração da Duma, encontrava-se, como já vimos, o agente secreto Malinovski. A delação, atingindo uma grande amplitude, tornou-se por si mesma, um perigo para o regime. Por exemplo, sabe-se que um dos mais altos funcionários do Ministério do Interior, o agente secreto Ratchkovski, conheceu e sancionou os projetos de execução de Plevhe e do grão-duque Serguei. Por seu lado, Stolipin,[4] bem ao corrente das coisas, fazia-se acompanhar sempre, nas suas saídas, pelo chefe da Polícia Guerassimov cuja presença lhe parecia uma garantia contra os atentados cometidos por instigação dos delatores. Stolipin foi morto pelo anarquista Bagrov, que tinha pertencido à Polícia.

A delação, apesar de tudo, prosperava no momento em que estourou a revolução. Alguns agentes receberam as últimas mensalidades nos últimos dias de fevereiro de 1917, uma semana antes do esmagamento da autocracia.

Alguns revolucionários mais devotados foram obrigados a se servirem da delação. Petrov, socialista-revolucionário, que deixou páginas de memórias patéticas, entrou na *Okhrana* para combatê-la. Preso e tendo se recusado a cumprir a pri-

---

[3] I. Kaliaev executou, por ordem do Partido Socialista-Revolucionário, o grão-duque Serguei (Moscou, 1905) e foi enforcado depois. Igor Sazonov executou também no mesmo ano, em Petersburgo, o presidente do Conselho, Plevhe. Condenado à morte, anistiado e mandado para trabalhos forçados, suicidou-se no campo de Akatoui, pouco tempo antes de terminar o prazo de sua condenação, a fim de protestar contra as sevícias de que eram vítimas os seus camaradas. Estes dois homens, de grande coragem moral, deixaram na Rússia uma profunda lembrança.

[4] Stolipin, chefe do governo do tsar no período da implacável reação que se seguiu à Revolução de 1905, esforçou-se por consolidar o regime por meio de uma repressão sistemática e de certas reformas agrárias.

meira ordem do diretor da Polícia, simulou estar doido para que o enviassem para um asilo, de onde a fuga era possível; conseguiu que isso acontecesse, fugiu e voltou, já livre, a oferecer seus serviços. Convencido de sua traição, Petrov acabou se suicidando depois de ter executado o coronel Karpov (1909).

O maximalista[5] Salomon Riss (Mortimer), organizador de um grupo terrorista extremamente audacioso (1906/1907), conseguiu, por momentos, zombar da Segurança, da qual tinha se tornado um colaborador secreto. O caso de Salomon Riss é uma notável exceção, quase inverossímil, que apenas se explica pelas particularidades e pelo desencontro da *Okhrana* após a revolução de 1905. Em geral é impossível brincar com a Polícia e é impossível a um revolucionário penetrar em seus segredos. O agente secreto, mesmo que goze de muita confiança, consegue iludir apenas um ou dois policiais, mas são suficientes as mais breves palavras e até certas mentiras para que depressa se descubra o jogo.[6]

O desenvolvimento da delação levou, por outro lado, a *Okhrana* a tramar complicadas intrigas em que nem sempre teve a última palavra. Foi por isso que, em 1907, se viu obrigada a deixar evadir-se o próprio Riss: o diretor da Segurança não hesita em matar para concretizar esse objetivo. Dois policiais organizaram a evasão do revolucionário, acatando ordens. O inquérito judiciário, desajeitadamente conduzido,

---

[5]   Pouco numerosos, os maximalistas, dissidentes do Partido Socialista-Revolucionário, onde censuravam a corrupção dos seus chefes e uma ideologia oportunista, foram sobretudo, com teorias tão extremas como fantasiosas, uns terroristas corajosos. Subsistem ainda alguns deles que estão próximos dos socialistas-revolucionários de esquerda.

[6]   Salomon Riss pagou caro a sua audácia. Preso no sul da Rússia, depois de diversas ações perigosas, teve de se defender diante dos juízes da terrível suspeita dos seus companheiros de luta, recusou "retomar o serviço" na *Okhrana* e, condenado à morte em Kiev, morreu como revolucionário.

revelou o seu papel. Julgados em conselho de guerra e oficialmente abandonados pelos seus superiores, foram condenados a trabalhos forçados.

Os espiões russos no estrangeiro: o caso de Raymond Recouly

As ramificações da *Okhrana* estendiam-se naturalmente ao estrangeiro. Os seus "dossiês" continham determinadas informações sobre determinadas pessoas que viviam fora das fronteiras do Império e que nunca tinham visitado a Rússia. Embora tivesse estado na Rússia pela primeira vez em 1919, encontrei lá toda uma série de fichas com o meu nome. A polícia russa seguia com a maior atenção os casos de revolucionários que se destacavam no estrangeiro. Acerca dos anarquistas russos Troianovsk e Kiritchek, presos durante a guerra, em Paris, encontrei em Petrogrado um volumoso processo. Lá estavam os relatórios dos interrogatórios do Palácio da Justiça de Paris. Russos ou estrangeiros, os anarquistas eram especialmente vigiados *em todos os lados,* devido aos cuidados da *Okhrana,* que mantinha a este respeito uma correspondência constante com os serviços de segurança de Londres, Roma, Berlim etc.

Em todas as capitais importantes, residia permanentemente um chefe da polícia russa. Durante a guerra, Krassilnikov, oficialmente conselheiro da Embaixada, ocupava esse delicado posto em Paris.

No momento em que estourou a Revolução Russa, uns quinze agentes delatores se encontravam de serviço em Paris, entre os diversos grupos da emigração russa. Quando o último embaixador do tsar teve de passar o cargo a um sucessor designado pelo Governo Provisório, uma comissão formada por personalidades bem vistas na colônia emigrada de Paris, encarregou-se de estudar os papéis de Krassilnikov e identificou, sem dificuldades, os agentes secretos. Entre outras surpresas, verificou que um membro da imprensa francesa, jornalista de arraigado patriotismo, morava na rua de Grenelle e era denunciante e espião. Tratava-se de Raymond Recouly, redator do *Figaro*, onde tinha sob sua responsabilidade a seção de polícia internacional. Na sua secreta colaboração com Krassilnikov, Raymond Recouly, se sujeitando às regras impostas aos informantes, tinha trocado seu nome pelo codinome pouco literário de *Ratmir*. Para um trabalho de cão, era o nome adequado. Ratmir informava a *Okhrana* acerca de seus colegas de imprensa francesa, fazendo no *Figaro* e noutros lados a política da *Okhrana*. Recebia 500 francos por mês. Esses fatos são notórios e poderemos encontrá-los, com pormenor, num volume impresso em Paris, creio que a partir de 1918, que contém um extenso relatório de Agafonov, membro da comissão de inquérito dos emigrados parisienses acerca da delação russa na França. Os membros dessa comissão – alguns dos quais ainda devem viver em Paris – não esqueceram, com toda a certeza, a figura de Ratmir Recouly. Marchand publicou em 1924, no *Humanité*, as provas, extraídas dos arquivos da *Okhrana* em Petrogrado, da atividade policial de Recouly. Ele se limitou a fazer um desmentido em que ninguém acreditou e que não foi aceito sequer pelos seus companheiros.[7] E isso se entende porque o seu caso, no meio da corrupção da imprensa pelos governos estrangeiros, é inteiramente vulgar.

---

[7] Raymond Recouly destila ainda nos jornais burgueses bem considerados seu patriotismo exacerbado. Claro, o dinheiro não tem cheiro!

Gabinetes provados e política internacional

Krassilnikov tinha também à sua disposição todo um serviço de detetives, informantes e grupos de assalariados, que faziam tarefas pequenas, como vigilância da correspondência dos revolucionários (gabinete privado etc.)

Em 1913-1914 (e acho que não sofreu modificações importantes até a Revolução), a agência secreta da *Okhrana* na França era praticamente dirigida por um tal de Bitard--Monin, que recebia 100 francos por mês. Com base nos recibos de suas gratificações posso indicar o nome e o endereço desses informantes. Talvez a sua publicação não seja de todo inútil.

Ei-los:

Agentes secretos da polícia, no estrangeiro, sob a direção de Bitard-Monin (Paris): E. Invernitzi (Calvi, Córsega), Henri Durin (Genova), Sambaine (Paris), A. ou R. Sauvard (Cannes), Vogt (Menton), Berthold (Paris), Fontaine (Cabo Martin), Henri Nehaus (Cabo Martin), Vincent Vizzardelli (Grenoble), Barthes (S. Remo), Ch. Delangle (S. Remo), Georges Coussonet (Cabo Martin), O. Rougezus (Menton), E. Leveque (Cabo Martin), Fontana (Cabo Martin), Arthur Fromento (Alassis), Soustrov ou Surkhanov e David (Paris), Dussossois (Cabo Martin), R. Gottlieb (Nice), Godard (Nice), Roseli (Zurique), Madame G. Richard (Paris), Jean Abersold (Londres), J. Bint (Cannes), Karl Voltz (Berlim), Mlle. Drouchot, Mad. Tiercelin, Mad. Bagon, Jollivet, Rivet.

Três pessoas recebiam pensões por meio da agência russa de Paris: viúva Farse (ou Farce?), viúva Rigo (ou Rigault?) e N. – N. Tchatchnikov.

A presença temporária de inúmeros agentes no Cabo Martin ou noutras localidades pouco importantes, se explica pela necessidade das perseguições. Esses agentes não receavam nenhum deslocamento.

Tinham conseguido organizar na Europa um espantoso gabinete privado. Em Petrogrado, tivemos em nossas mãos grossos volumes com cópias das cartas trocadas entre Paris e Nice, Roma e Genova, Berlim e Londres etc. Toda a correspondência de Savinkov e de Tchernov, quando eles viviam na França, foi conservada nos arquivos da polícia de Petrogrado. Uma correspondência entre Haase e Dane[8] foi interceptada, como muitas outras. E de que maneira? O porteiro ou o correio do destinatário ou qualquer outra pessoa, sem dúvida bem remuneradas, retinha por algumas horas – o tempo necessário para que se pudesse copiá-las – as cartas destinadas às pessoas que eram vigiadas. As cópias eram feitas muitas vezes, por pessoas que não conheciam a língua utilizada pelos autores das cartas o que aliás se revela por alguns erros. Continham também a data em que eram enviadas e o respectivo local. Em seguida eram transmitidas para Petrogrado rapidamente.

A polícia russa no estrangeiro colaborava naturalmente com as polícias locais.[9] Enquanto os agentes delatores, igno-

---

[8] Haase, líder da social-democracia alemã, assassinado em 1919 por um louco; Dane, menchevique russo.

[9] Uma estreita colaboração é quase que uma regra entre as polícias dos Estados capitalistas, de maneira que se poderia, em certo sentido, falar de polícia internacional. Acerca do começo da colaboração entre a *Okhrana* dos tsares e a Segurança da Terceira República Francesa, poderão encontrar-se páginas curiosas e pormenorizadas num velho livro de Ernest Daudet, *Histoire diplomatique de l'alliance franco-russe, 1894*. Vemos aí os senhores Freyssinet, Ribot e Constant, então ministros, combinarem com o embaixador da Rússia, Morenheim, a prisão de um grupo de niilistas, preparada aliás pelo espião Landensen (que mais tarde, sob o nome de Harting, fez carreira diplomática na França e recebeu a Legião de Honra). Outro livro, não menos esquecido, *Alliance franco-russe*, de Jules Hansen, confirma esse fato. Finalmente, o antigo chefe da Segurança, Goron, relata nas suas memórias que o prefeito de Paris solicitou ao chefe da polícia russa em Paris (Ratchkovski) o auxílio

rados por todos, representavam o seu papel de revolucionários, ao redor deles operavam, oficialmente ignorados, mas na realidade ajudados e encorajados, os detetives de Krassilnikov. Alguns fatos característicos demonstram qual era a natureza da ajuda que lhes era prestada pelas autoridades francesas. O agente Francesco Leone estabeleceu a certa altura relações com Bourtzev,[10] concordando em lhe confiar, por dinheiro, alguns dos segredos de Bitard-Monin. O seu colega Fontana, a quem conhecia por fotografia, feriu-o com uma bengalada num café perto da estação de Lyon (Paris, 28 de junho de 1913). Depois de preso, o agressor foi encontrado com dois cartões de agente de Segurança francesa e um revólver. É enviado para a cadeia com quatro acusações em cima: "usurpação de funções, porte de arma ilegal, golpes e ferimentos, ameaças de morte". Vinte e quatro horas mais tarde era colocado em liberdade por intervenção de Krassilnikov, após ter sido desmentida

---

dos seus agentes para a vigilância de certos emigrados (citado por V. Burtzev). Essas confissões, embora antigas, são feitas por homens de quem não se suspeitará que pretendam caluniar o governo francês.

Mas lembremos fatos muito mais recentes, que infelizmente não tiveram, mesmo na imprensa operária, o relevo desejável. Em fevereiro de 1922, Nicolau Fort, um dos presumíveis assassinos do primeiro-ministro espanhol, Dato, e sua companheira Joaquina Concepción, foram entregues pela polícia alemã à polícia espanhola por *intermédio da polícia francesa*. A transferência dos extraditados operou-se no maior sigilo. O Governo espanhol pagou à polícia berlinense um prêmio elevado. Em 1905, sob o governo de Herriot, a gendarmeria e a polícia francesa fizeram recuar por diversas vezes, na fronteira dos Pirineus, operários espanhóis perseguidos pela polícia de Primo de Rivera.

[10] Publicitário e liberal, Vladimir Burtzev dedicou-se à história do movimento revolucionário e à luta contra a delação policial. Desmascarou certos delatores como Azeff, Harting-Landensen e muitos outros. Preconizou, contra o antigo regime, o terrorismo individual. Depois da queda do tsarismo, evoluiu muito rapidamente, tal como a maioria dos seus companheiros de luta, para o campo da contrarrevolução. Amigo e colaborador de G. Herve, partidário da intervenção na Rússia, tornou-se depois agente de propaganda de Benikin, Koltchak e Wrangel em Paris.

oficialmente a sua qualidade de agente da Segurança russa. Quanto ao indiscreto Leone, a embaixada russa consegue a sua *expulsão* da França. Uma carta de Krassilnikov relata ao diretor da Segurança todos esses incidentes e o põe a par das tentativas feitas para tentar expulsar Burtzev da Itália.

Em outra carta, o mesmo Krassilnikov faz chegar ao conhecimento da *Okhrana* que um inquérito socialista acerca dos tratamentos e métodos da polícia russa, cujo problema ele tinha levantado, "não é de se recear, segundo as autoridades francesas. Os parlamentares socialistas têm neste momento outras ocupações".[11]

Os criptogramas. Ainda o gabinete privado

Mas, o que ocorreria se em suas cartas os revolucionários se servissem de sinais combinados previamente? A *Okhrana* encarregaria um investigador de talento de decifrar as mensagens. Mas nunca houve necessidade disso. Esse especialista consagrado, de nome Zibin, adquiriu tal reputação de infalibilidade que a revolução de março o poupou. Passou a servir o novo governo, que o utilizou creio, que na contraespionagem.

Acontece que os códigos mais diversos podem ser decifrados. Combinações geométricas ou, aritméticas e o cálculo das probabilidades permitem encontrar alguns indícios. Para

---

[11] Qualquer correspondência deste personagem e dos seus chefes é altamente edificante. Vemos o diretor da Segurança de Petersburgo assegurar a Krassilnikov que as autoridades russas desmentirão em todas as circunstâncias o seu papel na polícia russa. Vemos esse estranho "conselheiro de embaixada", título oficial, maquinar uma intriga prodigiosamente complicada para despistar as informações de Burtzev. Um ex-agente da Segurança russa no estrangeiro, Jollivet, estabelece relações com Burtzev, faz-lhe revelações e encarrega-se de vigiar uma pessoa suspeita de espionagem, mas vigia na realidade o próprio Burtzev, acerca de quem informa a *Okhrana*. Espionagem e traição em terceiro grau! Não há nada a perder!

decifrar é necessário portanto um simples ponto de partida ou qualquer pequena pista. Alguns camaradas se serviam, dizem-me agora, de certos livros e nos quais combinavam marcar certas páginas para transferirem entre si. "Os códigos baseados em textos de escritores conhecidos, sobre certos modelos fornecidos por manuais das organizações revolucionárias, sobre a disposição vertical, de nomes ou divisas, não valem nada", escreveu o ex-policial E. Bakai.[12] Os códigos das organizações centrais são na maioria das vezes abertos por delatores ou decifradas, à distância, após um trabalho minucioso. Bakai considera como os melhores códigos certos textos impressos e pouco conhecidos. Zibin constituiu uma série de quadros e de fichas onde se encontrava rapidamente o nome de todas as cidades da Rússia e onde, por exemplo, existisse uma rua chamada Santo Alexandre, o nome de todas as cidades onde havia certas escolas ou fábricas; os codinomes e nomes de todas as pessoas suspeitas que viviam no Império etc. Havia listas por ordem alfabética de estudantes, marinheiros, oficiais etc. Encontrava-se numa carta, com aparência ingênua, estas simples palavras: "O Pequeno Moreno foi esta noite à Rua Grande" e mais adiante uma frase que dizia respeito a um "estudante de Medicina", mas era suficiente verificar algumas fichas para saber se já houvera referência a esse Pequeno Moreno e em que cidade, desde que esta cidade tivesse uma Faculdade de Medicina ou uma Rua Grande. Três ou quatro referências parecidas já forneciam uma probabilidade séria a se considerar.

Em todas as correspondências vigiadas ou interceptadas, as menores alusões a uma determinada pessoa eram anotadas

---

[12] Biloy, Le Passé, Paris – 1908.

em fichas, cujos números eram remetidos para o próprio texto de suas cartas. Arquivos inteiros se encontram cheios dessas cartas. Três cartas inteiramente vulgares, vindas de militantes dispersos numa região e fazendo acidentalmente referência a uma quarta pessoa, era suficiente para a mandar prender.

Sublinhemos: a vigilância da correspondência pelos escritórios – faz parte da tradição policial negar-lhes a existência mas sem eles não há polícia – é de uma importância capital. O correio das pessoas suspeitas ou conhecidas é em primeiro lugar vigiado; depois de uma escolha feita ao acaso, interceptam-se cartas que contêm no envelope a indicação de "favor transmitir a", aquelas cujas indicações importantes aparecem sublinhadas de forma convencional, ou seja, aquelas que de um modo geral despertam a atenção. Abertura das cartas ao acaso fornece uma documentação tão útil como a vigilância do correio dos militantes mais destacados. Na verdade, os militantes procuram corresponder-se com toda a prudência (mas a verdadeira prudência e a mais impossível, frequentemente, seria não tratar de assuntos que chamam a atenção por correspondência, mesmo indiretamente), enquanto a maioria dos membros dos partidos – os desconhecidos – desprezam os cuidados mais elementares.

A *Okhrana* fazia três cópias das cartas mais interessantes: uma para os serviços de Censura, outra para a Direção da Segurança e uma outra para a Direção da Polícia local. A carta, só então, chegava ao seu destinatário. Em certos casos, por exemplo, quando se conseguia encontrar uma tinta quimicamente agradável, a polícia guardava o original e o destinatário recebia uma carta falsa, imitada com perfeição, obra de um especialista muito habilidoso.

Para abrir as cartas, se utilizavam processos que variavam segundo a criatividade dos próprios funcionários: descolagem dos envelopes por vapor, abertura com uma lâmina de barbear aquecida etc. Mas na maioria dos casos, os cantos do envelope nunca ficavam inteiramente colados: então é fácil introduzir-se nesses cantos qualquer objeto cortante, retirando-se de dentro a carta e sendo assim possível voltar a fechar o envelope sem nada ser notado.

As cartas interceptadas nunca eram comunicadas à Justiça para não se levantar qualquer suspeita, mesmo que indireta, acerca do trabalho do gabinete privado. Eram depois utilizadas na elaboração dos relatórios da polícia.

A oficina de código se ocupava apenas dos criptogramas revolucionários. E se colecionavam também as cópias fotografadas dos códigos diplomáticos das grandes potências...

Síntese das informações. Método dos gráficos

Até agora conseguimos examinar apenas o mecanismo de observação da Segurança russa. Os seus processos são de algum modo analíticos. Procura-se, folheia-se, anota-se. Quer se trate de uma organização ou de um militante, os processos são os mesmos. Ao fim de algum tempo – que pode ser muito curto, a Segurança dispõe de quatro espécies de dados sobre o inimigo:

1ª – as da vigilância externa (perseguição), cujos resultados são resumidos em quadros sinópticos, esclarecem sobre seus atos e gestos, os seus hábitos, todas as suas ligações mais diretas e mais próximas etc.;

2ª – as da agência secreta ou dos informantes que esclarecem acerca das suas ideias, dos seus trabalhos, da sua atividade clandestina etc.;

3ª – as que podem fornecer a leitura muito atenta dos jornais e das publicações revolucionárias;

4ª – as da sua correspondência ou da correspondência de terceiros que, a seu respeito, completam a imagem total.

O grau de precisão das informações fornecidas pelos agentes secretos era naturalmente variável. A impressão geral que oferecem todos os processos é de grande exatidão, especialmente quando se trata das organizações melhor consolidadas. Os processos elaborados pela polícia contêm uma descrição pormenorizada de cada reunião clandestina, um resumo de cada discurso importante, um exemplar de cada publicação clandestina, mesmo policopiada.[13]

Portanto, a Segurança tinha em suas mãos uma abundante documentação. O trabalho de observação e de análise é feito depois e, segundo o método científico, é iniciado nesse momento um trabalho de classificação e de síntese.

Os seus resultados se exprimem em *gráficos*. Verifiquemos um desses casos. Título: *Relações de Boris Savinkov*. Esse quadro, com 40 centímetros de altura por 70 de largura, resume de maneira que podemos interpretar num rápido bater de olhos, todos os dados registrados acerca das relações do terrorista.

No centro, um retângulo do tamanho de um cartão de visita, contém o nome, escrito em boa caligrafia. Desse retângulo saem as linhas que o ligam aos pequenos círculos de cor, os quais são, muitas vezes centros de onde irradiam outras linhas que se ligam naturalmente a outros círculos. E

---

[13] O "dossiê" de vigilância das organizações social-democratas só para o ano de 1912 conta 250 volumes grossos.

assim sucessivamente. As relações, mesmo indiretas, de um homem, podem desde logo ser entendidas, qualquer que seja o número de intermediários, conscientes ou não, que o relacionem com determinada pessoa. No quadro das relações de Savinkov, os círculos vermelhos representam as suas relações "de combate" e dividem-se em três grupos: de nove, oito e seis pessoas, todas mencionados pelos seus nomes e codinomes; os círculos verdes representam pessoas com as quais teve ou tem relações diretas, políticas outras – existem ao todo 37 pessoas; os círculos amarelos representam os seus familiares; os círculos cinzentos indicam as pessoas relacionadas com os seus amigos e outras pessoas... Tudo isso em Petrogrado. Outros sinais indicam as suas relações em Kiev. Por exemplo, podemos ler: B. S. conhece Bárbara Eduardovna Varkhovskaia, que por sua vez conhece 12 pessoas em Petrogrado (nomes, apelidos etc.) e cinco em Kiev. Talvez B. S. nada saiba acerca dessas 12 e dessas cinco pessoas, mas a polícia conhece melhor do que ele, os seus polos de ligação e de conhecimento!

Trata-se de uma organização? Vejamos uma série de quadros de estudo, visivelmente pormenorizados, de uma organização socialista-revolucionária do governo de Vilna. Círculos vermelhos formam, aqui e além, uma espécie de constelações; entre elas existem linhas que se entrelaçam diferentemente. Mas decifremos: Vilna. Um círculo vermelho: Ivanov, "O Velho", rua, número da porta, profissão. Uma linha em flecha liga-o a Pavel (mesmas informações) e certas datas indicam-nos que em 13 de fevereiro (entre as quatro e cinco horas), em 27 (às nove horas da noite) e em 28 (às quatro horas), Ivanov esteve na casa de Pavel. Outra linha em flecha liga-o a Marfa, que veio a sua casa no dia 27 desse mês, por volta do meio dia. E assim sucessivamente. Essas linhas entrelaçam-se como passos dados na rua; esse quadro nos permite acompanhar, hora a hora, toda a atividade de uma organização.

Antropometria. Sinais de preferência e liquidação

Mencionemos aqui um acessório, bastante útil, de que a Segurança dispõe: a antropometria (a "bertillonagem", do nome de Bertillon, que desenvolveu o sistema), preciosa nos serviços de identificação judiciária. Qualquer pessoa presa é antropometrada, ou seja, fotografada diversas vezes: de frente, de perfil, de pé e sentada; é medida com instrumentos de precisão (forma e dimensões do crânio, do antebraço, do pé, da mão etc.), examinada por especialistas que elaboram todos os sinais científicos (forma do nariz e das orelhas, cor dos olhos, cicatrizes e marcas do corpo); tiram-lhe as impressões digitais; faz-se o estudo das mais pequenas sinuosidades da pele que em seguida poderão sumir quase infalivelmente, verificadas as impressões deixadas numa porta ou num copo para a sua total identificação. Em todas as investigações judiciárias, as fichas da antropometria, classificadas por índices característicos, fornecem a base de informações.

Alguns sinais simples podem ser um tanto perigosos. A conformação das orelhas, a cor dos olhos e a forma do nariz podem ser observadas na rua, sem despertar atenção. Esses dados serão suficientes para que o policial experimentado possa identificar o homem apesar das mudanças que este possa ter feito no seu aspecto físico.

É evidente que os principais militantes são bem conhecidos: a polícia está perfeitamente esclarecida acerca da organização, vista em seu conjunto. Resta sintetizar tudo com pormenores. Deve ser feito qualquer coisa de mais limpo e asseado. E faz-se. São os gráficos a cores, bem cuidados, como trabalhos de arquitetos, artisticamente caligrafados. Algumas legendas explicam os sinais. E assim se consegue o *Esquema de organização do Partido Socialista-Revolucionário,* que nem os próprios membros do partido possuem, ou o quadro da organização do partido socialista polaco, da seita judaica, da propaganda nas fábricas de Petrogrado etc. Enfim, todos os partidos e todos os grupos são na realidade estudados a fundo.

Mas não platonicamente! Eis-nos aqui muito perto do seu objetivo. Um elegante esboço mostra-nos o *"projeto de liquidação da organização social-democrata de Riga".* No alto, o Comitê Central (4 nomes) e o setor de propaganda (2 nomes); embaixo, o comitê de Riga, relacionado com cinco grupos, dos quais dependem 26 subgrupos. Existem um total de 76 nomes de pessoas para umas trinta organizações. Basta apenas agarrar de surpresa toda essa gente e extirpar assim a organização social-democrata de Riga inteira...

Estudo científico do movimento revolucionário

Terminada a obra, os seus autores sentem um legítimo orgulho em conservar a memória. Editam luxuosamente um álbum com fotografias dos membros da organização liquidada. Tenho em minhas mãos o álbum consagrado à liquidação do grupo anarco-comunista "Os Comunardos", pela polícia de Moscou, em agosto de 1910. Quatro páginas fotografadas representam os apetrechos e o armamento do grupo: 18 retratos aparecem em seguida, com as suas notas biográficas.

Os materiais – relatórios, "dossiês", gráficos etc. – que até este momento foram utilizados com um espírito prático imediato, vão ser utilizados depois de forma um pouco mais científica.

Todos os anos é publicado um volume sob os cuidados da *Okhrana* e de seus funcionários, onde se inclui uma exposição sucinta e completa dos principais casos que foram acompanhados, informando-se acerca da atual situação do movimento revolucionário.

Volumosos documentos são escritos sobre o movimento revolucionário para servir na instrução e preparação das novas gerações de agentes. Encontra-se nesses documentos, em relação *a cada partido,* a sua história (origem e evolução), um resumo das suas ideias e do seu programa; uma série de figuras acompanham os textos explicativos e fornecem o esquema da sua organização, as resoluções das últimas assembleias e notícias acerca dos seus militantes mais destacados. Enfim, trata-se de uma monografia concisa e completa. A história do movimento anarquista na Rússia será particularmente difícil de reconstituir por causa da eliminação dos homens e grupos, das *perdas desconhecidas* que esse movimento sofreu durante a revolução e mesmo pelo seu posterior esfrangalhamento. Mas tivemos a felicidade de encontrar, nos arquivos da polícia, um excelente volume, muito pormenorizado, em que está resumida toda essa história. Bastará acrescentar algumas notas e um curto prefácio para oferecer aos leitores um livro do maior interesse...

Quanto aos grandes partidos, a *Okhrana* publicava por conta própria, certos trabalhos conscienciosos, considerando que alguns seriam dignos de repressão e para isso haverão de servir algum dia. Anotemos: *Sobre o movimento sionista judeu,* 156 páginas de grande formato, informação redigida para o departamento da Polícia; *A atividade da social-democracia* durante a guerra, 102 páginas, texto compacto; *Situação do Partido Socialista-Revolucionário em 1908* etc. Eis alguns dos títulos tirados ao acaso entre as brochuras que saíram dos prelos da polícia imperial.

O Departamento da Polícia editava também, para uso de seus funcionários superiores, algumas folhas de informação periódica. E, por vontade do tsar, elaborava num exemplar único, uma espécie de revista manuscrita, que aparecia de dez a quinze vezes por ano, onde os menores incidentes do movimento revolucionário – prisões isoladas, investigações de interesse, repressões, alterações da ordem pública – eram registrados. Nicolau II sabia de tudo. Nicolau II não desprezava as informações fornecidas pelos gabinetes privados. Esses relatórios estão muitas vezes anotados pelo seu próprio punho.

A *Okhrana* não vigiava somente os inimigos da autocracia. Considerava-se também que era bom ter nas mãos os próprios amigos e, sobretudo saber o que eles pensavam. A polícia estudava principalmente as cartas dos altos funcionários, conselheiros do Estado, ministros, generais, homens da Corte. As passagens interessantes dessas cartas, agrupadas por assuntos e por datas, formavam ao fim de um semestre um grosso volume datilografado, que era lido somente por duas ou três destacadas personalidades. O general Z... escreve à princesa T... para dizer que desaprova a nomeação de M... como elemento do Conselho do Império ou que se zomba do ministro Z... nos salões do Palácio. Tudo isso é anotado. Um ministro comenta à sua maneira uma proposta de lei, um discurso etc. Tudo é copiado e anotado, sob o título de "informações sobre a opinião pública".

A proteção do tsar

A proteção do tsar, sempre sagrada, exigia um mecanismo especial. Percorri cerca de trinta brochuras consagradas à forma de preparar as viagens de Sua Majestade Imperial, por terra, por mar, por estrada de ferro, de automóvel, nos campos, nas ruas, nas montanhas. Inúmeras regras presidem à organização de cada viagem do soberano. Quando ele tem de passar pela rua, em certas solenidades, chega-se ao extremo de estudar o seu itinerário casa por casa, janela por janela, de maneira a saber exatamente quem são as pessoas que vivem ao longo do percurso e quem recebem em suas casas. São elaborados seguidamente planos de todas as casas, de todas as ruas por onde passará o cortejo. Desenhos pormenorizados representam as fachadas e revelam os números das portas, bem como os nomes dos locatários que facilitam os sinais.

Por diversas vezes, no entanto, a vida de Nicolau II esteve à mercê dos terroristas. E se certas circunstâncias fortuitas o salvaram, não foi a *Okhrana*...

O que custa uma execução

Entre as montanhas de papelada da polícia do tsar, existem vários documentos muito tristes do ponto de vista humano, mas só por meio de uma série de simples recibos das somas pagas, encontrados junto de um dos processos, se pode consagrar algumas linhas a esse aspecto. Sabemos também que esses papéis vinham, muitas vezes, depois da "liquidação" dos grupos revolucionários, engrossar e encerrar certos processos, já preenchidos pela vigilância e a denúncia. Era uma espécie de epílogo...

No entanto, esses recibos nos dizem quanto custava à justiça do tsar uma execução. Trata-se de recibos de todos aqueles que, diretamente ou não, estendem a mão ao carrasco. Vejamos um desses exemplos:

Gastos com a execução dos irmãos Modat e Diavat Mustafá Ogli condenados pelo tribunal militar do Cáucaso:

Transferência dos condenados da fortaleza de Metek para a prisão	
– pagamento aos condutores	4 rublos
– outros gastos	4 rublos
Para abrir e tapar duas covas (seis coveiros assinam cada qual um recibo de 2 rublos)	12 rublos
Por erguer a forca	4 rublos
Por vigiar os trabalhos	8 rublos
Gastos com a viagem de um padre (e regresso)	2 rublos
Verificação pelo médico dos óbitos	2 rublos
Serviço do carrasco	50 rublos
Despesa com deslocação do carrasco	2 rublos

Em suma, tudo isso não é caro! Os gastos com o padre e o médico, sobretudo, são modestos. Claro, o sacerdócio de um e a profissão de outro impõem a sua devoção à Humanidade.

Talvez devêssemos abrir aqui um novo capítulo intitulado "A tortura". Todas as polícias, sem exceção, fazem uso mais ou menos frequente desse "processo" medieval. Ainda se pratica nos Estados Unidos o terrível *"3º interrogatório"*. Na maioria dos países da Europa, a tortura generalizou-se desde o agravamento da luta de classes, logo após a guerra. A *Siguranza* romena, a "Defensiva" polaca, as polícias alemã, italiana, iugoslava, espanhola, búlgara – não nos devemos esquecer – usam a tortura com grande frequência. A *Okhrana* russa precedeu-as nesse sentido, mas com certa moderação. Embora se registrassem casos, mesmo em elevado número, de castigos corporais praticados nas prisões, o tratamento infringido pela polícia russa aos seus presos, antes da Revolução de 1905, parece ter geralmente sido mais humano do que aquele que é hoje aplicado, nos estabelecimentos carcerários, aos militantes operários de uma dezena de países da Europa.

Depois de 1905, a *Okhrana* dispôs de câmaras de tortura em Varsóvia, Riga, Odessa e, parece, também na maior parte dos grandes centros.

Conclusão: por que é invencível a revolução?

A polícia devia ver tudo, entender tudo, saber tudo, poder fazer tudo... A força e a perfeição do seu mecanismo revelam-se tão temíveis que pode se dizer que encontra no fundo da alma humana recursos inacessíveis. Todavia, nada conseguiu impedir. Durante meio século, defendeu inutilmente a autocracia contra a revolução, que de ano para ano se apresentava mais forte.

Haveria razão de sobra para nos deixarmos impressionar pelo mecanismo aparentemente aperfeiçoadíssimo da Segurança imperial. A polícia dispunha realmente de alguns homens muito inteligentes, de técnicos com grande capacidade profissional: mas toda a máquina se baseava no trabalho de um núcleo de funcionários desconhecidos. Nos relatórios mais bem elaborados, encontram-se as maiores anomalias. O dinheiro dissipava todas as engrenagens da grande máquina; o ordenado é um sério estímulo, mas insuficiente. Nada de importante se faz sem interesse. E a autocracia não tinha defensores desinteressados.

Se ainda fosse preciso, depois do levantamento de 26 de março de 1917, demonstrar, com fatos pedidos à história da Revolução Russa, a inutilidade dos esforços do Departamento da Polícia, poderíamos apresentar muitos argumentos como este que utilizamos da boca do ex-agente M. E. Bakai. Em 1906, após a repressão da primeira revolução, no momento em que o chefe da polícia Trussevitch reorganizava a *Okhrana,* as organizações revolucionárias de Varsóvia, principalmente as do partido socialista polaco,[14] "suprimiram nesse ano 20 militares, 7 policiais, 56 agentes e feriram 92 pessoas; em breve ficaram fora de combate 179 agentes das autoridades. Destruíram 149 bares em toda a zona. Na preparação desses atos participaram centenas de homens que, na sua maioria, permaneceram ignorados da polícia. M. E. Bakai observa que, nos períodos de maior sucesso da revolução, os agentes delatores faziam muitas vezes falta, mas reapareciam logo que a reação precisasse. Eram como corvos sobre os campos de batalha!

Em 1917, a autocracia afundou-se sem que as suas legiões de delatores, polícias, carrascos, sargentos, cossacos, juízes, generais e popes pudessem retardar ainda o curso inflexível da História. Os relatórios da *Okhrana,* redigidos pelo general Globatchev, *verificam* a aproximação da revolução e transmitem ao tsar os seus inúteis avisos. Tal como os médicos mais experientes não podem deixar de verificar, junto da cabeceira do moribundo, o avanço da doença que se evidencia de minuto a minuto, também os policiais do Império, impotentes, viam o tsarismo rolar para o abismo...

A revolução era fruto de causas econômicas, psicológicas e morais situadas acima deles e fora do seu alcance. Estavam condenados a resistir inutilmente e a sucumbir. Porque a eterna ilusão das classes governantes é acreditar que se pode eliminar os efeitos sem atingir as causas, que se pode lutar contra o anarquismo ou o sindicalismo (como na França e nos Estados Unidos), contra o socialismo (como Bismark fez na Alemanha), contra o comunismo, como se observa hoje em todos os lados. Velha experiência histórica! E também o

---

[14] Tornou-se depois patriota, governamental e policial; era o partido de Pilsudski.

Império Romano perseguiu inutilmente os cristãos. O catolicismo cobriu a Europa de fogueiras, sem conseguir vencer a Heresia, a vida.

Na verdade, a polícia russa mostrava-se impiedosa. A simpatia instintiva ou consciente da imensa maioria da população ia para os inimigos do antigo regime. O seu frequente martírio suscitava o proselitismo de alguns e a admiração da maioria. Sobre esse velho povo cristão, a vida apostólica dos propagandistas que, renunciando ao bem-estar e à segurança e querendo levar aos mais infelizes um Evangelho novo, se viam arrastados para a prisão, o exílio das Sibérias, mesmo à própria morte, exercia uma influência irresistível. Eram o "sal da terra": os melhores, os únicos que transmitiam uma imensa esperança e, por isso, se viam perseguidos.

Tinham a seu lado uma grande força moral, a das ideias e a dos sentimentos. A autocracia não era um princípio vivo. Ninguém acreditava na sua necessidade e já não existiam sequer ideólogos. Mesmo a religião, pela boca dos seus pensadores mais sinceros, condenava um regime que se apoiava no emprego sistemático da violência. Os cristãos mais destacados na Rússia moderna, "doukhobors" e "tolstoianos", foram anarquistas. Ora, uma sociedade que não se apoia em ideias vivas, cujos princípios fundamentais desapareceram, pode manter somente por muito pouco tempo a sua força de inércia.

Na sociedade russa, nos últimos anos do antigo regime, as ideias novas – subversivas – tinham ganhado uma força sem contrapeso. Tudo o que na classe operária, na pequena burguesia, no Exército e na Marinha, nas profissões liberais, pensava e agia era revolucionário, ou seja, "socialista" de uma maneira ou de outra. Não havia, como nos países da Europa Ocidental, uma média burguesia que estivesse satisfeita. O antigo regime não era defendido a não ser pelo clero, a nobreza da corte, os ricos, alguns políticos, enfim, por uma ínfima aristocracia. As ideias revolucionárias encontravam por todos os lados um terreno favorável. Durante muito tempo, a nobreza e a burguesia deram à revolução a nata das suas gerações mais novas. Quando um militante se escondia, se encontravam logo inúmeras formas de ajudá-lo, sempre espontâneas, desinteressadas, sinceras. Quando se prendia um revolucionário, acontecia, com bastante frequência, que os soldados encarregados de o levar simpatizavam com ele e o tratavam como um verdadeiro "camarada". Era muito fácil manter correspondência, clandestinamente com o exterior, na maioria das prisões. Essas simpatias facilitavam também as fugas. Por exemplo: Guerchun, condenado à morte e transferido de uma cela para outra, encontrou alguns policiais "que se mostraram amigos". Burtzev, na sua luta contra a delação, encontrou em outros tempos uma preciosa ajuda junto a um alto funcionário do interior, que por acaso era até um homem honesto; chamava-se Lopukin e, junto a Bakai, já fora da polícia.

De minha parte, conheci um revolucionário que tinha sido vigilante numa prisão; os casos dos "vigilantes" convertidos depois pelos presos não eram raros... Quanto ao estado de espírito dos elementos mais atrasados da população, do ponto de vista revolucionário, esses fatos se revelam sintomáticos.

Apresentam-se aqui algumas causas aparentes, superficiais e sobrepostas a outras, que são mais profundas. A força das ideias, a força moral, a organização e a mentalidade revolucionárias eram apenas os *resultados* de uma situação econômica, cujo desenvolvimento encaminhava-se para a revolução. A autocracia russa encarnava o poder de uma aristocracia de grandes proprietários rurais e de uma oligarquia financeira, submetida a influências estrangeiras que perturbavam as instituições pouco propícias ao progresso da burguesia. Pouco numerosas, desprovidas de influências políticas, descontentes, as classes médias das cidades entregavam seus filhos – a juventude das escolas, os intelectuais – à revolução, a uma revolução liberal, o que equivale dizer que se situavam acima do mujique e do operário.

A grande burguesia industrial, comerciante e financeira, tudo fazia para impedir uma monarquia constitucional "à inglesa", em que o poder, naturalmente, lhe escaparia. Assoberbada de impostos, presa em tempo de paz, na época da grande prosperidade europeia, de fomes periódicas, desmoralizada pelo monopólio da vodca, brutalmente explorada pelo pope, pela polícia, pelos burocratas e pelo grande proprietário, a massa rural acolhia com interesse, há meio século, os apelos dos revolucionários populistas: "Toma a terra, camponês"! E como ela fornecia ao exército a imensa maioria dos seus efetivos, a carne para canhão de Lyanyang e de Mukden como os carrascos de todos os levantamentos, o exército, trabalhado pelas organizações militares dos partidos clandestinos, o exército mantido na obediência pelos conselhos de guerra e pelo "regime de corda na garganta", mergulhava na amargura. Uma classe operária ainda jovem, crescendo tão rapidamente quanto se desenvolve a indústria capitalista, privada do direito elementar de falar a sua língua, de ter liberdade de expressão, de associação e de imprensa, liberdades essas desconhecidas no antigo regime russo, ignorando as manhas da democracia parlamentar, vivendo com dificuldades, recebendo baixos salários, submetida ao arbítrio policial, situada diante da realidade concreta da luta de classes, tomava cada vez mais uma nítida consciência dos seus interesses.

Trinta nacionalidades afastadas ou vencidas pelo Império, privadas do direito elementar de falar a sua língua, impossibilitados de ter uma cultura nacional, dominadas a golpe de baioneta, eram mantidas sob o jugo mediante constantes medidas de repressão. Na Polônia, na Finlândia, na Ucrânia, nos países bálticos, no Cáucaso, despertavam novas revoluções nacionais, prontas a coincidirem com a revolução agrária, a revolução burguesa... E a questão judaica colocava-se por toda parte.

No auge do poder, uma dinastia degenerada era rodeada por imbecis. O barbeiro Philippe tratava pelo hipnotismo a débil saúde do presumível herdeiro. Rasputin admitia e mandava embora diversos ministros de gabinete particulares. Os generais roubavam o exército e os grandes dignatários pilhavam o Estado. Entre esse poder e a nação existia uma burocracia terrível, vivendo principalmente com a ajuda da bebida.

No seio das massas, as organizações revolucionárias, vastas e disciplinadas, sem deixarem de ser ativas, gozavam de uma longa experiência, do prestígio e apoio de uma admirável tradição.

Eram essas as forças que trabalhavam para a revolução. E foi contra elas, na insensata esperança de impedir a avalanche, que a *Okhrana* estendeu seus pequenos fios de arame farpado!

Nessa deplorável situação, a polícia atuava sabiamente. É verdade! Um exemplo: a polícia conseguiu "liquidar" a organização social-democrata de Riga. Setenta prisões acabaram com o movimento em toda a região. Por instantes pensou-se na sua "liquidação" completa. Ninguém escapou. E depois?

Em primeiro lugar, essas setenta prisões não passaram desapercebidas. Cada um dos militantes mantinha relações com pelo menos algumas dezenas de pessoas. Setecentas pessoas, pela notícia divulgada, estavam a par deste fato brutal: a prisão de pessoas honestas e corajosas, cujo principal crime era querer o bem de todos... Os processos, as condenações, os dramas particulares resultantes, trazem aos revolucionários uma explosão de simpatia e de interesse. Se um dentre eles conseguia fazer ouvir do banco dos réus uma voz enérgica, pode-se dizer que a organização devia, ao apelo dessa voz, renascer das suas cinzas: era apenas uma questão de tempo.

Em seguida, o que fazer dos setenta militantes presos? Podem estar presos por muito tempo ou ser exilados para as regiões desertas da Sibéria. Que seja! Mas na prisão, ou na Sibéria, eles encontram outros camaradas, professores ou colegas de escola. Os tempos de lazer a que se veem obrigados, são utilizados e aproveitados no estudo, no aprofundamento teórico de suas ideias. Por meio do sofrimento comum, eles endurecem, consolidam as suas ideias, apaixonam-se. Mais cedo ou mais tarde, evadidos, anistiados (graças às greves gerais) ou libertados ao cumprir sua pena, retornarão à vida social, como velhos revolucionários, dessa vez na "clandestinidade", singularmente mais fortes do que quando foram presos. É certo no entanto que nem com todos se passa a mesma coisa. Alguns morrerão pelo caminho: é uma escolha dolorosa que tem a sua utilidade. A lembrança dos amigos perdidos tornará os que sobrevivem mais combativos.

Uma liquidação nunca é absolutamente completa. As precauções dos revolucionários fazem com que alguns deles escapem. É interessante, para que haja denúncia, que se deixe algumas pessoas em liberdade. O acaso intervém no mesmo sentido. Os que "escapam", embora sejam colocados em situações muito difíceis, depressa se aproveitam das condições favoráveis do meio...

A repressão não faz especulações definitivas, a não ser com o medo. Mas será o medo *suficiente* para combater a necessidade, o espírito de justiça, a inteligência, a razão, o idealismo, todas as forças revolucionárias que manifestam a força espantosa e profunda dos fatores econômicos de uma revolução? Contando com a intimidação, os reacionários perdem de vista que suscitam mais indignação, mais raiva, mais sede de justiça do que na verdade julgam. Mas apenas intimidam os mais fracos, exasperam os melhores e não iludem a resolução dos mais fortes.

E os delatores?

À primeira vista, podem causar um terrível prejuízo ao movimento revolucionário. Mas será isto verdadeiro?

Graças a sua ajuda, a polícia pode multiplicar as prisões e as "liquidações" de grupos. Em certas circunstâncias, pode contrariar os desejos políticos mais profundos. Pode fazer com que percamos militantes de valor. Os delatores foram muitas vezes os mais importantes auxiliares do carrasco. Tudo isto é espantoso, mas não deixa de ser verdade que a delação pode incentivar certos indivíduos ou grupos e se mostra quase sempre impotente contra o movimento revolucionário considerado em seu conjunto.

Vimos um agente encarregar-se de fazer entrar na Rússia (1912) a literatura bolchevique; vimos outro (Malinovski) pronunciar na Duma alguns discursos redigidos por Lenin e sabemos de um terceiro que organizou a execução de Plevhe.

No primeiro caso, o nosso malandro poderia entregar à polícia uma quantidade bastante grande de literatura; contudo ele não podia, sob pena de ser imediatamente "queimado", deixar de entregar toda a literatura ou entregar não mais do que uma quantidade reduzida. De qualquer modo contribuiu para a sua difusão. Que um panfleto de propaganda seja apanhado por um agente secreto ou por um militante devotado, o resultado é o mesmo: o essencial é que seja lido. Que a execução de Plevhe seja organizada por Azeff ou por Savinkov, isso não nos importa. Pouco nos importa que assim se faça o jogo de uma camarilha policial em luta com outra. O mais importante é que Plevhe desaparece realmente e os interesses da revolução nesse caso são muito maiores que os dos Maquiavéis infames da *Okhrana*. Quando o agente secreto Malinovski faz ouvir na Duma a voz de Lenin, o Ministério do Interior há de querer se regozijar com o sucesso do seu agente pago. A palavra de Lenin é muito mais importante para o país do que a *voz* de um miserável qualquer. Por isso creio ser possível duas definições do agente delator, que se completam, mas em que a segunda é muito mais significativa:

1º – o agente delator é um falso revolucionário;

2º – o agente delator é um policial que serve, apesar de tudo, à revolução.

Pelo menos, é preciso sempre que *pareça* servi-la. Mas nesse sentido não há qualquer aparência. Propaganda, combate, terrorismo, tudo *é realidade*. Nunca se milita só em parte ou superficialmente.

Alguns infelizes, que num momento de covardia, se precipitaram nessa pocilga, sentiram isso. Máximo Gorki, nas suas *Considerações ultrapassadas,* há pouco publicadas, inclui uma curiosa carta de um agente delator. O homem escrevia mais ou menos isto: "Tinha consciência da minha infâmia, mas sabia que podia retardar por um segundo o triunfo da revolução".

A verdade é que a delação envenena a luta. Ela incita ao terrorismo, ainda que os revolucionários preferissem não assumir isso. Enfim, que fazer de um traidor? A ideia de o poupar não pode ocorrer a ninguém. Na luta entre a polícia e os revolucionários, a delação acrescenta um elemento de intriga, de sofrimento, de raiva, de desprezo. Será mais perigoso para a revolução do que para a polícia? Creio que não. Creio que é justamente o contrário. De outros pontos de vista, a polícia e a delação têm um interesse imediato nisso que o movimento revolucionário ergue como sua razão de ser e, portanto, se mostra sempre ameaçador. Por necessidade, mais que denunciar a uma outra fonte de rendimentos, eles próprios prepararão os seus "complôs"; pelo menos em regra, isso é o que temos presenciado. Nesse instante, o interesse da polícia está nitidamente em contradição com o regime que ela tem por missão defender. O jogo de agentes de certa envergadura pode criar um perigo mesmo para o Estado. Azeff organizou outrora um atentado que não se realizou apenas por causa de uma circunstância bem fortuita e imprevista (o desmaio de um dos revolucionários). Nesse instante o interesse de Azeff – e que era para ele muito mais importante, não duvidemos, que a segurança do Estado – exigia uma ação que chamasse a atenção: uma suspeita pesava sobre ele no Partido Socialista-Revolucionário, colocando a sua vida em perigo. Por outro lado, perguntou-se se os atentados em que ele se meteu e que vingaram não serviam aos interesses de qualquer Fouché. Pode ser que sim. Mas semelhantes intrigas entre os detentores do poder apenas demonstram a podridão de um regime e não deixam de contribuir para a sua queda.

A delação é perigosa pela desconfiança que semeia entre os militantes. Sempre que alguns traidores são desmascarados, a confiança desaparece no seio das organizações. Isto é muito ruim porque a confiança no partido é a base de toda a força revolucionária. Certas acusações são murmuradas, depois formuladas em voz alta, mas quase sempre é impossível comprová-las. Disso resultam muitos problemas, mais graves em certos casos do que os problemas infringidos pela delação real. Lembremo-nos de certas coisas: Barbès acusou o heroico Blanqui – e Blanqui, apesar dos quarenta anos de prisão, apesar de toda a sua vida exemplar, sem mancha, nunca pôde apagar de sua trajetória tão indigna calúnia. Bakunin foi também acusado. E outras pessoas menos conhecidas – mas nem por isso menos atingidas, como Girier-Lorion, anarquista acusado de delação pelo deputado "socialista" Delory. Para se lavar de tão intolerável suspeita, dispara sobre os agentes e acaba por morrer num campo de trabalhos forçados. Muito parecido com este, temos o caso de outro político corajoso, também anarquista, ocorrido na Bélgica, com Hartenstein-Sokolov (processo de Gand, 1909), que toda a imprensa socialista enalteceu ignobilmente e que fez com que ele acabasse por morrer na prisão...

É uma tradição: os inimigos da ação, os covardes, os oportunistas, depressa atiram as suas armas para os esgotos. A suspeita e a calúnia lhes servem para desacreditar os revolucionários. E isso está longe de ter acabado.

Essa praga – a suspeita, a desconfiança entre nós, somente pode ser eliminada com um grande esforço. É necessário – e isso é a condição prévia para que seja vitoriosa a luta contra a delação verdadeira, da qual cada acusação caluniosa lançada sobre um militante faz o jogo – que nunca um homem seja levianamente acusado e que nunca uma acusação formulada contra um revolucionário seja *anotada*. Sempre que um homem for acusado de qualquer tipo de suspeita, um júri de camaradas deve ser formado, devendo pronunciar-se sobre a acusação ou sobre a calúnia. Há regras simples a observar com um rigor inflexível se se deseja preservar a saúde moral das organizações revolucionárias.

Embora isso possa ser perigoso *para os indivíduos,* é preciso não subestimar as forças do agente delator. Depende de cada militante defender-se eficazmente dele.

Os revolucionários russos, na sua prolongada luta contra a polícia do antigo regime, adquiriram um conhecimento prático muito seguro dos métodos e processos da polícia. E se ela se mostrava muito forte, eles não ficavam atrás... Qualquer que seja a perfeição dos gráficos elaborados pelos especialistas da *Okhrana* sobre a atividade de uma organização, pode verificar-se antecipadamente, alguns furos. Raramente, uma "liquidação" de qualquer grupo pode ser completa, porque apesar de todas as precauções, há sempre alguém que escapa. No quadro, tão laboriosamente elaborado das relações de S. Savinkov, alguns nomes não estão inscritos nem sei se não são até os mais importantes. Os militantes russos consideravam que a ação clandestina (ilegal) está submetida a leis rigorosas. A todo instante, esta questão se colocava: "Isso está de acordo com as regras da conspiração?" *O Código da Conspiração* teve entre os maiores adversários da autocracia e do capital, na Rússia, alguns teóricos e práticos notáveis. Saber interpretar bem os fatos era de grande utilidade. O militante deve compreender bem as regras mais simples, as quais, justamente pela sua simplicidade, nem sempre são levados em conta...

Graças a essa ciência da conspiração, alguns revolucionários puderam viver clandestinamente nas capitais russas durante meses e até mesmo anos. Acontecia terem de se tornar, por necessidades da luta, vendedores ambulantes, cocheiros, "estrangeiros ricos", criados etc. Em todos esses casos, bastava que vivessem os seus papéis. Para fazer ir pelos ares o Palácio de Inverno, o operário Stepan Khalturin viveu algumas semanas junto dos operários ligados ao palácio.[15] Kaliaev, vigiando Plevhe em Petrogrado, foi cocheiro. Lenin e Zinoviev, perseguidos pela polícia de Kerenski, conseguiram se esconder em Petrogrado e saíam à rua apenas disfarçados. Lenin chegou a ser operário de uma fábrica.

A ação ilegal cria certos hábitos e uma mentalidade em que se aprende a conhecer bem os métodos da polícia. Quantos policiais inteligentes ou espiões hábeis se podem comparar com os revolucionários seguros de si, circunspectos, reflexivos e corajosos, que obedecem a uma palavra de ordem comum?

Qualquer que seja a perfeição dos métodos usados para os vigiar, não haverá nas equações mais laboriosamente preparadas pelo inimigo, alguma coisa de duvidoso? Traidor, espião, agente sagaz, que *atormentará a inteligência* revolucionária, quem medirá a força da vontade revolucionária?

Quando se tem em mente as leis da História, os interesses do futuro, as necessidades econômicas e morais que conduzem à revolução; quando se sabe exatamente o que se quer, de que armas se dispõe e quais são as do adversário; quando se tomou um partido na ação clandestina; quando se tem confiança

---

[15] Um marceneiro, Stepan Khalturin, fundador em 1878 da *União Setentrional dos Operários Russos,* foi um dos verdadeiros precursores do movimento operário na Rússia. Com um avanço de quase trinta anos sobre o seu tempo, concebeu a revolução como podendo realizar-se pela greve geral. Incluído como marceneiro entre o pessoal do Palácio de Inverno, dormiu durante muito tempo num colchão que pouco a pouco enchia com dinamite. Alexandre II escapou à explosão de 5 de fevereiro de 1880.Khalturin foi enforcado dois anos mais tarde, depois de ter executado o procurador Strelnikov, de Kiev. Tinha sido trazido para o terrorismo pela delação policial, que destroçou o seu agrupamento operário. Trata-se de uma grande e nobre figura da história da Revolução Russa.

em si e quando se trabalha apenas com aqueles que merecem nossa confiança; quando se sabe que uma ação revolucionária exige sacrifícios e que toda semente de devoção frutifica cem vezes mais – se é invencível!

A prova disso está nos milhares de processos da *Okhrana,* nos milhões de fichas do serviço de informações, nos maravilhosos gráficos dos seus técnicos, nas obras de seus sábios – um arsenal enorme que está hoje nas mãos dos comunistas russos. Os "traidores" salvaram-se por um momento de cair nas garras da multidão, mas muitos mergulharão ainda, em definitivo, nos canais de Petrogrado. A maioria dos funcionários da *Okhrana* foram fuzilados.[16] Todos os delatores que foram identificados sofreram a mesma sorte e poderemos um dia reunir em um museu um certo número de peças curiosas, apanhadas nos arquivos secretos da Segurança do Império...

A nossa exposição poderia ser realizada numa das mais belas salas do Palácio de Inverno e os visitantes poderiam, ao se aproximar de uma janela situada entre duas colunas de malaquite, folhear o livro de registro de presos da fortaleza Pedro e Paulo, horrível bastilha do tsar sobre as velhas casamatas, donde veriam, do outro lado do Neva, flutuar a bandeira vermelha...

Aqueles que viram isso, sabem que a Revolução, antes de ter vencido, já é invencível.

---

[16] A república democrática de Kerenski permitiu que alguns fossem poupados e até conseguissem *fugir* para o estrangeiro.

O PROBLEMA DA CLANDESTINIDADE

Não ser enganado

Sem uma apreciação clara desse problema, o conhecimento dos métodos e dos processos da polícia não teria nenhuma utilidade na prática. O fetichismo da legalidade foi e continua a ser um dos aspectos mais marcantes do socialismo, conquistado pela colaboração das classes. Implica a crença na possibilidade de transformar a ordem capitalista sem entrar em conflito com os seus privilegiados. Mas, mais do que o indicativo de uma candura pouco compatível com a mentalidade dos políticos, constitui a corrupção dos líderes. Instalados numa sociedade, que fingem combater, recomendam o respeito pelas regras do jogo. A classe operária não pode respeitar a legalidade burguesa a não ser sob a condição de ignorar o verdadeiro papel do Estado, o caráter enganador da democracia, enfim, os princípios primordiais da luta de classes.

Se se sabe que o Estado é o corpo das instituições destinadas a defender os interesses dos ricos contra os interesses dos pobres, para manter a exploração do trabalho; que a lei, sempre imposta pelos ricos contra os pobres, é aplicada por magistrados invariavelmente saídos da classe dirigente; que a lei é invariavelmente aplicada com um espírito rigoroso de classe; que a coerção – que começa na pacífica participação do agente de polícia e acaba por cair na guilhotina, passando pelos campos de trabalho e pelas prisões centrais – é o exercício sistemático da violência legal contra os explorados, o trabalhador pode considerar a legalidade como um fato, do qual é preciso conhecer os aspectos, as aplicações, as armadilhas, as consequências – e também as vantagens. Portanto, é necessário, às vezes, saber tirar proveito dela; mas não se deve nunca fazê-lo em relação à sua classe, a qual deve ser apenas um obstáculo puramente material.

Devemos demonstrar esse caráter antiproletário de toda a legalidade burguesa? Talvez. Na nossa luta desigual contra o velho mundo, as mais simples demonstrações devem ser refeitas a todo instante. Para isso bastará se ter em conta um pequeno número de fatos bem conhecidos. Em todos os países o movimento operário pode conquistar, à custa de grandes lutas ao longo de mais de meio século, o direito de associação e de greve. Esse direito é ainda contestado, mesmo na França, aos funcionários e aos trabalhadores das empresas públicas (como se todas não o fossem!), tal como aos trabalhadores das estradas de ferro. Nos conflitos entre o capital e o trabalho, o exército intervém muitas vezes contra o trabalho, mas *nunca* contra o capital. Perante os tribunais, a defesa dos pobres é quase sempre impossível em virtude das despesas judiciais; o operário não pode, na verdade, tentar nem suportar as despesas de um processo. A imensa maioria dos crimes e dos delitos tem como causa direta a miséria e figuram na categoria dos atentados à propriedade; a imensa maioria das pessoas que estão nas cadeias, pertencem às camadas mais pobres. Até a guerra, o sufrágio diferenciado existia na Bélgica: um capitalista, um padre, um oficial, um advogado, contrabalançava sozinho os votos de dois ou três trabalhadores, conforme o caso. Nesta altura ainda se coloca o problema do restabelecimento do sufrágio diferenciado na Itália.

Respeitar essa legalidade é ser enganado. Mas desdenhá-la não seria menos funesto. As suas vantagens para o movimento operário são tanto mais reais quanto se é menos enganado. O direito à existência e a ação legal é, para as organizações dos proletários, saber reconquistá-la e aumentá-la sem cessar. Sublinhamos esse aspecto, porque contrariar o fetichismo da legalidade é um ato que se manifesta às vezes, mesmo entre os bons revolucionários, inclinados por uma espécie de tendência para o menor esforço em política – é mais fácil conspirar do que dirigir uma ação de massas –, para um certo desdém pela ação legal. Parece-nos que nos países em que a reação não triunfou ainda e não desmantelou as constituições democráticas ainda recentes, os trabalhadores deverão defender a todo custo o seu estatuto legal e, nos outros países, lutar para reconquistá-lo.

Mesmo na França, a legalidade da qual se orgulha o movimento operário exige ser ampliada e apenas o será pela luta. O direito de associação e de greve não é permitido aos funcionários do Estado e a certas categorias de trabalhadores; a liberdade de manifestação é bem menor do que nos países anglo-saxônicos; as vilas industriais operárias não conquistaram ainda, como na Alemanha e na Áustria, a legalidade e as ruas.

Experiência do pós-guerra: não se deixe surpreender

Durante a guerra, vimos que todos os governos dos países beligerantes substituíram logo as instituições democráticas pela ditadura militar (Estado de sítio, supressão prática do direito de greve, prorrogação e férias das assembleias, poderes ilimitados aos generais, regime dos conselhos de guerra). As excepcionais necessidades da defesa nacional lhes davam uma justificativa plausível. Após ter sido deflagrada a guerra, a vaga vermelha que partiu da Rússia avassalou a Europa; quase todos os Estados capitalistas – beligerantes, dessa vez na guerra entre as classes – ameaçados pelo movimento operário, rasgaram como "farrapos de papel" os textos, até bem pouco sagrados, das suas próprias legislações...

Os Estados bálticos (Finlândia, Estônia, Lituânia, Letônia, Polônia, Romênia e Iugoslávia), criaram logo contra a classe operária algumas leis apressadas que não escondiam qualquer hipocrisia democrática. A Bulgária completa os efeitos da sua acelerada legislação com certas violências extralegais. A Hungria, a Itália e a Espanha contentaram-se em abolir, no que respeita aos operários e camponeses, toda a legalidade. Mais culta e mais bem organizada, a Alemanha estabeleceu no seu território, sem recorrer a leis de exceção, um regime que nos propomos a designar como terrorismo judiciário e policial.[1] Os Estados Unidos aplicam brutalmente as leis sobre o "sindicalismo criminoso", a sabotagem e... a espionagem. Milhares de operários foram presos em virtude de uma *lei de espionagem* promulgada durante a guerra contra os alemães que viviam na América.

Restam na Europa apenas os países escandinavos, a Inglaterra, a França e alguns países pequenos onde o movimento operário goza ainda do beneplácito da legalidade democrática. E podemos afirmar, sem o menor receio de ser desmentidos pelos acontecimentos, que na primeira crise social

---

[1] Uma circular do ministro Jarrès impunha, em 1924, às autoridades locais que perseguissem e prendessem todos os operários revolucionários. Sabe-se que essa lei provocou a prisão de cerca de 7 mil comunistas.

realmente grave, esse benefício será pronta e vigorosamente retirado. Alguns sinais indicativos dessa atitude chamam a nossa atenção. Em novembro de 1924, as eleições britânicas realizaram-se depois de uma campanha anticomunista em que uma falsa carta de Zinoviev, que se pretendia ser dirigida ao Partido Comunista inglês, foi interceptada pela polícia e ofereceu a argumentação essencial. Na França, foi colocada por diversas vezes a questão de dissolver a CGT. Se bem nos recordamos, essa dissolução teria mesmo sido formalmente decretada. No seu tempo, Briand recorreu, para esmagar a greve dos operários da estrada de ferro, à intervenção e mobilização ilegal dos próprios ferroviários. O clemencismo não pertence ainda a um passado muito recuado e Poincaré demonstrou, quando da ocupação do Ruhr, uma veleidade muito clara de imitá-lo. Ora, para um partido revolucionário, deixar-se surpreender ao ser posto fora da lei, é desaparecer. Em contrapartida, estar preparado para a clandestinidade é ter a certeza de sobreviver a todas as medidas de repressão. Três exemplos elucidativos, oferecidos pela História mais recente, ilustram bem essa verdade:

> 1 – um grande partido comunista se deixa surpreender por ser colocado fora da lei: o Partido Comunista da Iugoslávia, partido de massas, contando em 1920 com mais de 120 mil membros e 60 deputados na *Skouptchina*, é dissolvido em 1921 pela aplicação da lei sobre a Defesa do Estado. A sua derrota é imediata, rápida e completa. Desaparece da cena política;[2]

---

[2] O Partido Comunista Iugoslavo reorganizou-se na clandestinidade e conta hoje com diversos milhares de militantes nas suas fileiras.

2 – um partido político não foi inteiramente surpreendido: o Partido Comunista Italiano era, antes da chegada de Mussolini ao poder, obrigado pela perseguição fascista a uma existência mais do que semiclandestina. Uma repressão tremenda – 4 mil prisões de operários na primeira semana de fevereiro de 1923 – não consegue, em nenhum momento, esmagar o PC italiano que, ao contrário, se fortificou e consolidou, passando de 10 mil membros em 1923 para perto de 30 mil membros no começo de 1925;

3 – um grande partido comunista não foi em nada surpreendido. Nos fins de 1923, após a preparação revolucionária de outubro e a insurreição de Hamburgo, o Partido Comunista alemão é dissolvido pelo general Von Seeckt. Provido há muito tempo de boas organizações clandestinas, prossegue apesar de tudo a sua existência normal. O governo insistiu com medidas cuja inépcia ficou evidente: o Partido Comunista alemão sai da clandestinidade com seus militantes ainda mal preparados para recolher, nas eleições de 1924, mais de três milhões e meio de votos.

Os limites da ação revolucionária legal

A legalidade tem nas democracias capitalistas mais "avançadas" alguns limites que o proletariado não pode respeitar sem se condenar à derrota. Não tolera a propaganda no exército, que é uma necessidade vital. Sem a participação pelo menos de uma parte do exército, não há revolução vitoriosa. É esta a lei da História. Em todo o exército burguês, o partido do proletariado deve fazer nascer e cultivar as tradições revolucionárias, ter organizações ramificadas, persistentes no trabalho, mais vigilantes que o inimigo. A legalidade mais democrática não toleraria nunca a existência de comitês de ação onde precisamente eles são mais necessários: estações de estradas de ferro, portos, arsenais, aeroportos. A legalidade mais democrática não tolera a propaganda comunista nas colônias e a prova disso é a perseguição dos militantes hindus e egípcios pelas autoridades inglesas e também o regime de batidas policiais instituído pelas autoridades francesas na Tunísia. Finalmente, isso equivale a dizer que os serviços de ligação internacional devem ser sempre subtraídos à curiosidade da Segurança Geral.

Ninguém apoiou com maior firmeza do que Lenin, no tempo da fundação do partido bolchevique russo e mais tarde na época da fundação dos partidos comunistas europeus, a necessidade da organização revolucionária clandestina. Ninguém combateu melhor o fetichismo da legalidade. No II Congresso da social-democracia russa (Bruxelas, Londres, 1903), a divisão entre mencheviques e bolcheviques demarcou-se precisamente quanto à questão da organização clandestina. A discussão do parágrafo 1º dos estatutos deu lugar a isso: L. Martov, que durante vinte anos iria ser o líder do menchevismo, queria atribuir a qualidade de membro do partido a todo aquele que prestasse serviços ao partido (sob o controle do partido), ou seja, na realidade a todos os simpatizantes, em número elevado, sobretudo nos meios intelectuais, que se esforçassem por não comprometer e colaborar na atividade clandestina. Lenin defendeu de modo intransigente que era necessário, para pertencer ao partido, "participar no trabalho de um de seus organismos (clandestinos)". Essa discussão parecia inútil, mas Lenin tinha toda razão. Não se pode ser revolucionário apenas em parte e o partido da revolução deve utilizar, decerto, todos os auxílios e não pode além disso contentar-se, *por parte de seus membros,* com uma vaga simpatia, discreta, verbal e inativa. Aqueles que não consentem em se arriscar e abdicar pela classe operária de uma situação material privilegiada não devem poder exercer uma influência marcante em seu meio. A atitude perante a clandestinidade foi para Lenin a pedra de toque que serviu para distinguir os verdadeiros revolucionários dos outros.[3]

Policiais secretos

Outro fator deve ser levado em conta: a existência de policiais secretos, extralegais, suscetíveis de fornecer à burguesia excelentes trunfos a seu favor.

Durante o conflito mundial, os serviços de informação da *Action Française* tornaram-se, com notável êxito, os porta-vozes dos conselhos de guerra de Clemenceau. Sabemos que Marius Plateau esteve à frente da polícia privada da *Action Française.* Sabemos também que um tal Jean Maxe, coordenador e agitador intempestivo dos *Cahiers de l'Antifrance,* dedicou-se à espionagem dos movimentos de vanguarda.[4] É muito provável que as formações reacionárias, inspiradas no exemplo do *fascio* italiano, possuam todas elas serviços de espionagem e de polícia.

Na Alemanha, as forças vitais da reação se concentram, depois do desarmamento oficial do país, nas organizações mais do que semissecretas. A reação compreendeu que mes-

---

[3] Ver acerca deste assunto o livro *Que fazer?,* de Lenin.
[4] Jean Maxe foi identificado pela revista *Les Humbles:* trata-se de Jean Didier, que vive em Paris. Para dizer a verdade, as suas laboriosas compilações acerca do "complô" clartista-judaico-germano-bolchevique (uf) derivam mais da literatura dos semiloucos do que de um sério trabalho policial. Mas a burguesia francesa, apesar de tudo, aprecia-as muito.

mo nos partidos apoiados pelo Estado, a clandestinidade é um recurso precioso. Contra o proletariado, é evidente que todas essas organizações assumem mais ou menos funções de polícia secreta.

Na Itália, o partido fascista, dispondo da polícia do Estado, não se contenta com isso. Tem serviços próprios de espionagem e de contraespionagem, conseguiu em todos os pontos colocar seus informantes, seus agentes secretos, seus agentes delatores, os seus "infiltrados". E foi essa *máfia,* ao mesmo tempo policial e terrorista, que "eliminou" Matteoti e depois muitos outros...

Nos Estados Unidos, a participação dos policiais secretos nos conflitos entre o capital e o trabalho se revestiu de uma tremenda amplitude. As agências de famosos detetives particulares fornecem à vontade aos capitalistas, espiões discretos, delatores experimentados, bons atiradores, policiais, inspetores e também alguns "militantes das *trade unions",* facilmente corrompidos. As firmas Pinkerton, Burns e Thiele têm 100 escritórios e perto de 10 mil sucursais, onde empregam, ao que se diz, cerca de 135 mil pessoas. A sua receita anual ascende a 65 milhões de dólares. Estabeleceram uma rede de espionagem industrial, a espionagem na fábrica, na oficina, no escritório, em toda parte onde trabalham assalariados. Criaram o tipo do operário-espião.[5]

Um sistema semelhante, denunciado por Upton Sinclair, funciona nas universidades e nas escolas da grande democracia cantada por Walt Whitman...

---

[5] Ver S. Howard e Robert W. Dunn, "*The Labour Spy*" (*O Espião Operário*), em The New Republic, Nova Iorque, e o romance de *Upton Sinclair*, 100%.

Conclusões

Em resumo: o estudo do mecanismo da *Okhrana* ensinou-nos que o objetivo imediato da polícia é muito mais conhecer do que reprimir. Conhecer para reprimir na hora certa, na medida necessária ou até de forma total. Perante esse adversário sagaz, poderoso e dissimulado, um partido operário desprovido de organização clandestina, um partido que não esconda nada, faz com que um homem desarmado, sem defesa, esteja sempre ao alcance da ponta da espingarda de um atirador bem escondido. Os aspectos mais sérios da tarefa revolucionária não se acomodam numa casa de vidro. O partido da revolução deve organizar-se de maneira a subtrair-se *o mais possível* à vigilância do inimigo, de maneira a evitar perder os seus elementos mais importantes, de maneira a não estar à mercê, nos países ainda democráticos, de um golpe de direita por parte da burguesia ou de uma declaração de guerra,[6] de maneira a incutir, em todos os camaradas, hábitos de acordo com as próprias necessidades.

---

[6] Além disso, nos grandes países capitalistas, toda a guerra tenderá cada vez mais a se desdobrar, no interior, numa guerra de classes. A mobilização industrial e a entrada do país inteiro em Estado de guerra necessitam que antes seja esmagado o movimento operário revolucionário. Estou interessado em demonstrar, numa série de artigos consagrados à guerra, que a mobilização será o estrangulamento, tão súbito quanto possível, do proletariado organizado. Apenas suportarão esse golpe as organizações, partidos, sindicatos e grupos que para isso se mostrem preparados. Mas seria muito importante examinar a fundo esse problema.

CONSELHOS AOS MILITANTES

Os grandes bolcheviques russos qualificam-se facilmente como "revolucionários profissionais". Para todos os verdadeiros militantes da transformação social, essa designação está absolutamente correta. Exclui da atividade revolucionária o diletantismo, o amadorismo, o simples esporte; essa atitude situa irrevogavelmente o militante no mundo do trabalho, no qual não se coloca a questão das "atitudes", nem do emprego mais ou menos interessante dos lazeres, nem da atitude moral e espiritual de professar certas opiniões "avançadas". O ofício (ou a profissão) preenche a maior parte da existência daqueles que trabalham e sabem que é o trabalho uma coisa séria da qual depende o pão cotidiano. Sabem também, mais ou menos conscientemente, que toda a vida social e todo o futuro dos homens depende disso.

O ofício de revolucionário exige uma longa aprendizagem, alguns conhecimentos puramente técnicos, o amor pela tarefa e a compreensão pela causa, seus fins e seus meios. Como acontece na maioria dos casos em que se sobrepõe ao exercício – para viver – de outro ofício, é ele quem preenche a vida; o outro não passa de simples acessório. A Revolução Russa pôde triunfar porque vinte e cinco anos de ação política permitiram que se formassem fortes equipes de revolucionários profissionais, preparados para o cumprimento de uma obra quase sobre-humana.

Essa experiência e essa verdade deveriam estar sempre presentes no espírito de todo revolucionário digno desse nome. Na atual complexidade da guerra de classes, é preciso, para formar um militante, alguns anos de esforço, de provas, de estudos, de preparação consciente. Todo operário animado pelo desejo de não ser entre a massa um cidadão insignificante, mas que deseja servir à sua classe e levar uma vida de profunda participação na luta pela transformação social, deveria se esforçar por ser – na medida do possível – também um revolucionário profissional... No trabalho do partido, do sindicato ou do grupo deveria sobretudo (e é isso que mais nos interessa hoje) se revelar cauteloso em relação à vigilância policial, mesmo invisível, mesmo inofensiva, como parece ser nos períodos de calmaria, para poder iludi-la.

As poucas recomendações a seguir podem ajudar nesse sentido. Não constituem um código completo da clandestinidade, nem mesmo da discrição revolucionária. Não se encontrará aqui nenhuma receita sensacional. Trata-se de regras elementares que o bom-senso bastaria para sugerir. Mas muitas experiências têm demonstrado, infelizmente, que não é inútil enumerá-las.

A imprudência dos revolucionários sempre foi o melhor auxiliar da polícia.

A perseguição

A perseguição, base de qualquer forma de vigilância, é quase sempre fácil de despistar. Qualquer militante deveria se considerar permanentemente perseguido e nunca deveria deixar de tomar as precauções desejadas para impedir a perseguição. Nas grandes cidades, em que a circulação é intensa, em que os meios de transporte são variados, o êxito das perseguições deve-se exclusivamente à negligência dos camaradas.

As regras mais simples são estas: não seguir diretamente para onde se quer ir; fazer um desvio por uma rua pouco frequentada, para se assegurar de que não se está sendo seguido; na dúvida, avançar com cuidado; em caso de perseguição, usar qualquer meio de transporte e mudar de trajetória.

É bastante difícil conseguir "despistar" os perseguidores em uma cidade pequena, mas a sua vigilância perde, ao se tornar ostensiva, uma grande parte do seu valor.

Deve-se desconfiar sempre da imagem preconcebida do "agente disfarçado de burguês". Ele tem muitas vezes uma fisionomia bastante característica, mas os bons perseguidores sabem se adaptar à variedade de suas tarefas. O pedestre mais banal, o operário, o motorista, o barbeiro ou o soldado podem ser agentes da polícia. Deve-se prever também a utilização de mulheres, de jovens e de crianças nas perseguições. Conhecemos uma circular da polícia que recomenda a utilização de estudantes em missões que os agentes não conseguiriam cumprir passando desapercebidos.

Mas, devemos nos precaver também da incômoda mania de ver em qualquer pedestre um espião.

A correspondência e as notas

Escrever o menos possível; não escrever é melhor. Não fazer nenhum apontamento sobre assuntos delicados. Às vezes é melhor esquecer determinadas coisas do que tê-las anotadas... Nesse sentido, deve-se fazer um esforço para decorar endereços, principalmente o número das residências.

O bloco de anotações

Se houver necessidade, deve-se anotar as coisas de forma ininteligível para qualquer pessoa. Inventar abreviaturas, inversões ou intervenções de cifras (24 em lugar de 42, 1 significando g, g significando 1 etc.). Dar por iniciativa própria nomes às ruas, às praças etc.; diminuir as possibilidades de erro, usando associações de ideias (a rua Lenoir tornar-se-á *Le Nègre* etc.).

As cartas

Na correspondência, lembrar sempre dos serviços de vigilância. Dizer o mínimo, esforçando-se para ser compreendido apenas pelo destinatário. Não colocar o nome de terceiros a não ser que seja imprescindível.

E, sendo necessário referir-se a terceiros, utilizar um nome próprio que esconda mais do que um codinome e uma inicial, sobretudo convencional, mais do que um nome próprio.

Variar as designações convencionais. Desconfiar de todas as indicações precisas (local, trabalho, data, caráter etc.). Saber recorrer, mesmo sem prévia intenção, a estratagemas que devem ser sempre muito simples e banalizar a informação. Não dizer nunca: "o camarada Pedro foi preso", mas sim "o tio Pedro caiu bruscamente doente"...

Receber a correspondência sempre na casa de outras pessoas.

Lacrar bem as cartas. Não considerar os sinetes de lacre como uma garantia absoluta; faça-os muito pequenos porque os grandes são fáceis de levantar.

Um bom processo consiste em colar a carta nas costas do envelope e cobrir a área com um lacre de cera.

Nunca esquecer da seguinte regra: "Dá-me três linhas da escrita de um homem e farei com que ele seja preso" – esta é uma expressão familiar a todos os policiais.

A conduta geral

- Desconfiar sempre dos telefones, não existe nada mais fácil do que vigiá-los. A conversação telefônica em aparelhos públicos (cafés, cabines automáticas, estações) apresenta menos inconvenientes. Não marcar qualquer encontro pelo telefone a não ser em termos convencionais.
- Conhecer bem os locais. Estudá-los como requisito para realizar um plano. Fixar bem na memória as casas, as passagens, os lugares públicos (estações, museus, cafés, armazéns grandes) que tenham diversas saídas.
- Num local público, numa estrada de ferro, num encontro, ter sempre em conta as possibilidades de observação e até de iluminação. Esforçar-se por ver sem ser visto. É aconselhável sentar-se sempre contra a luz. Assim se vê melhor e se é menos visto. Não é aconselhável expor-se junto a janelas.

Entre camaradas

Em princípio, na ação clandestina, deve-se compreender que um militante não deve saber o que irá fazer; muitas vezes é perigoso informá-lo antecipadamente sobre o que irá fazer.

Quanto menos um trabalho é conhecido, mais segurança e possibilidades de êxito oferece.

Desconfiar sempre daquele que se mostra inclinado a fazer confidências, a ouvir confidências. *Saber ficar calado* é um dever para com o partido, para com a revolução. *Deve-se saber ignorar* voluntariamente o que não se deve saber.

É sempre um erro, e um erro grave, confiar ao amigo mais íntimo, à companheira, ao camarada mais seguro, qualquer segredo do partido, que não é indispensável conhecer. Às vezes, trata-se mesmo de um erro para com eles, porque só se é responsável por aquilo que se sabe e essa responsabilidade pode ser pesada.

Não se deve ficar chocado e muito menos vexado com o silêncio de um camarada. Não é sinal de falta de confiança, mas sim de estima fraternal e da consciência – que deve ser comum – do dever revolucionário.

Em caso de prisão

Deve-se manter sempre o sangue frio e não se deixar intimidar ou provocar. Não responder a nenhum interrogatório sem estar assistido por um advogado e, antes de falar com ele, pensar que ele deverá ser, na medida do possível, um camarada do partido. Na falta de um advogado, pensar maduramente em tudo que se vai dizer. Todos os jornais revolucionários russos faziam, em outras épocas, em letras grandes, esta recomendação invariável: "Camarada, não faça declarações! Não diga nada!"

Em princípio, *não dizer nada*.

Dar explicações é perigoso, pois se está nas mãos de profissionais hábeis, que sabem tirar partido de qualquer palavra. Qualquer "explicação" lhes fornece uma rica documentação.

Mentir é extremamente perigoso porque é muito difícil aguentar esse processo sem desvios aparentes. É quase impossível improvisar uma mentira.

Não tentar brincar de modo nenhum. A desproporção de forças é muito grande.

Os mais experientes escrevem nas paredes das prisões esta recomendação enérgica, da qual o revolucionário pode tirar proveito: "Nunca confesses nada!"

Quando se nega alguma coisa, deve-se negar com toda a firmeza possível.

Deve-se ter em conta que o adversário é capaz de tudo.[1] Não se deixe surpreender nem desorientar com a habitual afirmação: "Nós sabemos de tudo".

Isso nunca é verdade. É uma arma utilizada por todas as polícias e por todos os magistrados instrutores em relação a todos os culpados.

Não devemos nos deixar intimidar também pela eterna ameaça: "Isso vai lhe custar caro!"

As confissões, as explicações desencontradas, cair em certas armadilhas, os momentos de pânico, podem com certeza custar caro. No entanto, qualquer que seja a situação de um acusado, uma defesa firme e corajosa, feita de grandes silêncios e com certas negativas e afirmações categóricas, só podem melhorar a situação.

Não recear nada. Mais um argumento clássico é: "Sabemos de tudo por fulano, que é seu camarada".

Não acreditar nisso mesmo que se tente provar. Por meio de sinais fornecidos habilmente, pode-se permitir que o ini-

---

[1] Quando Egor Sazanov lançou a bomba sob a carruagem de Von Plevhe (Petersburgo, 1905), o ministro foi morto e o terrorista gravemente ferido. Levado ao hospital, o ferido foi rodeado por espiões sagazes que tinham ordem de estenografar todas as palavras que pronunciasse no seu delírio. Logo que Sazanov retomou a consciência, foi asperamente interrogado. Escreveu da prisão aos seus camaradas: "Lembrem-se que o inimigo é infinitamente vil!" A *Okhrana* levou a impudência até o ponto de mandar falsos advogados para junto dos culpados.

migo finja ter um conhecimento profundo das coisas. E se esse camarada, *disse mesmo tudo,* isso será apenas mais uma razão para mantermos nossa atitude de calar.

Não conhecer ou conhecer apenas na medida do possível, aqueles sobre os quais se é interrogado. Nas confrontações, manter todo o sangue frio. Não manifestar espanto e principalmente, nesse momento, *não dizer nada.*

Nunca se deve assinar qualquer documento sem o ter lido atentamente e compreendido bem o que nele se diz. Diante da menor dúvida, deve-se recusar assiná-lo.

Se a acusação se baseia em um fato, o que é frequente, não se mostrar indignado. Deixar que ela se revele para então poder reduzi-la a nada. Mas não fazer isso sem a ajuda de um advogado, que deve ser sempre um camarada.

Perante os policiais e os juízes

Não ceder à tendência incutida pela educação idealista burguesa de estabelecer ou restabelecer "a verdade".

Não existe no meio social qualquer verdade comum às classes exploradoras e às classes exploradas.

Não há nenhuma verdade – nem pequena, nem grande – impessoal, suprema, que se sobreponha à luta de classes.

Para a classe dominante, a Verdade é o seu Direito. O seu direito de explorar, espoliar, legislar, liquidar aqueles que querem um futuro melhor, fustigar sem piedade os porta-vozes da consciência de classe do proletariado. Designa como verdade a mentira útil. Verdade científica, dizem os seus sociólogos, é a eternidade da propriedade privada (abolida pelos Sovietes). Verdade legal é esta mentira revoltante: a igualdade dos pobres e dos ricos perante a lei. Verdade oficial, a imparcialidade da Justiça, arma de uma classe contra as outras.

E a sua verdade não é a nossa.

Aos juízes da classe burguesa, o militante não deve prestar contas de seus atos, não deve ter nenhum respeito por uma "pretensa" verdade. A obrigação leva-o diante deles. Sofre a violência, mas a sua única preocupação deve ser, ainda nesse momento, servir à classe operária. Por ela pode falar, fazendo do banco dos réus uma tribuna e do acusado um acusador. Por ela deve saber calar-se ou se defender com empenho, de maneira a reconquistar com sua liberdade, suas possibilidades de ação.

A verdade só é devida aos nossos irmãos e camaradas, à nossa classe, ao nosso partido.

Diante dos policiais e dos juízes, nunca nos devemos esquecer de que eles são os lacaios dos ricos, sujeitos às mais vis necessidades; que, se são os mais fortes, somos nós que, sem apelo, temos razão contra eles; que defendem servilmente uma ordem iníqua e malfazeja, condenada pelo próprio desenvolvimento da História; enquanto nós trabalhamos pela única grande causa deste tempo: a transformação do mundo e a libertação do trabalho.

A astúcia

A aplicação dessas poucas regras exige uma qualidade que todo militante deveria esforçar-se por cultivar: a astúcia.

Um camarada entra numa casa vigiada, num apartamento situado num quarto andar. Mal começou a subir as escadas, nota que três cavalheiros de aspecto suspeito o seguem. Eles vão para o mesmo lugar. No segundo andar, o camarada detém-se, toca a campainha de um consultório médico e pergunta quais são as horas de consulta. Os espiões passam por ele.

Perseguido numa rua de Petrogrado, prestes a mergulhar no meio da multidão, um revolucionário para subitamente à entrada de uma porta brandindo no ar um objeto negro: "Coloca a bomba!", grita ele. Os perseguidores fazem um movimento de recuo. O perseguido desaparece pelo corredor: a casa tem duas saídas, ele vigia. A bomba não era mais do que o boné escuro enrolado e agitado no ar!

Num país em que toda a literatura comunista está proibida, um livreiro introduz, em vários pacotes, as memórias de John Rockefeller: *Como me tornei milionário*. A partir da quarta página, verifica-se que o texto é de Lenin – *No caminho da insurreição*.

Uma última recomendação

Deve-se evitar a mania de conspiração, dos ares importantes e misteriosos, da dramatização das coisas simples, das atitudes "conspirativas". A maior virtude que um revolucionário pode ter é a simplicidade, o desdém por qualquer atitude menos "revolucionária" – e, sobretudo, conspirativa.

O PROBLEMA DA REPRESSÃO REVOLUCIONÁRIA

Metralhadora – máquina de escrever ou...?

– Que pensa da metralhadora? Não lhe agradaria mais que uma máquina de escrever ou uma máquina fotográfica?

Certas pessoas honestas, entendidas em sociologia, colocam muitas vezes, a propósito das realidades da revolução, algumas questões desse... calibre.

Reprovam sempre, com lirismo, qualquer forma de violência, qualquer ditadura, acreditando apenas, para levar a bom termo certas opressões, formas de miséria, de prostituição e de guerra, na intervenção, sobretudo literária, do Espírito. Gozando na verdade de um apreciável conforto, situam-se altivamente "acima da confusão social". Naturalmente, preferem as máquinas de escrever às metralhadoras.

Outras pessoas, sem repudiarem a violência, repudiam formalmente a ditadura. A revolução surge para elas como uma libertação miraculosa. Sonham com uma humanidade na qual a quebra dos vínculos seria rápida, pacífica e boa. Sonham sempre, apesar da História, da verossimilhança, do senso comum e dos seus próprios atos, com uma revolução total, não só idílica, claro, mas curta, decisiva, definitiva, que traga consigo dias radiosos. "Fresca e jovem", gostaria de chamá--la, de tal modo essa concepção da luta final se assemelha no fundo ao mito oficial da "última guerra", imaginado em 1914 pelas burguesias aliadas. Nada de épocas de transição, nada de ditadura do proletariado ("Contra todas as ditaduras!"), nada de repressão após a vitória dos trabalhadores, nada de tribunais revolucionários, nada de *Tcheka* – sobretudo, ó deuses, nada de *Tcheka!* – nada de prisões. A penetração ao mesmo nível na livre cidade comunista, a chegada logo após a borrasca às ilhas da Fortuna. À metralhadora, esses revolucionários – nossos irmãos libertários – preferem as grinaldas de rosas, de rosas vermelhas.

Há outras pessoas que defendem que é preciso deixar por agora o monopólio do uso das metralhadoras às classes dominantes e tentar levá-las suavemente, pela persuasão, a renunciarem a esse uso... Esperando sempre, esses reformadores fazem esforços terríveis para obter em conferências internacionais a regulamentação do tiro ultrarrápido... Dividem-se, em duas categorias: aqueles que preferem sinceramente à metralhadora, o tapete verde e aqueles que, práticos e desprovidos de ilusões, preferem *in petto* gases asfixiantes.

Na realidade, ninguém revela uma predileção especial pela metralhadora exceto o fabricante de armas e munições. Mas a metralhadora existe, é uma realidade. A ordem de mobilização é dada e tem de se escolher logo entre a simbólica máquina de matar e servir-lhe de alvo. Mas nós preconizamos aos trabalhadores uma terceira solução: *agarrar* a arma de morte e voltá-la contra aqueles que a fizeram. Os bolcheviques russos diziam desde 1915: "Transformar a guerra imperialista em guerra civil".

Tudo o que acabamos de dizer acerca da metralhadora se aplica ao Estado e ao seu aparelho de repressão: prisões, tribunais, polícia, serviços de Segurança. A Revolução não escolhe armas. Traz para a arena ensanguentada as armas que a História forjou, aquelas que acabam de cair das mãos de uma classe dirigente vencida. Ontem, para reprimir os explorados, a burguesia necessitava de um forte aparelho repressivo; hoje, os proletários e os camponeses também precisam de um forte aparelho de repressão para destruir a resistência final dos exploradores expropriados, para os impedir de recuperar o poder, para os obrigar à abdicação permanente dos seus privilégios. A metralhadora não desaparece, mas muda de mãos. Preferir o arado não é decente...

Mas devemos sempre desconfiar das metáforas e das analogias simplistas do tipo: não cabe à metralhadora modificar seja lá o que for, qualquer que seja o uso que dela se faça. Quer se guarde num museu, com uma etiqueta muito bonita, quer se empregue, de modo inofensivo, em exercícios de escola, quer sirva nas mãos de um agricultor para matar outros trabalhadores, seus irmãos, quer se instale à entrada de um palácio expropriado – a metralhadora mantém o respeito de uma contrarrevolução, sem ela não se consegue modificar nada...

Em contrapartida, uma instituição se modifica segundo os homens e, mais ainda, segundo as classes que a servem. O exército da monarquia feudal, antes da Revolução Francesa de 1789-1793, um pequeno exército profissional, formado por mercenários comprados e pobres-diabos recrutados à força, comandados por nobres, não se assemelha muito ao exército que aparece depois, na revolução burguesa, uma nação armada, respondendo espontaneamente ao apelo da "pátria em perigo", comandada por antigos sargentos e convencionais. Era tão profunda a diferença entre o exército do antigo regime russo imperial, que o grão-duque Nicolau conduziu à derrota, com uma casta de oficiais e numa missão duramente imposta, e o Exército Vermelho, organizado pelo Partido Comunista, por esse grande homem que é Trotsky, com os seus comissários operários, os seus serviços de propaganda, as suas constantes chamadas à consciência de classe do soldado, as suas vitórias épicas...

Mais profunda ainda é a diferença entre o Estado burguês destruído – de cima a baixo – pela Revolução Russa de outubro de 1917, e o Estado proletário construído sobre os seus escombros. Falamos aqui do problema da repressão e pudemos ver que a analogia entre o aparelho de repressão do Estado burguês e o do Estado proletário é muito mais aparente do que real.

A experiência de duas revoluções

Em meados de novembro de 1917, os Sovietes, detentores exclusivos do poder desde há poucos dias, tendo conseguido sobre a Rússia uma completa vitória insurrecional, viam surgir os tempos de dificuldades. Continuar a revolução iria ser cem vezes mais difícil do que tinha sido fazê-la e tomar o poder. Nas grandes cidades não havia um serviço público, um posto de administração que funcionasse. A greve dos técnicos ameaçava as populações mais densas com calamidades sem nome. A água, a eletricidade, os gêneros alimentícios podiam faltar dentro de três dias; os serviços de limpeza não funcionavam e bastava esperar as doenças e epidemias que viriam; os transportes eram mais que precários; o abastecimento muito problemático. Os primeiros comissários do povo que tomaram conta dos ministérios encontrariam gabinetes vazios, sem ninguém, armários fechados, em que alguns elementos hostis esperavam que os novos senhores quebrassem as gavetas vazias das secretárias.

Essa sabotagem da burocracia e dos técnicos, organizada pelos capitalistas (os funcionários grevistas recebiam subsídios de um Comitê de Patrões) durou algumas semanas em crise aguda e alguns meses, talvez mesmo alguns anos, sob formas mais atenuadas. A guerra civil, contudo, aparecia com lentidão. A revolução vitoriosa, inclinada a não fazer correr sangue, testemunhava sobretudo para com seus inimigos uma indulgência perigosa. Libertados sob palavra (foi esse o caso do general Krasnov) ou ignorados, os oficiais monarquistas juntavam-se no sul, formavam os primeiros núcleos dos exércitos de Kornilov, Alexeiev, Krasnov, Denikin, Wrangel. A magnanimidade da jovem República dos Sovietes ia lhe custar, durante alguns anos, rios de sangue. Os historiadores haverão de perguntar um dia – e os teóricos comunistas fariam bem, sem dúvida, se se antecipassem ao trabalho dos historiadores – se a Rússia vermelha não foi, com grande rigor em princípio, uma ditadura que não se esforçou sempre por reduzir à impotência as classes inimigas, mesmo quando estas pareciam passivas, se a Rússia vermelha não teria sido assim poupada de sofrer uma parte dos horrores da guerra civil e do duplo terror branco e vermelho. Foi esse, parece, o pensamento de Lenin, que se esforçou por combater as hesitações e as atitudes mais receosas quanto à repressão e outros aspectos. Foi essa a concepção lançada por Trotsky, definida em certas ordens draconianas ao Exército Vermelho e no seu livro *Terrorismo e Comunismo*. Foi essa a de Robespierre, ao dizer à Convenção, em 16 de janeiro de 1792: "A clemência que compactua com uma tirania é sempre bárbara".

A conclusão teórica que se extrai da experiência russa é que uma revolução não deve ser, no seu início, nem clemente nem indulgente, mas bem dura. Na luta de classes, é preciso que nos mostremos fortes, é preciso conseguir vitórias decisivas, para não ter que reconquistar sem cessar o mesmo terreno, sempre com novos sacrifícios.

Entre outubro e dezembro de 1917, a justiça revolucionária procedeu apenas a 22 execuções capitais, na sua maioria de criminosos. A *Comissão extraordinária para a repressão da contrarrevolução e da especulação,* por abreviatura *Tcheka,* foi criada no dia 7 de dezembro, em face das manobras cada vez mais ousadas do inimigo interno. Qual é nesse instante a situação? Em traços largos é esta: as embaixadas e as missões militares dos Aliados são focos de conspiração permanente. Os contrarrevolucionários de qualquer matiz encontram lá encorajamentos, ajuda e armas, enfim, uma direção política. Os industriais controlados pelos operários, ou expropriados das suas empresas, sabotam a produção com ajuda dos técnicos. Tudo o que pode ser roubado ou tudo que se pode esconder, é realmente roubado ou escondido, desde que se trate de ferramentas, matérias-primas, artigos armazenados, segredos de trabalho etc. Os sindicatos dos transportes e da cooperação, dirigidos por mencheviques, aumentam com a sua resistência as dificuldades do abastecimento. A especulação agrava a pobreza, a agiotagem agrava a inflação. Os cadetes (democratas constitucionais) burgueses conspiram; os socialistas-populistas conspiram; os social-democratas conspiram; os anarquistas conspiram; os intelectuais conspiram; os oficiais conspiram; cada cidade tem os seus estados--maiores secretos, os seus governos provisórios, acompanhados de prefeitos e traidores prontos a sair da sombra depois do golpe de força iminente. Os partidários mostram-se receosos. Na frente tchecoslovaca, o comandante-chefe do Exército Vermelho, Muraviev, traiu, quis passar para o lado do inimigo. Os socialistas revolucionários preparam o assassínio de Lenin e de Trotsky. Uritski e Volodarski são mortos em Petrogrado. Nakhimsov foi morto em Iaroslavi. Ocorre o levantamento dos tchecoslovacos; há levantamentos em Iaroslavi, Ribinsk, Murom, Kazan. Verifica-se um "complô" por parte da *União pela pátria e pela liberdade,* há "complôs" dos socialistas revolucionários de direita, dá-se o golpe de força dos socialistas revolucionários de esquerda, registra-se o caso Lokhart (este cônsul geral da Grã-Bretanha tem menos sorte do que Nulens). Os "complôs" vão se verificar durante anos; é o trabalho de "formiga" no interior harmonizando-se com a ofensiva no exterior dos exércitos brancos e da intervenção estrangeira. Haverá ainda o caso do Centro Tático em Moscou, as manobras do inglês Paul Dux e o caso Tagantsev em Petrogrado; o atentado de Leontievski em Moscou (caso dos "anarquistas clandestinos"); as traições do forte de Krasnaia-Gorki e do regimento de Semenovski,[1] a contrarrevolução econômica e a especulação. Durante vários anos, os diretores das empresas nacionalizadas permanecerão na verdade a serviço dos capitalistas expropriados, dando-lhes informações, executando suas ordens, sabotando a produção segundo os seus interesses. Haverá sempre abusos e excessos de toda natureza, a infiltração no partido dirigente dos pescadores de águas turvas, as faltas de uns e a corrupção de outros; haverá o individualismo pequeno-burguês que mergulha em lutas caóticas. Não há qualquer problema de repressão. A *Tcheka* não é menos indispensável que o Exército Vermelho e que o Comissariado do Abastecimento.

---

[1] Já relatei estes episódios no livro *Durante a guerra civil.* Librairie du Travail, Paris , 1921.

Cento e vinte anos antes, a Revolução Francesa encontrou situações idênticas, reagiu quase que da mesma forma. Os revolucionários de 1793 tiveram o Comitê de Salvação Pública, o Tribunal Revolucionário, Fouquier-Tinville, a guilhotina. Não podemos nunca esquecer de "Jourdan corta-cabeças" e Carrier de Nantes.

Os dias de setembro, a proscrição dos emigrados, a lei dos suspeitos, a caça aos padres refratários, o despovoamento da Vendeia, a destruição de Lyon. "É preciso matar todos os inimigos internos para se triunfar sobre os inimigos externos", dizia simplesmente Danton, na Convenção. Diante do tribunal revolucionário, como acusado, ele, o "ministro da revolução", dos massacres de setembro, acusado de querer a clemência, gritava: "Que me importa que seja agora apontado como um bebedor de sangue? Pois bem, bebamos o sangue dos inimigos da Humanidade, se isso for necessário...". Não citaremos Marat, que os revolucionários proletários podiam com razão invocar, mas o grande orador do partido moderado da revolução burguesa, Verginaud. Exigindo da Assembleia Legislativa, em 25 de outubro de 1791, um processo sumário – terrorista – contra os emigrados, o tribuno da Gironda dizia:

– "Querem provas legais! Então, não tenham em conta, de modo nenhum, o sangue que isso lhes custará! Provas legais! Ah! Pensemos antes nos males que isso poderá nos trazer! Devemos tomar medidas firmes e vigorosas!".

Por que estranha aberração os burgueses da Terceira República, cujos antepassados venceram pelo terror a monarquia, a nobreza, o clero feudal, a intervenção estrangeira, se mostram tão veementemente indignados com o terror vermelho?

O terror durou séculos

Não negaremos que o terror seja terrível. Ameaçada de morte, a revolução proletária recorreu a isso na Rússia durante três anos, de 1918 a 1921. É facilmente esquecido que a sociedade burguesa, mesmo depois das revoluções que acabaram por formá-la, teve necessidade, para nascer e crescer, de alguns *séculos de terror.* A grande propriedade capitalista consolidou-se durante séculos pela desapropriação implacável dos cultivadores, o capital manufatureiro, e depois industrial, acumulou-se pela exploração implacável, auxiliada por uma legislação sanguinária, dos camponeses expropriados, reduzidos à vagabundagem. Essa tremenda página da História passou em silêncio nos manuais escolares e até nas grandes obras. Sobre isso conhecemos apenas uma visão de conjunto, concisa, mas magistral, que é a de Karl Marx, no capítulo XXIV de *O capital,* ou seja, o capítulo denominado *A acumulação primitiva:* "No fim do século XV e durante todo o século XVI – escreve Marx –, houve em toda a Europa Ocidental uma legislação sanguinária contra a vagabundagem. Os antepassados dos atuais operários foram punidos por se deixarem transformar em vagabundos e miseráveis".

Um dos objetivos dessa legislação era fornecer mão de obra à indústria. Condenação a chicote dos vagabundos, escravatura para qualquer pessoa que se recusasse a trabalhar (lei de Eduardo VI, rei da Inglaterra, 1547), marcar com ferro em brasa aqueles que tentarem evadir-se, condenação à morte em caso de reincidência! O roubo é punido com a morte. Segundo Thomas Morus, "72 mil pequenos ou grandes ladrões foram executados sob o reinado de Henrique VIII", que governou vinte e quatro anos, de 1485 a 1509. A

Inglaterra tinha então três a quatro milhões de habitantes. "No tempo da rainha Isabel I, os vagabundos eram enforcados em grupo e todos os anos se assistia à morte de 300 a 400". Durante o seu reinado os vagabundos com mais de 18 anos, que ninguém consentia em assalariar por mais de dois anos, eram condenados à morte. Na França, "sob o reinado de Luis XVI (lei de 13 de julho de 1777) qualquer homem válido dos 26 aos 60 anos que não possuísse meios de subsistência e não exercesse qualquer profissão devia ser enviado para as galés". Numa das suas cartas, tão do agrado dos letrados, Madame de Sévigné fala com uma encantadora simplicidade das habituais cenas de enforcamento dos camponeses.

Durante vários séculos, a justiça não foi mais que o exercício do terror, organizado com vantagem pelas classes dominantes. Roubar um rico foi sempre um crime grave, maior do que matar um pobre. Devido à falsificação da História, prescrita pelos interesses de classe da burguesia e se impondo como regra nos países pouco democráticos, ainda não existe, pelo menos não temos conhecimento, em língua francesa, de uma história séria que seja posta a serviço das escolas ou do grande público e faça a análise das instituições sociais. Por isso, sentimos necessidade de recorrer a certa documentação no que diz respeito à Rússia. O historiador marxista M. N. Pokrovski consagrou à justiça, na sua notável *Histoire de la culture russe,* um capítulo de vinte páginas. Sob o reinado de Ivan III, no século XV, a justiça foi imposta pelos *boiardos, os dvoriane* – nobreza, casta privilegiada de proprietários rurais – e pelos "bons" (isto é, os ricos) camponeses. A opinião de algumas pessoas "honestas" era suficiente para justificar uma condenação à morte, desde que se tratasse de um pobre. "No fim do século XV – escreve M. N. Pokrovski – fica evidente que a supressão dos elementos suspeitos é a essência desse direito". Suspeitos para quem? Suspeitos aos olhos dos ricos.

Um documento datado de 1539 dá o direito de fazer justiça aos nobres (boiardos), assistidos por "pessoas honestas" (camponeses ricos). O estatuto prescreve a condenação à morte dos "criminosos apanhados em flagrante delito ou não" e autoriza a entrada das "más pessoas" no tribunal. Conseguida a confissão, o "culpado" será depois enforcado. Se não confessar pode ficar preso por toda a vida. As *leis* que prescrevem esse direito não admitem que um nobre possa ser julgado. A justiça aplica-se somente aos camponeses, aos negociantes, aos artesãos, sendo rigorosa para com os pobres. Para nos convencermos da ferocidade dessa justiça, seria suficiente percorrer a história das revoluções camponesas: guerra dos camponeses na Alemanha, *jacqueries* na França – que assinalaram o aparecimento da propriedade capitalista. Algumas instituições semelhantes existiram em todos os países que praticaram a escravatura. Essa justiça de classe da propriedade rural e feudal não desapareceu e começou, pouco a pouco, a dar lugar à das monarquias absolutas – mais completa, mas não menos feroz – caracterizada pela importância crescente do comércio. Até a revolução burguesa, até nos momentos mais recentes da história, nenhuma igualdade, mesmo que puramente formal, existe, diante da "justiça", entre os pobres e os ricos.

Isso se compreende: as revoluções não renovam nada em matéria de repressão e de terror. Contribuem apenas para ressuscitar, sob a forma de medidas extraordinárias, as normas de justiça e de direito que durante séculos foram as da classe dominante contra as classes sempre oprimidas.

De Gallifet a Mussolini

Sempre que as crises sociais colocaram, com amplitude, o problema da repressão, a burguesia não hesitou em recorrer aos processos mais sumários da justiça de classe, tratando seus inimigos como se tratavam os vagabundos no século XV. Enforcaram e metralharam aos milhares, em 1848, os parisienses insurretos do bairro Saint-Antoine, que eram apenas homens sem trabalho levados ao desespero por hábeis provocações. É preciso não esquecer esses importantes fatos da história. A antecipada justificação do terror vermelho foi escrita pela burguesia por duas vezes, e com o mais belo sangue humano, no livro da História: decapitando, para tomar o poder, as aristocracias feudais e dos reis – Carlos I da Inglaterra (1649) e Louis XVI (1789) – e reprimindo os levantamentos proletários. Mas deixemos que falem as datas e os números.

A Comuna de Paris, respondendo às execuções sumárias dos seus soldados feitos prisioneiros pelos versalheses, matou 60 reféns. Os versalheses dizimaram o povo de Paris. Segundo estimativas moderadas, a repressão fez em Paris mais de 100 mil vítimas. Vinte mil comunardos, pelo menos, foram fuzilados, não durante a luta, mas exatamente *depois* de ter acabado. Três mil morreram nos campos de trabalhos forçados.

A revolução soviética da Finlândia, reprimida em 1918 pelos guardas brancos de Mannerhein, aliados aos velhos soldados alemães de Van der Golz, não liquidou alguns dos seus inimigos antes de ter sucumbido? É provável, mas o número é tão pequeno que a própria burguesia não lhe deu importância. Em contrapartida, nesse país de 3,5 milhões de habitantes, em que o proletariado não é proporcionalmente forte, 11 mil operários foram fuzilados pelos agentes da ordem e mais de 70 mil presos em campos de concentração.

A República dos Sovietes da Hungria (1919) consolidou-se quase sem derramamento de sangue, graças à abdicação espontânea do governo (burguês) do conde Karolye. Quando os comissários do povo de Budapeste consideraram a situação desesperadora, abdicaram por seu turno e transmitiram o poder aos social-democratas. Durante os três meses que durou a ditadura do proletariado húngaro, embora sempre ameaçada por "complôs" no interior e pelas invasões tchecoslovaca e romena nas suas fronteiras, liquidou um total de 350 dos seus inimigos. Incluem-se nesse número os contrarrevolucionários caídos de armas nas mãos durante as insurreições locais. Os grupos de oficiais e os tribunais de Horthy fizeram sofrer certas "represálias" a milhares de pessoas e internaram, prenderam e molestaram algumas dezenas de milhares.

O Soviete de Munique (1919) matou 12 reféns em resposta ao massacre de 23 prisioneiros vermelhos pelo exército "regular". Depois da entrada da *Reichswhehr* em Munique, 505 pessoas foram fuziladas na cidade, das quais 321 sem qualquer processo na justiça. Entre esses homens, contavam-se uns 60 russos, que foram liquidados ao acaso.

Acerca das vítimas do terror branco vivido na Rússia, nas regiões onde a contrarrevolução e a intervenção estrangeira triunfaram momentaneamente, nenhuma estatística existente nos dá elementos precisos. No entanto, talvez se possa calcular em um milhão o número total das vítimas apenas dos "pogroms" antissemitas da Ucrânia, no tempo do general Denikin. A população judaica de cidades inteiras (como Fastov) foi sistematicamente enforcada.

Calcula-se em 15 mil o número de operários que morreram durante a repressão das insurreições operárias da Alemanha, de 1918 a 1921.

Não evocaremos os nomes dos mártires nem os episódios simbólicos. Procuraremos emitir sobre esses fatos alguns princípios. Muitas experiências dolorosas deveriam ter esclarecido o proletariado acerca desse aspecto. Muitas ditaduras, muitos regimes de terror branco se encontram ainda ativos para que se possa fazer certas demonstrações minuciosas.

De Gallifet a Mussolini, passando por Noske, a repressão aos movimentos revolucionários proletários, mesmo quando os social-democratas aceitam presidi-los, como aconteceu na Alemanha, caracterizou-se pela vontade muito clara de esmagar as classes trabalhadoras nas suas forças vivas. Em outras palavras, tentou-se exterminar fisicamente, e tão completamente quanto possível, as suas principais vanguardas.

Lei burguesa e lei proletária

A repressão é uma das funções essenciais de todo o poder político. O Estado revolucionário, na primeira fase de sua existência pelo menos, tem necessidade disso mais que nenhum outro. Parece que nos seus elementos fundamentais – polícia, exército, tribunais e prisões, o mecanismo da repressão e da coerção não varia muito. Estudamos a fundo a vida de uma polícia de Segurança. Descemos aos seus redutos mais secretos e mais tenebrosos. Pudemos verificar a sua impotência. Ora, tem sido dito que essa arma nas mãos do antigo regime não podia salvá-la nem matar a revolução. Contudo, admitimos a eficácia decisiva desta mesma arma nas mãos da revolução. A arma *só é a mesma* na aparência. Uma instituição, torno a repetir, sofre transformações profundas segundo a classe a que serve e os fins que tem em mente.

De cima a baixo, a Revolução Russa destruiu o aparelho repressivo do antigo regime. Sobre as suas ruínas alegremente acumuladas, criou o seu próprio aparelho. Façamos um esforço para esboçar as diferenças fundamentais entre a repressão tal como se exerce na classe capitalista e a repressão tal como é exercida pela classe revolucionária. Alguns princípios gerais revelados por uma análise sumária poderão nos dar indicações sobre o papel da polícia aqui e ali.

Na sociedade burguesa, o poder é exercido pelas minorias ricas contra as maiorias pobres. Um governo nunca é mais do que um comitê executivo de uma oligarquia de financeiros, apoiados pelas classes privilegiadas. A legislação destinada a manter na obediência o conjunto dos assalariados – que é a maioria da população – deve forçosamente ser muito complexa e severa. É preciso que qualquer atentado mais sério à propriedade desencadeie, de uma forma ou de outra, a supressão do culpado. Não se enforcam muitos ladrões, não porque os "princípios humanitários" se mostram "progressistas", mas porque a proporção das forças entre as classes dominantes e não dominantes, bem como o desenvolvimento da consciência de classe dos pobres, não permitem ao juiz lançar certos desafios à miséria. Mas – sem nos limitarmos a seguir a legislação francesa que é de uma ferocidade mediana – o roubo qualificado é punido com trabalhos forçados. A pena de trabalhos forçados, cumprida em determinadas condições, é agravada com tais "penas culpadas", que a vida do criminoso se vê de súbito destruída. Qualquer condenação a cinco anos de trabalhos forçados implica em que a pena seja *dobrada. O* preso é obrigado a viver na colônia penal por um período de tempo igual à duração de sua estadia na galé. Os condenados a mais de oito anos de trabalhos forçados são obrigados a ficar perpetuamente nas Guianas. Trata-se da mais terrível das colônias francesas! O degredo, pena "acessória", perpé-

O QUE TODO REVOLUCIONÁRIO DEVE SABER SOBRE A REPRESSÃO

tua, igualmente cumprida nas Guianas, condenação muito semelhante à dos trabalhos forçados, é aplicada sobretudo aos reincidentes de roubo não qualificado. Quatro condenações por roubo, chantagem etc. – o roubo sucessivo de quatro moedas de cem soldos constituiria um caso ideal. Consultei muitos processos de desterrados para saber que há casos como esses. Mesmo sete condenações por vagabundagem podem dar origem ao desterro. Em outras palavras, se um homem for encontrado sete vezes seguidas sem pão nem abrigo numa rua de Paris, trata-se de um crime punido com *pena perpétua.* Na Inglaterra e na Bélgica, onde existem *workhouses* (casas de trabalhos forçados) e *albergues de mendicidade,* a repressão da mendicidade e da vagabundagem não é menos implacável. Um outro aspecto. O patronato tem necessidade de mão de obra e de carne para canhão. Portanto, a lei pune implacavelmente o aborto.

A eternidade da propriedade privada e do regime de trabalho assalariado, erigidos a princípio, apenas pode ser combatida por um remédio eficaz que é aplicado às doenças sociais – a criminalidade. Uma luta permanente institui--se entre a Ordem e o Crime, sendo o "exército do crime", diz-se, um exército de miseráveis, um exército de vítimas, de responsáveis inúteis e indefinidamente dizimados. Mas tudo isso revela outro aspecto, com um vigor bem evidente: *a luta contra a criminalidade é um aspecto da luta de classes.* Três quartos, pelo menos, dos criminosos de direito comum, pertencem às classes mais exploradas.

O código penal do Estado proletário não admite, em regra geral, a pena de morte em matéria criminal (ainda que a supressão física de alguns cadastrados incuráveis e perigosos seja a *única* solução). Não admite sequer as penas de prisão perpétua, sendo a pena mais forte a de dez anos de prisão. A privação de liberdade, medida de segurança social e de reeducação, é concebida como excluindo a ideia medieval do castigo, sofrimento imposto com expiação. Nesse domínio e na atual situação da União Soviética, as possibilidades materiais são naturalmente muito inferiores às intenções. A edificação da sociedade nova onde não haverá prisões – não começa por se conseguirem criar prisões ideais. Apesar disso, com o advento da nova sociedade começou uma reforma profunda.

Tal como o legislador, também os tribunais têm em conta as causas sociais do delito, as origens e a condição social do delinquente. O fato de não ter pão nem abrigo, que constitui um delito grave em Paris, como já vimos, constitui em Moscou, em concomitância com outro delito, uma circunstância atenuante.

Perante a lei burguesa, ser pobre é muitas vezes um crime, sempre uma circunstância agravante ou uma presunção de culpabilidade. Perante a lei proletária, ser rico, mesmo nos limites muito estreitos em que, no tempo da Nova Política Econômica (NEP), o enriquecimento é tolerado, revela-se sempre como uma circunstância agravante.

Os dois sistemas: combater
os efeitos ou atenuar as causas?

A grande doutrina liberal do Estado à qual os governantes capitalistas têm recorrido muitas vezes, fora os tempos de guerra – eles dispõem do seu capitalismo de guerra, caracterizado pela estatização da produção, pelo controle rigoroso do comércio e da repartição dos produtos (senhas de racionamento), o Estado de sítio etc. – preconiza a não ingerência do Estado na vida econômica. Relaciona-se em economia política ao *deixar fazer, deixar passar* da escola manchesteriana. Considera sobretudo o Estado como o instrumento de defesa das classes dominantes, máquina de guerra contra os grupos nacionais concorrentes, máquina de reprimir voltada contra os explorados. As funções administrativas do Estado são também reduzidas ao mínimo. Foi sob a influência do socialismo e da pressão das massas que o Estado moderno assumiu, não há muito tempo, a direção do ensino público. As funções econômicas do Estado se reduzem, tanto quanto possível, ao estabelecimento de tarifas aduaneiras, destinadas a proteger os industriais contra a concorrência estrangeira. A legislação do trabalho é sempre uma conquista do movimento operário. Numa palavra, o respeito pela anarquia capitalista é a regra do Estado. Que se produza, que se venda, se revenda, se especule, sem olhar os meios, sem tentar defender o interesse geral: eis o que está certo. A concorrência é a lei do mercado. As crises se tornam assim as grandes reguladoras da vida econômica. Reparam à custa dos trabalhadores, das classes médias e dos capitalistas mais fracos, os erros dos patrões das indústrias. Mesmo quando grandes monopólios, que fazem a lei de todo o país, suprimem de fato a concorrência em amplos setores da produção e do comércio, a velha doutrina do Estado, tão de acordo com os interesses dos reis do aço, do carvão, do petróleo, ou dos transportes marítimos, permanece geralmente intocável: é esse o caso dos Estados Unidos.

Recordar esses fatos que todos deviam conhecer é uma condição para melhor definir o Estado operário e camponês, tal como se realiza na União Soviética, com a nacionalização do solo, do subsolo, dos transportes, da grande indústria, do comércio externo. O Estado soviético governa a vida econômica. Atua diretamente todos os dias sobre os fatores essenciais da vida econômica. Nos próprios limites em que admite a iniciativa capitalista, controla e regulamenta essa mesma iniciativa, exercendo sobre ela uma dupla tutela: pela lei e pela ação que designaremos como *direta* sobre o mercado, o crédito, a produção. A previsão das crises é um dos aspectos mais característicos da política do Estado soviético. Esforça-se por vencer essas crises logo aos primeiros sintomas e não será razoável prever, num dado período do desenvolvimento social, a sua total eliminação.

Onde o Estado capitalista se limita em princípio a combater os efeitos das causas sociais a que não deseja chegar, o Estado soviético atua sobre essas causas. A indigência, a prostituição, o estado precário da saúde pública, a criminalidade, a degenerescência das populações, o aborto – eis aí os efeitos de profundas causas econômicas.[2] Após cada crise econômica, a criminalidade aumenta. Não pode acontecer de modo diverso. E os tribunais capitalistas têm de redobrar a sua severidade. Para as perturbações provocadas pelo funcionamento normal da economia capitalista – anárquico, irracional, regido pelos egoísmos individuais e pelo egoísmo coletivo das classes dominantes – a burguesia não conhece outro remédio que não seja a repressão.[3] O Estado soviético, enfrentando as causas do mal,

---

[2] A diminuição da natalidade inquieta bastante os dirigentes da burguesia francesa. As comissões instituídas para estudar as suas causas chegaram à conclusão, o que é realmente verdade, que esse fenômeno caracteriza um Estado de pequenos rendeiros. Portanto, que pode fazer o legislador? Apenas certas admoestações platônicas ao pequeno rendeiro que não deseja ter mais um filho.

[3] Já fizemos alusão aos acontecimentos de junho de 1848. É preciso deplorar o esquecimento em que mergulhou essa página edificante e gloriosa da história do proletariado francês. A burguesia da Segunda República atravessava uma crise profunda, cuja consequência imediata era o desemprego. E para esse problema apenas encontrou uma solução: provocar o levantamento e depois a repressão. Paul-Louis, na sua *Histoire du socialisme français,* nos dá um quadro muito exato desses acontecimentos.

tem evidentemente muito menos necessidade da repressão. Depois, claro, há de se desenvolver, sua ação econômica será eficaz, organizada, previdente e assim a repressão se tornará menos necessária, até o instante em que a inteligente gestão da produção suprimirá, pela prosperidade, as doenças sociais como a criminalidade, cujo contágio a repressão se esforça por circunscrever. Praticar-se-á muito menos roubos quando já ninguém tiver fome, quando se tiver alcançado a abundância.

Hoje temos a convicção – e não estamos longe desse objetivo! – de que, contrariamente às aparências, o Estado soviético utiliza infinitamente menor repressão do que qualquer outro. E perguntamos: na atual situação econômica da Rússia, um governo burguês não seria obrigado a governar pela força mais que os Sovietes? O camponês é muitas vezes um homem descontente. Acha os impostos elevados, os produtos industriais demasiado caros. Seu descontentamento se traduz algumas vezes em atos que é preciso realmente classificar de contrarrevolucionários. O conjunto dos camponeses, deu, contudo, aos Sovietes a vitória militar – o Exército Vermelho era composto essencialmente por eles – e continua a dar-lhes o seu apoio. Um governo capitalista que restituísse as terras aos proprietários rurais teria de dominar, e não poderia refreá-la, sem uma repressão incessante e impiedosa, a cólera de cem milhões de camponeses. É precisamente por isso que todos os regimes brancos auxiliados pelas grandes potências estrangeiras têm até aqui fracassado.

Na atual situação, após alguns anos de guerra imperialista, de guerra civil, de bloqueio e de fome, dominada por Estados capitalistas, objeto de bloqueio financeiro, de intrigas diplomáticas, de preparativos bélicos, a União Soviética permanece ainda como um campo entrincheirado, assediado pelo inimigo, debatendo-se com as contradições internas inerentes a um período de transição bastante difícil, e por isso tem ainda necessidade da repressão. Seria um erro tremendo acreditar ter desaparecido a época das tentativas contrarrevolucionárias. Mas, quaisquer que sejam as dificuldades atuais da Revolução Russa e as suas formas de reagir, os traços essenciais da Revolução Russa e do Estado soviético não se modificaram nem por consequência o papel que representa a repressão.

A dominação econômica: pela fome

Perde-se muitas vezes de vista essa outra verdade de que a sociedade soviética, no seu oitavo ano de existência, não pode ser equitativamente comparada à sociedade burguesa, que se beneficia de uma tradição de autoridade com alguns séculos e mais de um século de experiências políticas. Muito tempo antes de 1789, o Terceiro Estado era, contrariamente à afirmação veemente de Sieyes, uma força respeitada no Estado. Os cinco primeiros anos de desenvolvimento econômico da burguesia não foram mais do que alguns anos de terrível ditadura de classe. Os falsificadores da história oficial atiram intencionalmente para o esquecimento a verdade sobre a primeira metade do século XIX. O capitalismo moderno, caminhando na opulência, passou por cima do corpo de diversas gerações de trabalhadores que viveram em tugúrios, trabalharam desde o romper ao pôr do sol, não conheceram nenhuma liberdade democrática, entregaram à fábrica devoradora os músculos ainda débeis de garotos de oito anos.

Sobre os ossos, a carne, o sangue e o suor dessas gerações sacrificadas, construiu-se toda a civilização moderna. A ciência burguesa ignora-as. Por isso somos obrigados a remeter novamente o leitor para *O capital de* Karl Marx, onde encontrará, no capítulo XXIII, algumas páginas terríveis sobre a Inglaterra de 1846 a 1866. E não resistimos à tentação de citar algumas linhas. Um médico, encarregado de um inquérito oficial, conclui que, "mesmo entre os operários da cidade, o trabalho que se lhes assegura só dá para viver com fome e é prolongado para lá de todos os limites... Nem sequer se tem o direito de dizer que o trabalho alimenta o homem". Um outro inquiridor verifica que há em Londres "vinte grandes bairros povoados por cerca de 10 mil homens, onde a miséria ultrapassa tudo o que se possa ver em qualquer outro ponto da Inglaterra". Por seu lado, diz o Dr. Hunter, "Newcastle oferece o exemplo de uma das mais belas raças dos nossos compatriotas mergulhada numa degenerescência quase selvagem em face de circunstâncias puramente exteriores, a habitação e a rua". *O Standard,* jornal conservador inglês, em 5 de abril de 1866, escreve a propósito dos desempregados de Londres: "Lembremo-nos do que esta população sofre. Ela morre de fome. São 40 mil pessoas. E isso na nossa época, num bairro desta maravilhosa metrópole, mesmo ao lado da maior acumulação de riquezas que o mundo até hoje conheceu". "Em 1846, a fome fez morrer na Irlanda mais de um milhão de pessoas. E isso não afetou em nada a riqueza do país". (K. Marx).

Para transformar em guinéus sonantes e reluzentes, com a efígie da rainha Vitória, o sangue e o suor desse povo de miseráveis, para que os inúteis, condenados pelo desenvolvimento da indústria e das crises a morrerem na miséria, consentissem em morrer sem revolta como bestas de carga, que espantosa dominação não teriam que sofrer? No entanto, divisamos com nitidez um dos principais meios da dominação capitalista: a fome. E foi esse um dos meios utilizados durante meio século: o terror econômico. O operário ameaçado de desemprego, ameaçado de morrer de fome, trabalhou na oficina, trabalhou como uma besta para não morrer de fome pelo menos a médio prazo: uns quinze anos. (Não temos dados sobre a duração média da vida dos trabalhadores nessa época e lamentamos isso, porque os números resumiriam a situação). Mas, o mesmo acontece ainda em nossos dias. Pela dominação econômica – pela fome – e também pela repressão, talvez o meio mais eficaz e mais importante, eis um dos processos reclamados para a defesa da "ordem" capitalista contra certas categorias particularmente inquietantes de vítimas (os malfeitores) e contra os revolucionários.

A dinamização. Erros e abusos. Controle

Repetimos: o terror é terrível. Na guerra civil equivale, para qualquer combatente – e essa guerra ignora inteiramente os indiferentes – à vida. Instruída na escola dos reacionários, a classe operária, sobre a qual as manobras fazem cair uma ameaça de morte, deve por si mesma atingir mortalmente os seus inimigos. A prisão não intimida ninguém. O motim desbarata muito facilmente as portas aferrolhadas que a corrupção ou o engenho dos conspiradores sabem sempre abrir.

Uma outra necessidade contribuiu para aumentar até ao paroxismo, as margens do terror. Desde os exércitos antigos, a dizimação é o meio clássico de manter as tropas obedientes. Praticou-se durante a Grande Guerra, sobretudo na frente francesa, após os tumultos de abril de 1917. E isso deveria ser esquecido. Consiste em matar um homem a cada dez, sem levar em conta a sua inocência ou a culpabilidade individual. A esse respeito, uma observação de ordem histórica. Em 1871, os comunardos foram dizimados pelos versalheses. Já nos referimos ao cálculo médio do número de fuzilados de Gallifet:

20 mil. Mas a Comuna tinha a seu lado 160 mil combatentes. A duvidosa lógica da luta de classes, a burguesia francesa, a mais esclarecida do mundo – a de Taine e de Renan! – nos ensina mesmo com esses números. Uma classe não se dá por vencida enquanto não lhe é infligida uma percentagem elevada de perdas. Suponhamos – e a Rússia conheceu nos anos heroicos da revolução muitas situações dessas – uma cidade com 100 mil almas, divididas em 70 mil proletários (simplifiquemos: proletários e elementos próximos do proletariado) e 30 mil pessoas que pertencem à burguesia e às classes médias, habituadas a se considerar como fazendo legitimamente parte da classe dirigente, instruída, não desprovida de meios materiais. Não é evidente, sobretudo se a luta é circunscrita à cidade, que a resistência mais ou menos organizada dessa força da contrarrevolução não será esmagada enquanto não tiver sofrido perdas impressionantes? Não será menos perigoso para a revolução se revelar mais forte do que menos forte?

A burguesia prodigalizou aos explorados sangrentos avisos. Eis que eles se voltam agora contra ela. A história advertiu-a disso: quanto mais sofrimentos e misérias tiver infligido às classes trabalhadoras, mais arduamente resistirá no dia de ajustar as contas e mais caro isso lhe custará.

Tal como o Tribunal Revolucionário da Revolução Francesa, mas com um processo em geral um pouco menos sumário, a *Tcheka* da Revolução Russa julgava sem apelo, de modo implacável, os inimigos de classe. Tal como o Tribunal Revolucionário, ela julgava menos com base na culpa e danos precisos do que segundo as origens sociais, a atitude política, a mentalidade, a capacidade de prejudicar do inimigo. Tratava-se muito mais de atingir uma classe por meio dos homens do que de avaliar atos bem definidos. A justiça de classe não se detém no exame dos casos individuais, a não ser em períodos de calmaria.

Os erros, os abusos, os excessos nos parecem sobretudo funestos perante os grupos sociais a que o proletariado deve procurar se unir. Campesinato médio, camadas inferiores das classes médias, intelectuais sem fortuna, e também os dissidentes da revolução, revolucionários sinceros, aos quais as ideologias fazem desviar-se da compreensão da realidade da revolução e adotar certas atitudes objetivamente contrar-revolucionárias. Lembro-me dos anarquistas que, no instante em que a Esquadra Vermelha defendia com dificuldade Kronstadt e Petrogrado (1920) contra uma esquadra inglesa, continuavam imperturbavelmente a bordo de alguns navios a fazer a sua velha propaganda antimilitarista! Penso também nos socialistas-revolucionários de esquerda que, em 1918, se esforçavam por lançar a República dos Sovietes, desprovida do exército e de recursos de qualquer espécie, numa nova guerra contra o imperialismo alemão ainda vigoroso. Entre esses "revolucionários" disfarçados e os homens do antigo regime, a repressão revolucionária esforçou-se e deverá sempre esforçar-se por distinguir, embora isso nem sempre seja possível!

Em todas as lutas sociais, uma certa percentagem de excessos, de abusos, de erros, não poderá ser evitada. O dever do partido e de todo revolucionário é trabalhar para evitar essas desilusões e esses erros. A sua importância depende, em definitivo, dos seguintes fatores:

1º – a proporção das forças presentes e o nível de encarniçamento da luta;

2º – o grau de organização da ação; e da eficácia do controle do partido do proletariado sobre a ação;

3º – o grau de cultura das massas proletárias e camponesas.

Uma certa crueldade resulta das circunstâncias materiais da luta. Superlotadas, as prisões de uma revolução proletária não suportam, no aspecto higiênico, qualquer comparação com as "boas prisões" da burguesia, em tempo de paz. Nas cidades sitiadas, onde reina a fome e a febre tifoide, se morre na prisão em maior número do que fora dela. Que fazer? Quando a prisão está cheia de proletários e de camponeses, essa odiosa questão não perturba muito o espírito dos filantropos. Na altura em que os comunardos prisioneiros no campo de Satory dormiam ao relento sobre a imundície e a lama, passando noites horríveis, suportando as chuvas, sem ordem para se levantarem, porque as sentinelas disparavam sobre quem o fizesse, um grande filósofo, Taine, escrevia: "Esses miseráveis estão à margem da Humanidade..."

Logo após a tomada do poder, o proletariado, solicitado por tarefas grandiosas, resolve em primeiro lugar os problemas mais importantes: abastecimento, organização urbana, defesa interna e externa, inventário dos bens expropriados, saída de riquezas. As suas melhores forças consagram-se a essa missão. E para a repressão revolucionária – o que foi causa de muitos erros e abusos – só resta um pessoal de segunda categoria, às ordens de chefes que saem de entre os mais firmes e os mais puros (e isso fez a ditadura do proletariado na Rússia – Dzerjinski – e na Hungria, Otto Corvin). As necessidades da defesa interna de uma revolução são muitas vezes demasiado delicadas, bastante difíceis, dolorosas e por vezes tremendas. Alguns dos revolucionários que mais se destacam – homens de boa consciência, espírito correto e caráter indefectível – devem consagrar-se a essa tarefa.

Por seu intermédio, se exerce o controle do partido e esse controle político e moral, incessante nesse domínio e também em todos os outros, manifesta ao mesmo tempo a intervenção da elite mais consciente da classe operária e o controle efetivo daquelas em que o partido se vê implantado, em todos os atos de sua vida. Garante o espírito de classe da repressão e cabe-lhe reduzir as possibilidades de erros e abusos proporcionalmente às forças que a vanguarda do proletariado pode fazer sentir nesse setor.

Repressão ou delação

No decurso do nosso estudo sobre a *Okhrana,* nos vimos a cada passo diante das formas de delação, que não é um elemento necessário da técnica de qualquer polícia. A tarefa de uma polícia é vigiar, conhecer, prevenir. Não delatar, alimentar a denúncia e suscitá-la. Nos Estados burgueses, a delação policial, quase inteiramente desconhecida nos tempos de calma, adquire uma importância crescente à medida que o regime declina, enfraquece, desliza para o abismo. Os tempos que vivemos hoje são suficientes para nos convencer disso. Praticamente insignificante nessa altura no movimento operário da França, Bélgica e Inglaterra, países de relativa prosperidade capitalista, a delação não teve na Alemanha, logo após a crise revolucionária no fim de 1923, uma importância menor do que aquela que conheceu na Rússia, após a revolução derrotada de 1905. O processo de Leipzig, conhecido como a *Tcheka* alemã, no decorrer do qual se viu a polícia berlinense preparar, relativamente a um dos defensores, o socialista Kurt Rosenfeld, um assalto noturno (março-abril de 1925), revelou assim, quanto à Segurança Geral do Reich, certos modos de atuar semelhantes aos da antiga *Okhrana*. Noutro país, em que a reação se confronta há pouco mais de dois anos com uma revolução popular – a Bulgária – verifica-se o mesmo fenômeno, ainda mais acentuado. Na Polônia, a delação tornou-se a arma por excelência da reação contra o movimento operário. Limitemo-nos, contudo, a esses exemplos.

A delação policial é sobretudo a arma – ou o mal – dos regimes em decomposição. Consciente da sua impotência para prevenir e impedir, a sua polícia suscita iniciativas que em seguida reprime. A delação é também um fato espontâneo, elementar, resultante da desmoralização de uma polícia em apuros, ultrapassada pelos acontecimentos, que não pode se desligar de uma tarefa infinitamente abaixo das suas forças e quer, apesar de tudo, justificar a expectativa e a desilusão dos seus chefes.

Quando é que a repressão se mostra eficaz?

A *Okhrana* não soube impedir a queda da autocracia. Mas a *Tcheka* contribuiu fortemente para impedir a substituição do poder dos Sovietes.

A autocracia russa, com afeito, caiu, mais do que foi substituída. Bastou uma sacudidela. Esse velho edifício carunchado, cuja destruição era desejada pela maioria das populações, desmoronou. O desenvolvimento econômico da Rússia precisava da Revolução. Que podia fazer a Segurança Geral? Cabia-lhe remediar os conflitos de interesses que campeavam frente a frente, mortalmente inimigos, prontos para tudo no propósito de sair de uma situação sem outra saída que não fosse a luta de classes? Frente a frente, a burguesia industrial e financeira, a grande propriedade, a nobreza, os intelectuais – e os marginais, o proletariado, as massas camponesas. Sua ação apenas podia obter para o antigo regime e sob a condição de concordar com hábeis medidas de política geral um adiamento suspeito e limitado. Esse corpo de policiais e agentes delatores que se esforçavam, obstinados, para sufocar a vaga de protestos contra a velha falácia carcomida, prestes a desmoronar – que coisa ridícula!

Mas a *Tcheka* possui também absurdas funções. Num país dividido em *brancos e vermelhos* em que os vermelhos estão forçosamente em maioria, ela procura o inimigo, desarma-o, fustiga-o. Não é mais do que uma arma nas mãos da maioria contra a minoria, uma arma entre muitas outras, acessória apesar de tudo, que não adquire grande importância a não ser em face do perigo para a revolução de ser atingida na cabeça pelas balas do inimigo. Se conta mesmo que, logo após a tomada do poder, Lenin passou uma noite em claro para redigir o decreto sobre a expropriação das terras. Dizia ele: "O que interessa é termos tempo de o promulgar. Façamos tudo para conseguir isso!". A expropriação dos domínios senhoriais trazia aos bolcheviques espontaneamente o apoio de cem milhões de camponeses.

A repressão é eficaz quando completa o efeito de eficazes medidas de política geral. Antes da Revolução de outubro, quando o governo de Kerenski recusava as reivindicações dos camponeses, a prisão dos agitadores revolucionários apenas fazia aumentar nas aldeias a perturbação e o desespero. Após o deslocamento de forças sociais operado nos campos pela expropriação das terras, o interesse dos camponeses consistia sobretudo em defender o poder dos Sovietes e a prisão dos agitadores socialistas-revolucionários ou monárquicos, desejosos de explorar nos campos a sua popularidade passada e outros interessados em especular com o espírito religioso; suprimia assim uma das causas de perturbações.

A repressão é uma arma eficaz nas mãos de uma classe enérgica, consciente do que deseja, servindo aos interesses da grande maioria. Nas mãos de uma aristocracia degenerada, cujos privilégios constituem um obstáculo ao desenvolvimento econômico da sociedade, revela-se historicamente ineficaz. De resto, não devemos dissimulá-lo: a uma burguesia forte ela pode, nos períodos decisivos, prestar quase que os mesmos serviços que ao proletariado durante a guerra civil.

A repressão é eficaz quando atua *no sentido do* desenvolvimento histórico. Mas ela é *no final das contas* impotente quando quer ir ao encontro do desenvolvimento histórico.

Consciência do perigo e consciência do objetivo

Em diversas circunstâncias, no apogeu da guerra civil e antes da tomada do poder, Lenin esforçou-se por restabelecer a lição de Marx sobre o desaparecimento do Estado e a abolição final da escravatura na sociedade comunista. Uma das razões que invoca, preconizando a substituição da palavra *social-democrata* pela palavra *comunista* na linguagem do Partido Bolchevique, é que "o termo social-democrata é cientificamente inexato. A democracia é uma das formas do Estado. Ora, como marxistas, somos contra qualquer Estado.[4]

Recordamo-nos também de um artigo que Lenin escreveu, em tempos difíceis, por altura do Primeiro de maio (cremos que em 1920). O punho de ferro do partido proletário mantinha ainda o comunismo de guerra. O terror vermelho mal se divisara. Para lá desse presente heroico e terrível, os homens da Revolução mantinham os olhos calmamente fixos em seu objetivo. Fechado a qualquer forma de utopismo, desdenhando

---

[4] Ver Victor Serge, *Lenin – 1917*, Librairie du Travail, 1925.

os sonhos, mas inquebrantavelmente agarrado à prossecução dos fins essenciais da revolução, Lenin, chefe incontestado do primeiro Estado proletário, Lenin, animador de uma ditadura, evocava o futuro em que o trabalho e a repartição dos seus produtos serão orientados pela regra "de a cada um segundo as suas capacidades, a cada um segundo as suas necessidades".

A suprema diferença entre o Estado capitalista e o Estado proletário é esta: o Estado dos trabalhadores trabalha para o seu próprio desaparecimento. A suprema diferença entre a escravatura-repressão exercida pelo proletariado é que constitui uma arma necessária da classe que trabalha para a abolição de todas as formas de exploração.

É preciso nunca esquecer isso: essa consciência dos elevados objetivos a alcançar é também uma força.

No fim do século passado podia alimentar-se o grande sonho de uma transformação social idílica. Espíritos generosos se entregaram a isso, desdenhando ou deformando a ciência de Marx. A revolução social foi sonhada por eles como a expropriação quase indolor de uma ínfima minoria de plutocratas. E porque é que o proletariado magnânimo, quebrando as velhas forças e não se importando com as armas modernas, não estaria de acordo em dar uma indenização aos seus exploradores da véspera, agora desapossados? Os últimos ricos desapareciam pacificamente, altivos, envoltos num desprezo tremendo. A expropriação das riquezas acumuladas pelo capitalismo, juntamente com a reorganização racional da produção, proporcionaria imediatamente para toda a sociedade a abundância e a segurança. Todas as ideologias operárias de antes da guerra encontram-se mais ou menos dominadas por essas ideias falsas. O mito radical do progresso domina-as. Os imperialismos, no entanto, colocavam em ordem as suas forças de artilharia. Na Segunda Internacional, um punhado de marxistas revolucionários interpretavam por si mesmos as grandes linhas do desenvolvimento histórico. Na França, acerca da questão da violência proletária, alguns sindicalistas revolucionários chegam a virar as coisas de um modo bem claro...

Ora, o capitalismo, antes iníquo e cruel, sem dúvida, mas criador de riquezas, se tornou, neste apogeu da sua história que começa em 2 de agosto de 1914, o destruidor da sua própria civilização, o exterminador dos seus povos. Prodigiosamente desenvolvida num século de descobertas e de trabalho acirrado, a técnica científica, nas mãos dos grandes burgueses, chefes de "trustes" e donos de bancos, voltou-se contra o homem. Tudo o que servia para produzir, ampliar o poder humano sobre a natureza, enriquecer a vida, serviu para destruir e matar com uma violência de súbito mais evidente. Eram suficientes umas horas de bombardeio para destruir uma cidade, obra de séculos de cultura. É suficiente uma bala de 6 milímetros para deter de imediato o funcionamento do cérebro mais bem organizado.

De fato, não podemos ignorar que uma nova conflagração imperialista poderia atingir de morte a civilização europeia já bem enfraquecida. É razoável prever, em face dos avanços da "arte militar", o despovoamento de zonas inteiras pela aviação munida com a arma química que a Sociedade das Nações – que não poderá ser acusada de demagogia revolucionária!, denunciou em 1924, num documento oficial, causando danos sem conta. A carne e os ossos dos milhões de mortos da guerra de 1914-1918 não acabaram ainda de se desvanecer sob os monumentos patrióticos, e essa ameaça pende sobre a Humanidade. Ora, é preciso nos lembrarmos destas coisas, olhando de frente as duras realidades da revolução. Os sacrifícios impostos pela guerra, a implacável necessidade do terror, os rigores da repressão revolucionária, a inelutabilidade de erros dolorosos, aparecem então reduzidos às suas justas proporções. E estas são ínfimas comparadas com certas e imensas calamidades. E, se não fosse supérfluo, só o cemitério de Verdun as justificaria amplamente.

"A Revolução ou a Morte" – eis uma palavra de ordem de um combatente de Verdun[5] que permanece como uma verdade profunda. Nas próximas e obscuras horas da História, será esse o dilema. Chegará o momento em que a classe operária terá de cumprir esta dura, mas salutar e salvadora necessidade: a revolução.

---

[5] Raymond Lefèbvre.